链家研究院 | 新经纪系列丛书

租赁新时代

THE NEW AGE
— OF —
RENTAL HOUSING

杨现领 粟样丹 著

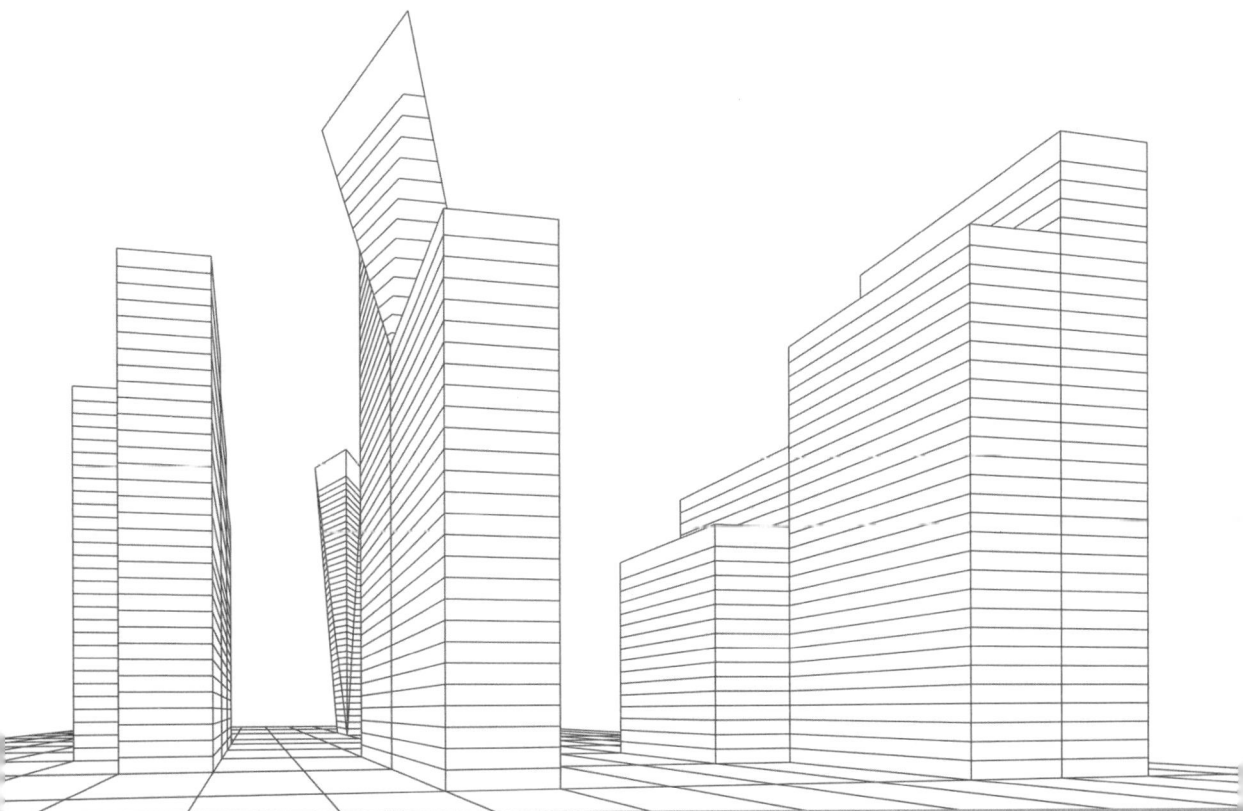

厦门大学出版社 国家一级出版社
XIAMEN UNIVERSITY PRESS 全国百佳图书出版单位

图书在版编目(CIP)数据

租赁新时代/杨现领,粟样丹著.—厦门:厦门大学出版社,2017.7(2017.12重印)
(新经纪系列丛书)
ISBN 978-7-5615-6512-4

Ⅰ.①租… Ⅱ.①杨… ②粟… Ⅲ.①租房-住宅市场-研究-中国
Ⅳ.①F299.233.5

中国版本图书馆 CIP 数据核字(2017)第 125751 号

出 版 人	蒋东明
策划编辑	宋文艳
责任编辑	吴兴友
封面设计	闫昱菲
美术编辑	张雨秋
技术编辑	朱 楷

出版发行 厦门大学出版社

社 址	厦门市软件园二期望海路 39 号
邮政编码	361008
总 编 办	0592-2182177 0592-2181406(传真)
营销中心	0592-2184458 0592-2181365
网 址	http://www.xmupress.com
邮 箱	xmup@xmupress.com
印 刷	厦门集大印刷厂

开本	720mm×1000mm 1/16
印张	21.75
插页	3
字数	270 千字
印数	3 001~6 000 册
版次	2017 年 7 月第 1 版
印次	2017 年 12 月第 2 次印刷
定价	60.00 元

本书如有印装质量问题请直接寄承印厂调换

厦门大学出版社
微信二维码

厦门大学出版社
微博二维码

前言 租赁新时代，租赁新生活

住房租赁市场是中国住房供应体系的重要组成部分，没有发育完善的租赁市场，就不可能建立"购租并举"的住房制度体系、新市民对住房的合理消费就得不到满足、住有所居的目标也难以实现、存量房源也得不到更有效的利用。

住房租赁相较于自住是一种更加具有弹性的生活方式，成为越来越多的人被动或主动的生活选择。当我们讨论住房租赁市场时，租金规模仅仅是一个简单的维度，一国租赁市场的发达程度则由租赁人群占比、租赁房屋占比、租金收入比、租赁市场规模与交易市场规模比值、租赁人群多元化等多个维度衡量。

发达国家往往具有30％左右的租赁人群占比，30％以上的房屋用于出租，租赁人群不是单一的单身、低收入人群，而是融入了高收入、高学历、老年及家庭人群。不可忽略的是，不同的租赁市场由于所处阶段不同而具有不同的市场特征与市场问题，但租赁市场天然具有向发达经济地区集中的趋势。

近年来，我国住房租赁市场迎来了发展的新时代，租赁市场之帆已扬，继新房和二手房后，成为下一个万亿级市场。租赁市场开始呈现出新的趋势、新的变化。

以婚育年龄推迟、单身贵族崛起、月供与月租金的剪刀差扩大为驱动力,我国租赁市场 2020 年将会实现 3 万亿规模,租赁人群呈现多元化。以收入增长、消费升级、品质租赁需求为基础,租金将持续增长;租金、租赁人群、租赁房屋数量的增长带来租赁市场规模的长足发展;在租赁市场纵深发展的过程中,机构渗透率提升,表现为开发商持有,房地产基金介入,房源机构化持有,专业住宅租赁运营机构的崛起。因此,我们认为,未来在房地产租赁领域里,住宅租赁机会最大。

但反观现实,租赁市场的问题仍然十分突出:处于发育不足的阶段,总量不平衡、结构不合理、制度不完善,特别是供应主体单一等问题仍然十分显著。2016 年中国新房和二手房交易总额高达 16 万亿元,相应的全国租金规模只有 1.2 万亿元左右,后者只相当于前者的 7% 左右。这个低比例背后揭示的事实是中国租赁市场的发育不足,主要表现在三个关键指标上:租赁人群占比低、租金收入比低、租金回报率低。从国际对比看,美国房地产交易市场规模约 6.9 万亿人民币,租金约 3.5 万亿人民币,后者占比达 50%;日本这一指标更高,7 200 亿人民币租赁市场背后,交易市场约 1 万亿人民币,二者比值高达 72%。

此外,中国住房租赁行业生态发育非常不完善。体现在:基础设施极其匮乏和脆弱。数据的长期缺位,信息平台虚假房源盛行、用户体验差、搜索渗透率低,金融体系不健全,REITs(房地产投资信托基金)在呼声中悄无声息,租金分期成本极高,风险分担机制尚未建立。租赁管理仍停留在租赁中介与二房东主导的局面,不规范、不专业仍然是老大难的问题,规模化专业租赁机构处于孵化状态,包租式的品牌公寓在规模不经济中苦苦挣扎,欲转型的开发商在观望中犹豫不决。

展望未来,我们希望借发达国家住房租赁市场,寻找更符合国情的住房租赁市场的优化路径。

美国拥有全球最大的租金规模的租赁市场,租金 GMV(总成交额）约 5 000 亿美元，租赁人口 1.1 亿，租赁房屋 4 300 万套。经历了被动租房、买房自住阶段，如今处于主动租房阶段的美国，租房俨然成为一种新的生活方式：租赁人群越来越多元，租赁市场不再是年轻人、单身群体及低收入人群的聚集地，中老年人、已婚家庭、高学历与高收入人群也加入租房行列。可以预见，人口数量更多的中国，伴随城镇化进程，更多的人选择品质租赁生活，租赁市场规模将与美国匹敌。

百年历程中，美国发育出高度市场化、金融化的完整生态群落，培育出规范经营的专业参与机构。在房源与客源交互的生态图谱中，数据、信息平台与租赁金融是行业重要的基础设施。数据是一切的基础，基础的基础；信息平台提高房源与客源的交互频率与转化效率，使得信息交互变得更加透明、用户体验更好；金融一方面使得房屋资产更具有流动性，另一方面使得租房消费更容易、更安全。房屋托管与持有运营作为专业的租赁管理，实现房源与客源的匹配并提供租后管理服务。围绕着租赁产业链，衍生出房源端的装修、更新、改造以及租后保洁、维修、管理软件等行业。

与美国不同成长路径的日本，培育出以轻资产管理为主导的市场结构。"建筑服务＋房屋托管"为代表的房屋资产管理模式从供给端介入，提供一站式全产业链服务，贯通租赁住宅和自住住宅的建造，兼顾运营端租赁管理。因此，日本租赁市场中的参与者众多，但建筑公司、开发商、中介转型的资产管理公司占据核心地位。

将视角转向国内，不得不说，租赁市场仍然是未来唯一具有政策红利的领域。近年来，政府逐步加强对租赁市场的重视，从 2015 年 1 月住建部《住房城乡建设部关于加快培育和发展住房租赁市场的指导意见》后，相继出台公积金提取、税收优惠、商改住等政策，多方位推进租赁市场的发展。国务院 2016〔39〕号文件首次明确发展购租并举的住房制度满足多层次需求,建立供应主体多元、经营服务规范、租赁关系稳定的住房租赁市场体系。2016 年 12 月,随着中央经济工作会议与财经领导小组会议再次明确规范发展租赁市场,将加快租赁立法提上政府工作日程。可以想见,未来 2~3 年,金融、财税、土地、市场监管等多策并举,租赁市场将迎来大发展。

我们认为,发展住房租赁市场首先从增加房源供给和丰富供给主体着手,鼓励个人出租房源、盘活存量房,提高政府、国有企业持有房源的利用率。其次,鼓励发展租赁运营机构,明确行业定义、准入机制及监管体系,并提供公寓企业土地、税收、金融等政策支持,鼓励符合条件的专业化运营机构发行企业债券、资产证券化产品,降低融资成本。最后,租赁市场的规范有序发展,必须以相关立法为基石,明确承租人与出租人的责任与权利,规范租赁流程,稳定租赁关系。

住房租赁市场的蓝图呈现的是一个环节复杂、参与主体众多、多层次需求的市场。以消费者、政府、运营机构为主的交互场景中,不同的参与者提供不同的价值:政府提供配套政策、营造环境,运营机构提供服务、规范经营,消费者获取资产收益、享受品质生活,三者交织在一起,共同构筑一个完整的生态图景。我们希望,并将见证这个生态图景逐步完善与和谐共生。

租赁新时代,让租房成为一种新的品质生活方式。

目　录

市场篇

行业篇

公司篇

政策篇

市 场 篇

第一章

中国住房租赁市场迎来新纪元

导读

• 中国租赁市场刚刚起航，根据第六次人口普查数据测算，2015 年中国拥有全球最多租赁人口（1.6 亿），但中国年租金规模仅约 1 万亿元，租赁人群占总人口比重不足 12％，租赁房屋占比仅为 18％。

• 购租失衡、房屋供给严重不足、供给结构错配、专业化租赁机构发育不足、房源品质差、租赁人群单一、租赁流程不规范、租赁关系不稳定等问题制约着我国租赁市场的发展。

• 不可否认，随着城镇化的发展、政策红利的释放，我国住房租赁市场将会迎来长足发展。以收入增长为驱动力带来租金的持续增长，以一线城市月租金与月供剪刀差的扩大、结婚年龄不断推迟、单身贵族崛起为驱动力，租赁人群呈现多元化，越来越多的人主动停留在租赁市场，品质租赁时代将会到来。

以城镇化为核心驱动力,我国每年都进行着世界上最大规模的短期人口流动和迁徙,由此衍生出庞大的租赁需求。以2015年20%城镇人口为基础测算,我国目前租赁市场规模约1万亿元。以婚育年龄推迟、单身贵族崛起、月供与月租金的剪刀差扩大为驱动力,我国租赁市场将会实现3万亿规模的长足发展。但国内住宅租赁市场刚刚起步,生态发育不完善,市场化租赁供不应求,基础设施匮乏,主要表现为购租失衡、供给不足、供给需求错配以及制度不完善。

我国房地产市场逐渐由增量时代步入存量时代,租赁时代即将迎来新纪元。以收入与品质租赁需求为基础的租金持续增长;租金、租赁人群、租赁房屋数量增长带来租赁市场规模的长足发展;在租赁市场纵深发展的过程中,机构渗透率提升,表现为开发商持有、房地产基金介入、房源机构化持有的增多,专业住宅租赁运营机构的崛起。因此,我们认为,未来在房地产租赁领域里,住宅租赁机会最大,而住宅租赁市场中,机会在我国排名前30的大城市。

一、上升中的规模,发育不足的市场

拥有全球最多租赁人口的中国,租金GMV约1万亿元,远低于美国3万亿元的规模。主要原因在于我国长期以来购租失衡,租金水平较低,租赁人口占比低。

(一)规模:万亿元租金GMV

从根本上,租赁市场规模取决于人口的规模,基本的规律必然是人口基数越大,租赁的人口越多,租金GMV也就越大。如美国人口3.2亿,租赁人口超过1亿,租金GMV超过3万亿人民币;日本人口1.2亿,租赁人口达3 400万,租金GMV约7 200亿人民币(见图1-1)。因此,不禁提问,我国人口13.7亿,未来租赁人口将有多少?租金GMV规模有多大?

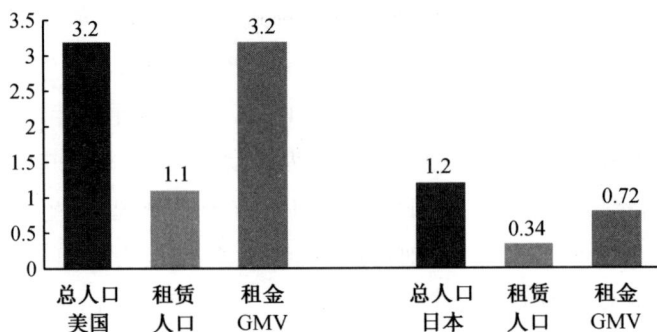

图1-1 美国、日本租赁市场规模(单位:亿人,万亿元)

资料来源:链家研究院整理。

根据我国人口普查数据,2010年全国城镇租赁家庭占比为20.5%。由此推测,城镇租赁人口占比约20%,全国租赁人口数量约1.6亿人;租金支出占家庭收入的20%,简单匡算可知住宅租赁年租金规模约为1万亿元。

其中,北上广为代表的存量市场,租赁人口占比远高于全国平均水平。第六次人口普查数据表明,北京租赁家庭占比为28%,上海为33%,体现出租赁市场集中于一线城市的特性。

(二)问题:发育不足的市场

长期以来在重购轻租的社会观念下,我国住宅租赁市场处于缓慢自然增长中,整体发育不足,表现在以下几个方面。

1.购租失衡

这种失衡表现为三个层面:租赁人口占比低、租金收入比低、租赁规模与房屋交易规模的比值低。

我国租赁人口占比远低于美国和日本的水平。2016年我国租赁人口约1.6亿,而全国人口约13.7亿,租赁人口占比仅为11.7%(即使把分母用城市人口替换,这个比重也只有20%左右),而美国租赁人口占比为

34％,日本该数据为 27％(见图 1-2)。

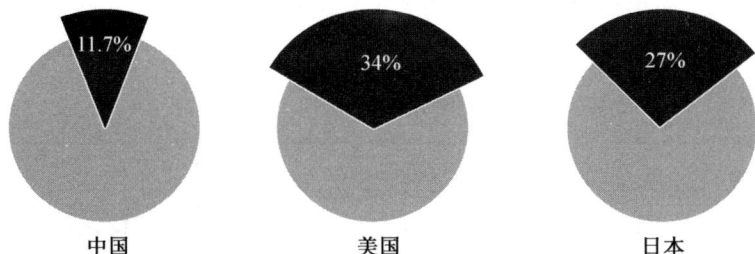

图 1-2　中国、美国、日本租赁人口占比

资料来源:链家研究院整理。

再看家庭租金收入比,除东京外,这一通用指标在纽约、洛杉矶、伦敦、香港等国际一线城市均超过 30％(见图 1-3)。对比之下,我国内地一线城市租金收入比在 10％~20％的租客占比较多。较低的租金收入比以及较低的工资水平,造成了我国内地一线城市租赁市场租金规模总体偏低。据统计,目前我国内地一线城市公寓的平均月租金水平为 2 500 元/间,如此低的客单价难以覆盖长租公寓企业的运营成本和装修投入,不利于租赁运营机构的持续发展和房屋品质的持续提升。

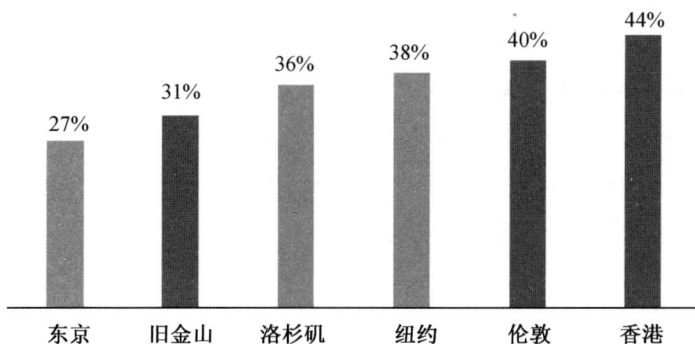

图 1-3　国际大都市的租金收入比

资料来源:链家研究院整理。

基于较低的租赁人群占比和租金收入比,我国租金总规模与房屋交易规模的比例远低于美国和日本,现阶段我国年租金规模约 1 万亿元,相比 2016 年庞大的 15 万亿元的房屋交易市场,租金规模与房屋交易市场比值约为 7%,而美国房屋交易市场 6.9 万亿元,租金约 3.5 万亿元,比值高达 50%,日本这一数据更高,7 200 亿元的租赁市场背后,交易市场约 1 万亿元,比值高达 72%(如图 1-4 所示)。

	租赁市场	交易市场	比重	
中国	10 000 亿元	15 万亿元		7%
美国	34 511 亿元	6.9 万亿元		50%
日本	7 234 亿元	10 000 亿元		72%

图 1-4　中国、美国、日本房屋租赁市场与房产交易市场 GMV 对比

资料来源:链家研究院整理。

2.房源供给总量不足

在租赁需求不断增长的一线市场,租赁房屋供给严重不足。以北京为例(如图 1-5),北京总人口约 2 250 万,租赁人口占比约 30%,按照户均 3 人测算,租赁房屋大约需要 225 万套。但目前北京租赁房屋数量仅为 150 万套左右,供给仅占需求的 2/3,供需缺口巨大。面对不断增长的租赁需求,同时又存在不少房源处于空置状态,这进一步加剧了供给不足的矛盾。从数据上看,市场化私人房源空置率远高于国际水平。据统计,2013 年我国城镇地区整体住房空置率为 22.4%,[①]北京、上海的住房空置率相对较低,但远高于国际标准的 5%～10%。

---

① 数据来源于西南财经大学中国家庭金融调查与研究中心 2013 年《城镇住房空置率及住房市场发展趋势》。

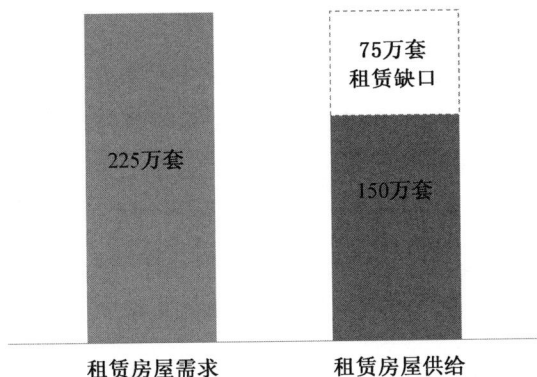

75万套
租赁缺口

225万套

150万套

租赁房屋需求　　　租赁房屋供给

图 1-5　2016 年北京市租赁房屋供给缺口

资料来源：链家研究院整理。

城镇化带来的人口流动进入新阶段进一步增加租房需求，加剧供求矛盾。在一线城市表现更为明显，以北京为例，2010—2015 年间，流动人口增加了 125 万（如图 1-6）。放眼全国来看，流动人口在城市的定居意愿在加强，2014 年的流动人口中，有 70.3％的流动人口固定流入 1 个城市，流动城市数量 3 个以上的只有 3.77％，在当地居住超过 3 年的新市民占比达到 55％。流动人口在城市的长期停留，造成租赁需求居高不下。

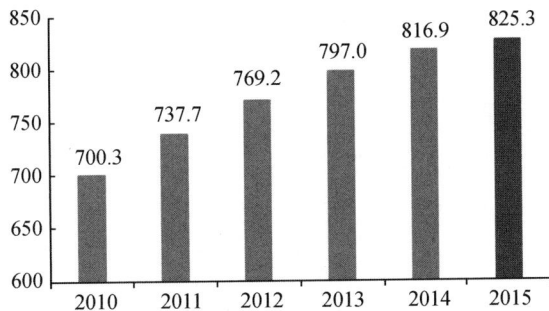

图 1-6　2010—2015 年北京市流动人口（单位：万人）

资料来源：Wind、国家统计局。

3.规模化专业运营机构发育不足，品牌渗透率低

目前专业租赁运营机构房源供给占比极低，对租赁市场影响甚微。2016 年，机构化运营企业主力青年公寓的市场渗透率仅为 4％，相比

日本的 83% 以及美国的 30% 机构化运营①占比，未来有较高的上升空间。此外，在现有政策及市场环境下，短期内难以培育大量的专业化租赁运营机构。在我国的包租模式下，青年公寓在高拿房、高装修成本的重压下，较高的税收、资金成本进一步压缩微薄的利润，行业盈利举步维艰（如图1-7）。

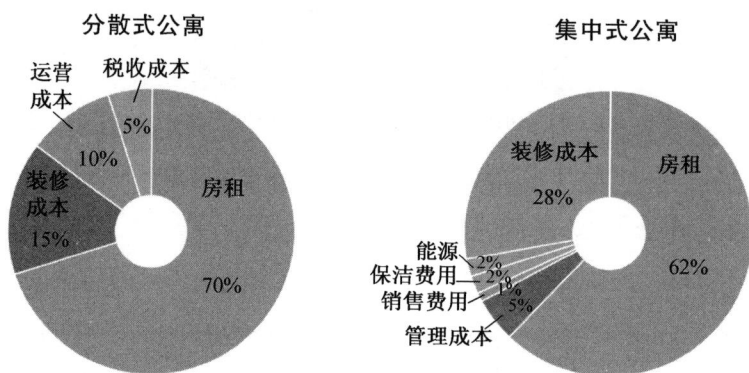

分散式公寓

集中式公寓

运营成本
税收成本 5%
10%
装修成本 15%
房租 70%

装修成本 28%
房租 62%
能源 2%
保洁费用 2%
销售费用 1%
管理成本 5%

图 1-7　我国青年公寓成本结构

资料来源：链家研究院整理。

4.供给结构错配

在供需矛盾之下，供给结构的错配仍然不容忽视，表现为房源品质、租金水平、户型、支付方式及租期的错配。

（1）房源品质错配

房源品质的错配主要体现在出租房屋的内部设计和配套设施不能满足租客对于居住品质的需求。根据住建部对 16 个城市的抽样调查，出租住房中商品房占比不到 50%，大部分租赁住宅为老式公房、拆迁安置房、农村自建房、保障性住房，这些租赁住房水、电、热等配套设施不足，房屋老旧，房屋设计不符合居住需求（如图1-8）。而随着租赁需求的扩大化、多样化，租户对租赁住宅的质量要求普遍有所提高。据链家研究院调查，在租房者最看重的因素中，近一半租户最看重房屋内部的装修、家具质量

_____

①　本书机构化运营是指美国式房屋托管、持有运营或日本式房屋包租管理的专业化运营管理机构。

与交通配套条件,希望装修风格多样、社区活动丰富、服务体验好。租赁住宅的品质低端化与人们对品质租赁的需求存在较大的矛盾。北京市租住体验不佳的原因如图1-9所示。

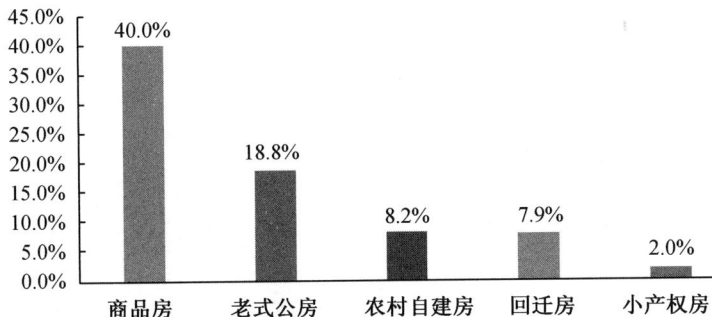

图1-8　我国主要城市租赁住房类型结构

资料来源:链家研究院。

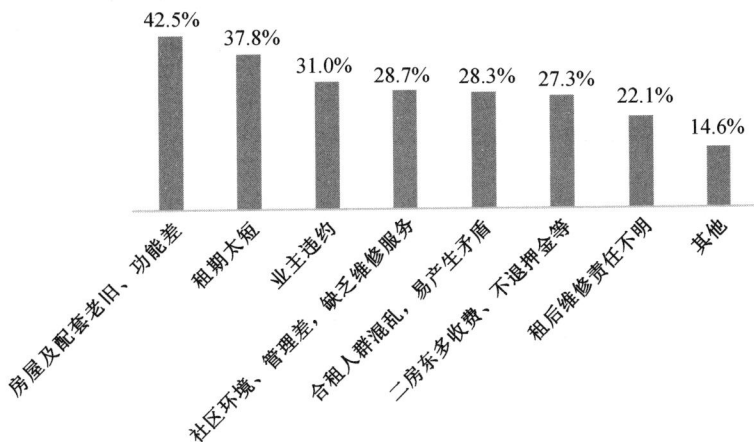

图1-9　北京市租住体验不佳的原因

资料来源:链家研究院。

(2)租金水平错配

低收入群体可承受租金1 000元以下的房屋,但市场供应较少。目前租赁需求人群中的主要构成为应届毕业生、各类外来务工人员等新市民人群,这些人群每年新增基数较大,且收入普遍处于较低水平,对租金较为敏感,仅可以承受较低水平的租金。目前月租金在 1 000 元以下的需求量较大,而现有市场中供给的租赁住宅普遍租金超过新进人群收入的 30%,租金低于 1 000 元的却供给较少(如图 1-10)。

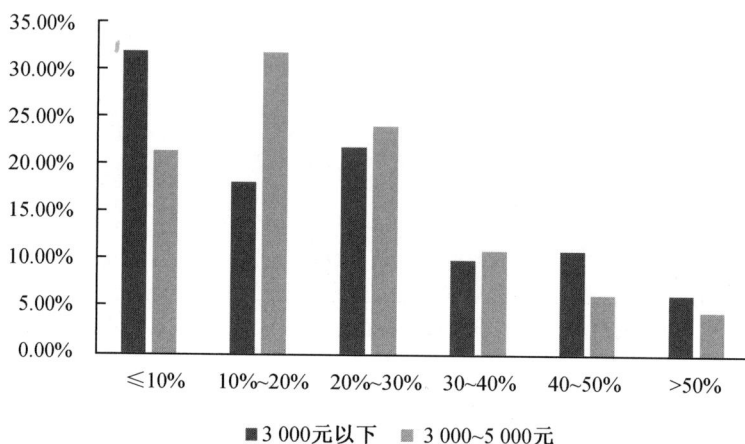

图 1-10　一线城市中低收入群体可承担的租金收入比的不同人群比例

资料来源:链家研究院。

注:可以看出收入水平在 3 000 元以下的人群超过 30% 认为可以承担的租金收入比在 10% 以下。

(3)户型错配

一居室供不应求,三居室不易出租。以北京为例,租赁房屋供给以 60～90 平方米房源为主,90 平方米以下的租赁房源占了 74.3%。然而市场上一居室依然供不应求,二居室基本平衡,三居室不好出租,市场上空的房源大多为大户型。

(4)租金支付方式错配

租户的月付租金的期望与业主希望一次性收取长期资金的需求存在矛盾。一方面对于初出校门的应届生及中低收入群体,他们希望通过月付租金的方式来减轻短期资金压力;另一方面在无法核实租客信用的情况下,房东希望尽可能快速地收取全年租金,以降低管理成本和租客违约可能带来的损失。以北京为例,在卖方强势市场中,52% 的租户季付租金,月付仅占 29%,半年付与年付共占 19% 左右。70% 以上季付及更长时间的租金支付要求使得租户普遍面临较大的短期支付压力(如图1-11)。

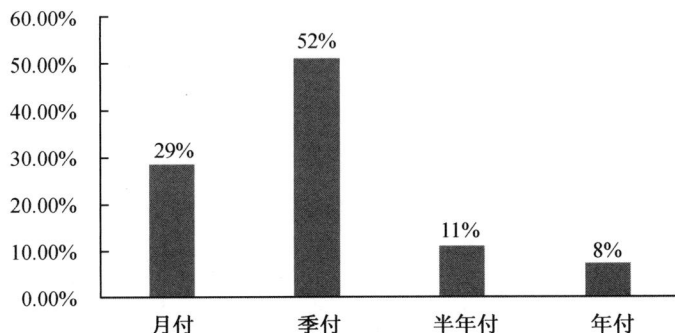

图 1-11　2016 年北京租金支付方式占比

资料来源:链家研究院。

(5)租期错配

租期错配主要体现在短租人员被迫接受长租房源,长租人员却因为房源租期较短面临频繁换房的现状。根据链家调研数据,有40.4%的人期望签约短期房源,但最终被迫接受长期房源,同时有39.7%的人期望2～3年的长期房源,但最终1～2年就被迫搬离(如表1-1)。

表 1-1　期望租期与实际换房周期的差距

单位:%

		期望的租期					
		1 年以内	1～2 年	2～3 年	3～5 年	5～10 年	10～20 年
实际换房周期	1 年以内	47.4	12.3	8.7	1.6	3.3	8.8
	1～2 年	40.4	59.1	39.7	18.9	16.7	11.8
	2～3 年	7.8	20.6	34.9	35.4	23.3	14.7
	3～5 年	3.2	5.8	13.9	34.6	26.7	8.8
	5～10 年	0.8	1.6	2.8	6.3	26.7	8.8
	10～20 年	0.3	0.5	0.0	3.1	3.3	47.1

资料来源:链家研究院。

注:百分比为实际换房周期在所在列中的比重。

5.人群结构单一

不同于国外租赁人群的多元化,国内租赁人群仅集中于 30 岁以下及低收入人群。放眼国际,租赁不再是中低收入群体的聚集地,而成为一种新的生活方式。以美国为例,受金融危机的影响,人们对于房产的投资变得越发谨慎,越来越多的高学历、高收入家庭加入到租赁行列。此外,选择租赁的已婚家庭也出现快速增长的趋势(见图 1-12 和图 1-13)。我国香港也出现了同样的现象,20 世纪 80 年代,私人住宅的租房人群超过 1/3 为低收入人群,收入越高,租房占比越小。到 2006 年,不同收入的租客比例几乎均等,占比最高的已是中上层收入人群。

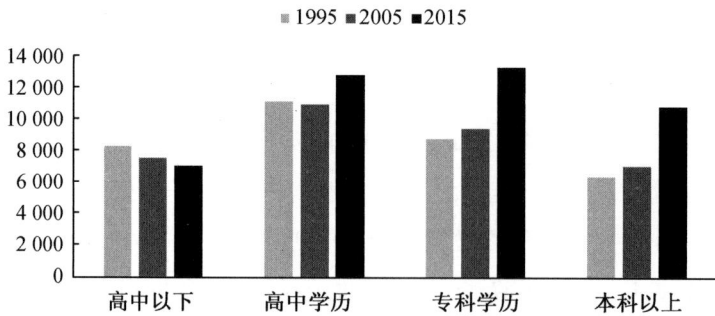

图 1-12 美国租房人群的学历结构(单位:千户)

资料来源:American Community Surveys,链家研究院整理。

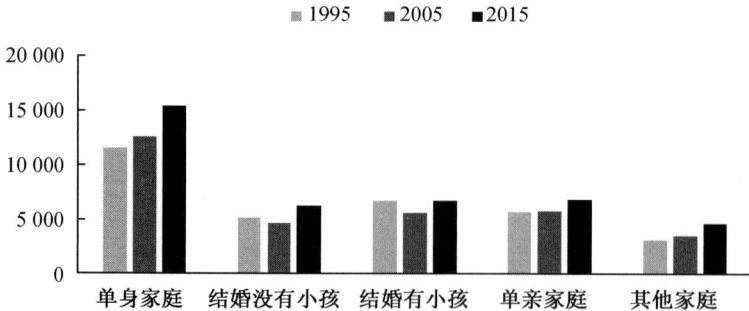

图 1-13 美国租房人群的家庭结构(单位:千户)

资料来源:American Community Surveys,链家研究院整理。

反观我国,以北京为代表的一线城市,租赁市场的主力军是 20～30 岁的年轻人,占比高达 74％。北京市统计局公布的 2015 年城镇单位在岗职工工资为 113 073 元,有超过 70％的租客收入水平低于该值。租赁市场依然呈现出年轻化、低收入群体聚集的特点。如图 1-14、图 1-15 所示。

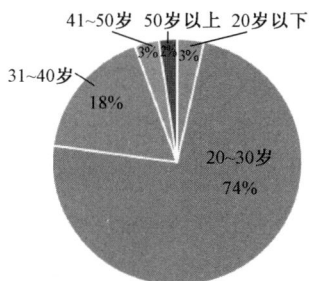

图 1-14　北京租户年龄分布

资料来源:链家研究院。

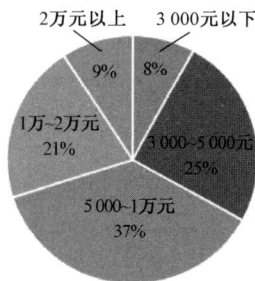

图 1-15　北京市租户收入分布

资料来源:链家研究院。

二、未来前景展望

毫无疑问,我国租赁市场正处于加速成长期,租金水平持续增长、租赁市场规模不断扩大。随着政策红利的逐步释放,以及过去 5 年青年公寓的探索实践和周边配套产业的完善,特别是随着开发商、酒店企业、中介公司、房地产基金等大量高阶参与者的进入,预计我国的租赁产业生态将趋于完善,市场化和机构化趋势更加显著,伴随这一过程,一大批规模化、专业化租赁运营机构会快速崛起,品牌渗透率也将得以提升。

(一)租金持续增长

人均可支配收入是房屋租金水平持续增长的内在驱动力。2006—

2015年,我国租金整体增长幅度约40%,其中深圳涨幅约99%,北京、上海涨幅均超过120%;其间,美国租金涨幅36%,日本下降1.6%。背后的推动力便是人均可支配收入的涨幅变化,10年间,我国人均可支配收入增幅达100%,北京、上海人均可支配收入均超过160%。因此,在我国经济保持平稳、人均可支配收入持续性增长的基础上,租金水平将呈现可持续性的增长。

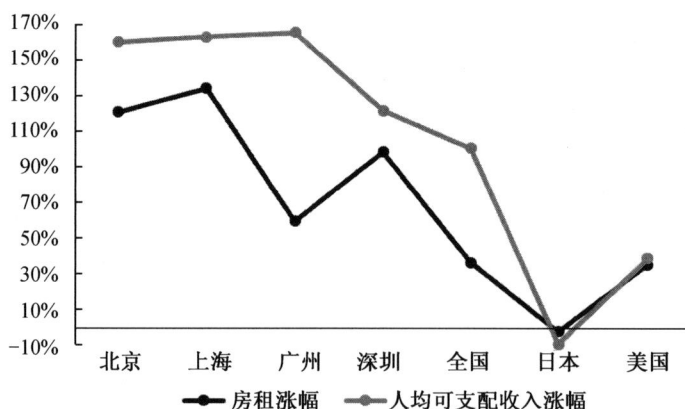

图 1-16　中国、美国、日本以及中国主要城市租金及人均可支配收入涨幅

资料来源：Wind,链家研究院整理。

(二)租赁市场长足发展

我国长租市场具备长足发展的基石:相较于发达租赁市场30%以上租赁人口及租赁房屋,人均租赁消费支出约2万元/年,国内房屋租赁比例为18%、租赁人口比例为11.6%、人均租赁消费支出6 000元/年,各项数据都偏低,存在持续上升的空间。表1-2为租赁市场指标的国际比较。

表 1-2　租赁市场指标的国际比较

		租赁人口		租赁房屋数量		租金水平	人均租赁支出
		数量（万人）	租赁人口占比（%）	数量（万套）	租赁房屋占比（%）	（元/m²·月）	（万元/年）
国家	美国	11 000	35	4 393	37	142.8	3.1
	日本	3 391	27.2	1 852	35.5	73	2.2
	英国	2 193	37	830	36	76	2.6
	中国	16 000	11.64	4 571	18	16.7	0.6
城市	纽约	479.5	56.9	212	68.2	227.8	4.5
	洛杉矶	212	54.4	84.8	63.2	—	4.0
	旧金山	43.2	53.7	22.4	63.60	—	6.5
	东京	673	50.6	54.96	60	178	5.5
	伦敦	426.4（所有）224.6（私人）	49.2（所有）			260	5.9
	香港	303	42	112（其中私人仅 36.7）	45.5	323（私人）53.7（公租）	5（私人）0.8（公租）
	北京	731	34	150	20	69	1.22
	上海	966	40	190	24	66.4	1.24
	深圳	387	34	82	21	66.1	1.24

资料来源：根据美国统计局、日本内务省、英国统计局、国家统计局、链家研究院整理。

从表 1-2 具体来看，品质租赁时代的到来，越来越多人的走向租赁市场。

第一，从租房倾向上，居民租房意愿不断增长。据链家研究院调研，相对于 2014 年，我国各年龄阶段的人群，租赁房屋的意愿都在增长，尤其是 35 岁以下的年轻群体，租房意愿更是爆发式增长。

第二，越来越多的人将滞留租赁市场，租房人群规模扩大，人群越来越多元。

随着我国一线城市房价的高企，月租金与月供的剪刀差不断扩大，购房门槛提高。据链家研究院数据，北京首次购房人群平均年龄已从 2013

年的近 30 岁推迟到 2016 年的约 34 岁,且呈逐年递增趋势,其他主要大中城市也不例外。这对租房市场而言,租房群体在不断扩大,租房时间在不断延长。

结婚年龄不断延后。我国居民结婚年龄明显后移,5 年间,30 岁以上结婚人群占比上升 4 个百分点。随着越来越多的年轻人选择单身,单身人群的平均年龄也在上升。

2007年　　　　　　**2012年**

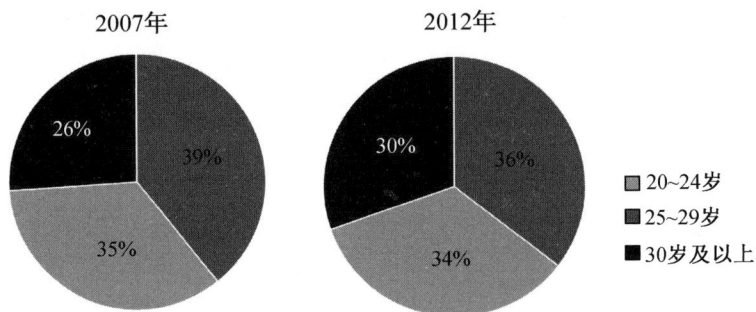

20~24岁
25~29岁
30岁及以上

图 1-17　2007—2012 年我国公民结婚登记年龄分布

资料来源:民政部、链家研究院。

从国际来看,单身群体规模也在不断扩大。这主要是因为不婚率提高和首次结婚年龄不断提高。在美国,首次结婚年龄不断提高,2006 年开始呈加速上升的趋势(如图 1-18)。我国香港男性首次结婚年龄已经超过 31 岁,女性也接近 30 岁,而首次生育年龄更是创历史新高(如图 1-19)。

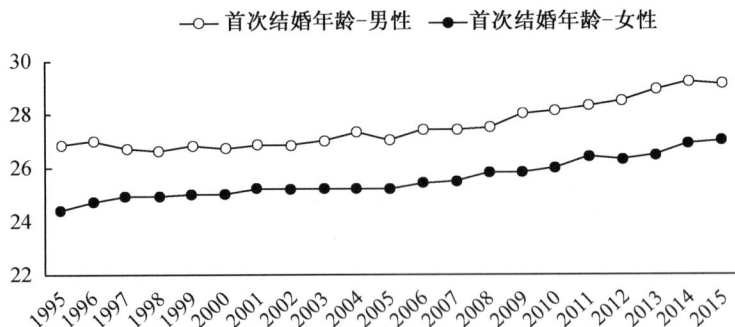

—○— 首次结婚年龄-男性　　—●— 首次结婚年龄-女性

图 1-18　美国首次结婚年龄变化情况(单位:岁)

资料来源:根据美国统计局、链家研究院整理。

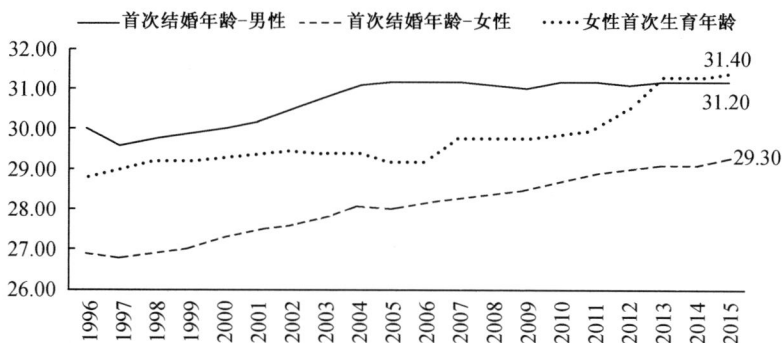

图1-20　香港首次结婚年龄变化情况(单位:岁)

资料来源:Wind,链家研究院整理。

第三,流动人口租房需求的稳定性在提升。尽管我国流动人口规模增速放缓,但据国家计生委预测,2025年,我国流动人口规模将突破3亿人关口,由此带来巨量的租赁需求。2014年全国流动人口开始出现新的变化:一是流动结构在变化。2014年流动人口中携子女、配偶、老人一起流动的比例达到60%。二是流动的稳定性在上升。2014年,流动人口在现居住地居住的平均时间超过3年,其中37%超过5年。规模的扩大、稳定性的提升,使得租赁人群不断扩大,同时对租赁住宅质量和舒适性也提出更高的要求。如图1-20所示。

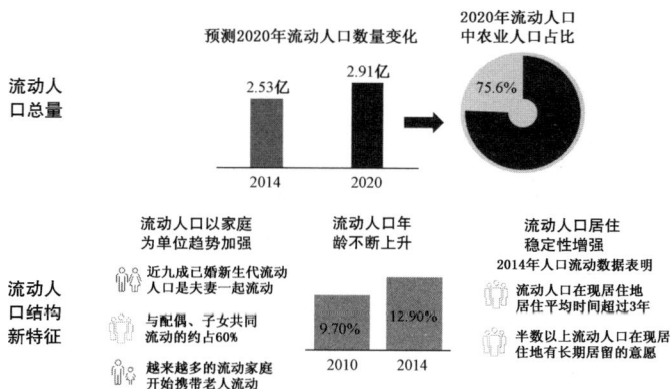

图1-20　2014年我国流动人口的新变化

资料来源:根据国家计划生育委员会、链家研究院整理。

因此,在品质租赁需求、租金水平、租赁人群不断增加的基础上,我国租赁市场将进入快速发展期,预计到 2025 年住房租赁市场租金 GMV 将接近 3 万亿元,租赁人口达 2.3 亿;到 2030 年,租金 GMV 将达到 4.6 万亿元,租赁人口达到 2.7 亿。

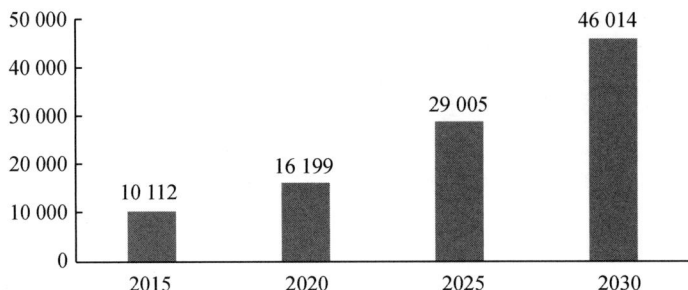

图 1-21　我国租赁市场租金 GMV 测算(单位:亿元)

资料来源:链家研究院。

(三)机构化渗透率提升

伴随着租赁市场和租赁金融的发展,通过开发商转型、公寓 REITs 持有,以及金融机构投资等方式,房源将呈现机构化持有的趋势,个人持有房源占比有所下降。在美国,在上述因素的综合作用下,机构化持有公寓占比由 1991 年的 6.7% 上升至 2012 年的 18%,个人持有公寓占比由 91.6% 下降至 71%(见图 1-22)。

房源机构化持有、租赁消费升级、REITs 趋于成熟,以及租赁制度逐步完善催生了规模化专业租赁运营机构的崛起。专业化租赁运营机构通过持有房屋或接受托管的形式提供专业化租后管理的品质房源,成为市场化房源的重要来源,同时对于规范租赁流程、提高租赁效率具有重要意义。高度市场化、金融化的美国市场中,通过专业化运营机构(持有运营公司与房屋托管公司)管理的市场房源占比约 30%;人口老龄化及个人地主持有多套房屋的日本市场中,通过专业租赁运营机构提供的房源占比高达 83%。因此,可以预计,未来我国租赁市场存在极大的机构渗透空间,开发商等大体量玩家将推动房源机构化持有趋势。

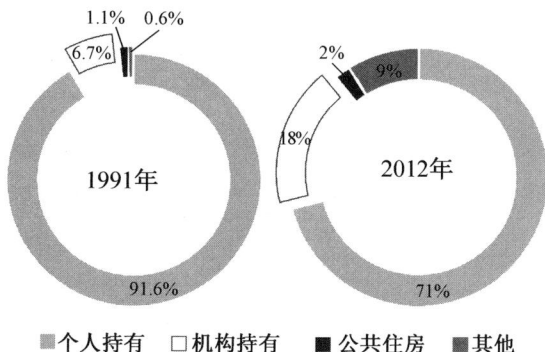

图 1-22 1991 年和 2012 年美国公寓租赁所有权结构变化

资料来源:根据链家研究院、美国统计局整理。

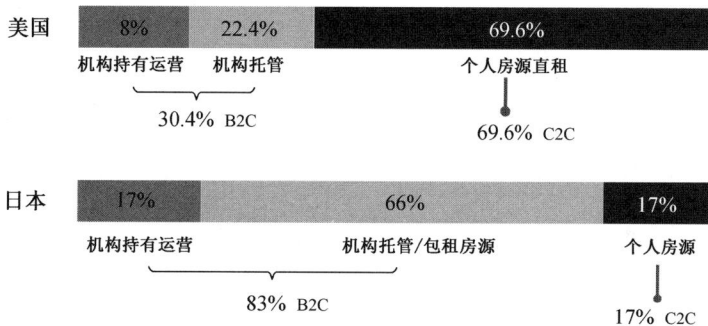

图 1-23 美国和日本租赁住宅供给结构图

资料来源:根据美国统计局、日本统计局、链家研究院整理。

(四)新增房屋用于出租比例提升

进入存量时代,房屋从建设时期便确定其租赁用途。近年来,随着租赁市场的不断升温,美、日新增公寓用于租赁的比例逐渐增加,2015 年美国新增公寓 94%用于租赁,2013 年日本新增住宅 36%用于租赁(见图 1-24)。

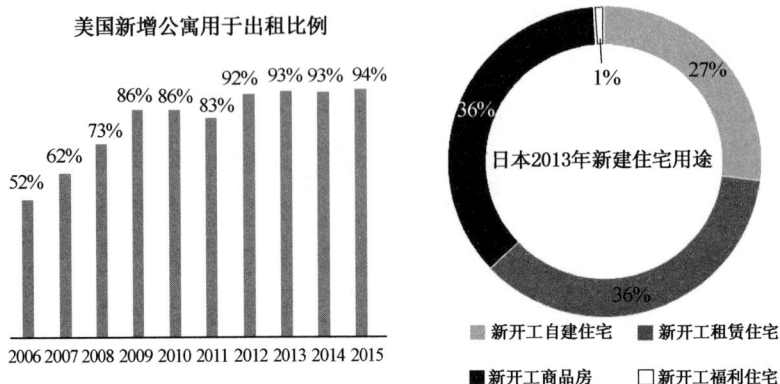

美国新增公寓用于出租比例

日本2013年新建住宅用途

新开工自建住宅　新开工租赁住宅
新开工商品房　□新开工福利住宅

图 1-24　美、日新增公寓用于租赁的比例

资料来源:根据美国统计局、日本内务省、链家研究院整理。

同步于这一趋势,美国公寓开发商集公寓开发、持有与运营于一体,且管理运营数量远高于其持有数量(如表 1-3)。2015 年,美国最大公寓开发商 Alliance 新开工公寓 7 765 套,持有公寓 2.6 万套,运营管理 8.8 万套,这表明公寓开发商具备优秀的运营管理能力,并向产业链下游延伸,开展房屋托管业务。

表 1-3　2015 年美国开发、持有及运营一体化 TOP5 公寓开发商

公司名称	公寓开发			公寓持有		公寓管理运营	
	新建全美排名	公司新建(套)	全美占比(%)	持有数量全美排名	持有数量(套)	管理数量全美排名	管理数量(套)
Alliance Residential Company	1	7 765	2	46	26 115	7	88 028
Greystar Real Estate Partners, LLC	5	4 699	1.2	32	38 070	1	413 679
Lincoln Property Company	9	3 449	0.9	24	49.024	2	165 251

续表

公司名称	公寓开发			公寓持有		公寓管理运营	
	新建全美排名	公司新建（套）	全美占比（%）	持有数量全美排名	持有数量（套）	管理数量全美排名	管理数量（套）
Forest City Residential Group，Inc	10	3 352	0.8	27	47 035	33	39 178
The Michaels Organization	13	2 880	0.7	26	48 429	21	52 556
合计		22 145	6.5		208 673		758 692

资料来源:根据 NMHC、链家研究院整理。

　　存量时代到来,日本开发商广泛布局租赁领域,三井不动产作为日本最大的开发商,涉足商业地产,住宅的开发、销售及资产管理业务,广泛布局租赁住宅建设、中介及托管租赁产业链。三井不动产的业务收入来源如图 1-25 所示。

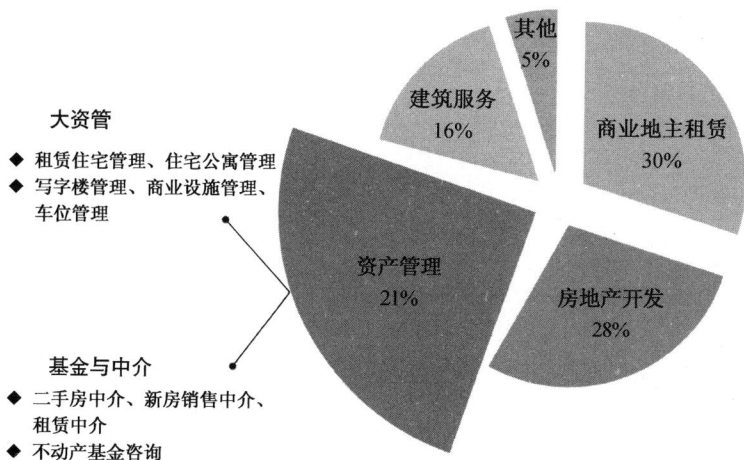

图 1-25　三井不动产的业务收入来源

资料来源:链家研究院整理。

　　对应我国,房地产市场增量时代进入尾声,开发商新房销售利润下降,随着租赁市场加速发展以及政策要求开发商自持一定比例住宅,房屋从建设时便确定租赁用途的趋势可能显现。我国涉足租赁业务的开发商有 9 家,其中 6 家自建公寓品牌,但并未发挥其开发持有的优势,也未做业务资源的倾斜,仍采用主流的包租模式;其余 3 家则采取与主流公寓运营商合作的方式介入公寓领域,目的仍在新房库存去化。

(五)租赁领域,住宅租赁机会最大

在房地产租赁众多领域中,商业地产租赁往往更容易博得市场的瞩目,但商业地产经济敏感性高于住宅租赁。特别是经济下行期间,住宅租赁回报率更稳定,且平均值较高,仅低于个人仓储行业。我国经济增速放缓的过程中,租赁领域中的房屋租赁机会凸显。我国存量房市场资产价值约为 245 万亿元,其中住宅约 180 万亿元,如此庞大的资产量盘活蕴含巨大商机,足以培育出千亿级企业。

以美国为例,金融危机后住宅 REITs 表现抢眼:市值先挫后涨,由 2008 年 243 亿美元增长至 2016 年 1 238 亿美元,市值占比仅次于零售;出租率与回报率逆势增长,近 5 年与 10 年投资回报率分别为 20.6% 与 13.7%,仅次于个人仓储(如图 1-26、图 1-27)。

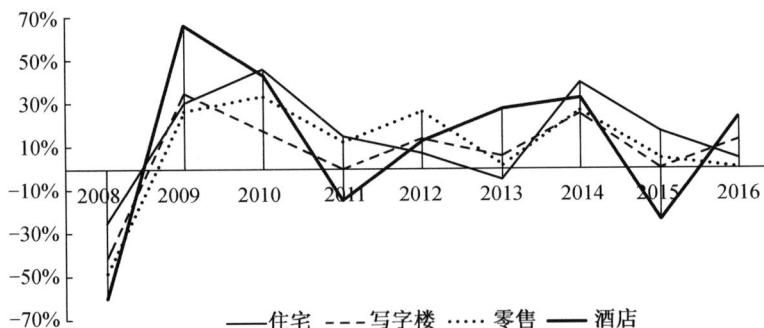

图 1-26 住宅 REITs 与零售、写字楼及酒店 REITs 回报率比较

资料来源:根据 NREIT、链家研究院整理。

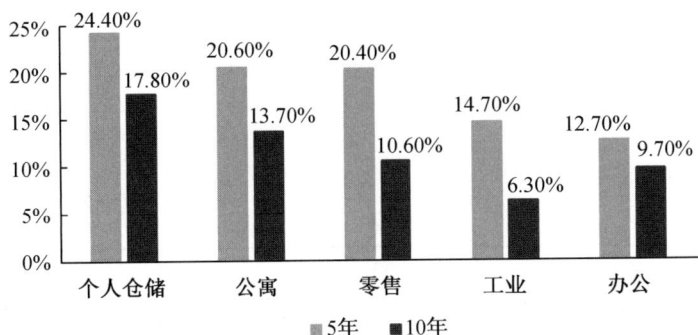

图1-27 公寓与其他租赁物业的5年及10年投资回报率比较

资料来源:根据 NREIT、链家研究院整理。

此外,在美国房地产租赁的细分领域中,各领域龙头企业市值、规模及出租率表明,除零售及个人仓储以外,住宅租赁领域并不逊色于其他细分市场,见表1-4所示。

表1-4 租赁领域中细分领域龙头企业市值、规模及出租率

细分领域	企业名称	简称	市值(亿美元)	业务规模	出租率
写字楼	Boston Properties	BXP	2.02	持有168处商业物业,净可出租4 650万平方英尺	A级办公室91.6%,零售96.5%,办公楼/科技楼84.2%
工业	Prologis	PLD	2.86	持有并运营的物业61万平方英尺,资产价值4 660万美元;投资的物业面积3.93亿平方英尺	95.30%
零售	Simon Property Group	SPG	5.87	全球231处商业物业、108处购物中心、71处奥特莱斯、22处国际中心等,可出租面积1.84亿平方英尺	商场出租率96.1%,奥特莱斯出租率98.5%
住宅	AvalonBav Communities	AVB	2.47	持有或投资经营了257栋公寓物业,共计6.55万间房间	95%
旅馆	Host Hotels & Resorts	HST	1.37	拥有105栋高档物业,包括5.7万间房间	77.4%
个人仓储	Public Storage	PSA	3.96	持有运营2 277个仓储设施,净租赁面积1.48亿平方英尺	94.5%

续表

细分领域	企业名称	简称	市值（亿美元）	业务规模	出租率
医疗	Welltower	HCN	2.48	持有 8 112 套公寓住宅	Triple-net 出租率 87.2%；老年业务 91%；门诊业务 95.1%

资料来源：根据公司年报、链家研究院整理。

美国大型公寓品牌的高市值、高出租率水平及较高净营业利润率，表明专注于核心市场住宅租赁运营的价值巨大（如表 1-5）。相比商业地产运营参与者众多、运营机构相对成熟，我国住宅租赁市场仍然比较年轻，潜在的机会巨大。

表 1-5　美国大型公寓品牌运营现状

品牌	市值（亿美元）	2015 年持有数量（套）	出租率（%）	净营业利润率（%）	业务
AVB	234	75 584	95	37.0	中高低端公寓的开发、持有、运营
EQR	224	109 540	96	36.8	花园式住宅、中高层公寓、独栋房屋、军事用房的开发、持有与运营
ESS	140	58 768	95	28.2	精耕西海岸的沿海大都市的中高端公寓开发、持有及运营
UDR	93.4	50 646	96	18.1	核心城市高端公寓的购买、持有与运营
CPT	71.2	59 792	96	27.4	专注于核心城市中高端公寓的开发、持有、运营
MAA	79.8	79 496	96	27.9	次核心城市中低端公寓的开发、持有与运营
AIV	68.8	53 660	90	26.1	中低端公寓及保障性住房的开发、持有及运营
ACC	67.9	30 913	97.3	20.8	专注学生公寓购买持有与运营
PPS	35.1	21 872	96.1	29.2	高端公寓开发、持有与运营
EDR	31.1	11 679	91.5	17.7	学生公寓持有与运营，临近大学，可床位出租

资料来源：根据公司年报、链家研究院整理。

（六）住宅租赁集中于大城市的趋势不变，机会仍在 TOP30 城市

租赁市场具有区域集中分布的特征，房源集中分布于经济发达、人口大量流入的大城市。这是由于大城市具有强大的产业集聚能力，带动大量就业，对周围形成较强的辐射效应，同时大城市处于资源的"金字塔尖"，居民为了享受到更好的社会服务会继续向大城市迁移。

从国际经验来看，美国有 83.7％的人口居住在大都市区，其中，纽约和洛杉矶两个都市圈人口就占全国的 10.3％；日本集中之势更突出，三大都市圈人口占全国 57％，其中，首都圈占比达 33％。从城市层面来看，英国、法国、德国首都人口占全国比例都在 13％以上，尤其是伦敦，人口占据英国的 1/5，集中程度十分高（如图 1-28）。

目前，我国一线城市上海、北京、广州人口占比全国分别为 1.7％、1.5％、1％，未来集中空间还很大。而且，聚集了全国 60％以上人口的 TOP30 城市，租赁需求不可估量，市场潜在机会巨大。

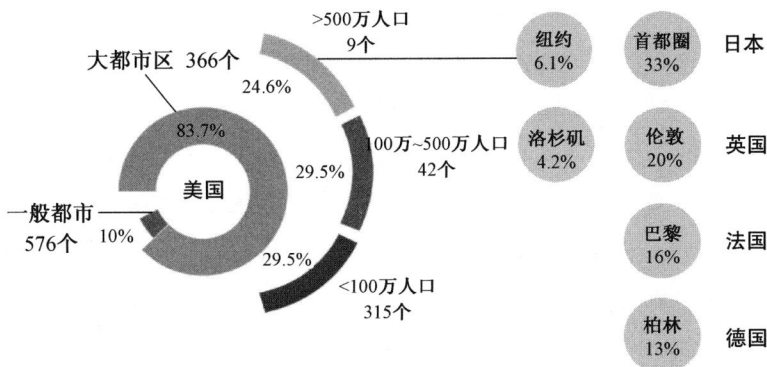

图 1-28　发达国家租赁市场的集中分布

资料来源：根据链家研究院、各国统计局整理。

(七)完整租赁生态,参与机会众多

成熟的租赁市场能够培育出完整的产业生态,从房源的持有、改造到房源客源的匹配撮合、租后管理服务以及衍生服务,产业链上具有众多的参与机会。完整的租赁市场生态应以金融、信息及数据为行业基础,专业化租赁运营为核心,租后维修、保洁、软件服务等衍生行业为辅助。

专业化租赁运营机构以持有运营或房屋托管机构为代表,实现房源与客源的匹配及租后管理服务。建筑商、家装公司等提供上游房源的建造及装修。在租赁金融中,以资产证券化为代表的REITs提供持有运营机构的融资,相关保险产品提供风险保障;信息平台扩大房源传播半径,提高房源匹配效率;数据作为基础的基础,是追踪了解租赁市场的窗口。维修、保洁、收纳、洗衣等衍生服务则有助于提高租赁品质,推动租赁市场深入发展。

(八)互联网不同程度地参与租赁产业链

由于租赁的产业链中不同环节的标准化难度有差异,互联网参与程度也不尽相同(见图1-29)。由于房屋建造、购买及翻新难以被替代,互联网渗透率极低。但在信息环节,标准化难度较低,互联网深度参与租赁信息的发布与匹配,并且在国外诞生优秀的专业租赁信息平台公司,如Apartments.com以及Rentpath。在运营管理及租后高频服务中,互联网公司均高度参与,提供运营管理SaaS软件以提高租户管理的效率,实现高频服务平台化,连接租户、业主及第三方服务公司。

信息的深度参与,表现在主流用户行为变迁(如图1-30)。美国人在搜寻公寓租房时,有72%的人会首先求助互联网。在线搜索公寓人群,约有1/3使用Craigslist、Zillow、RentPath等公寓列表网站。而且,在线成交转化率也很高,有2/3的人通过在线搜索成功找到租赁公寓。最为重要的是,在住房租赁搜索领域,移动互联搜索时代已经来临。目前,全美

有79％的租客用移动端搜索,远高于固定端搜索(56％)。

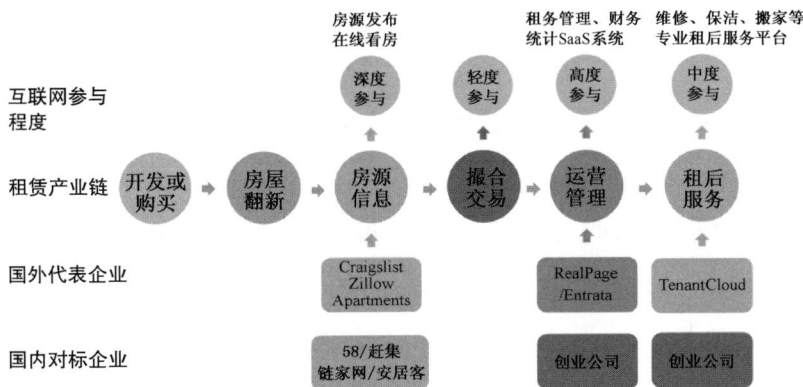

图 1-29　互联网公司渗透租赁产业链

资料来源:链家研究院整理。

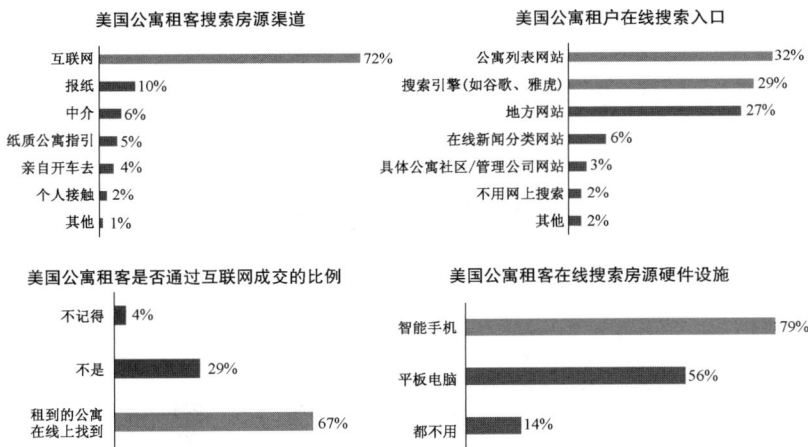

图 1-30　互联网深度参与租赁信息环节

资料来源:根据 Google、Costar、链家研究院整理。

(九)消费升级乃大势所趋

随着新生代租赁群体观念革新、个人收入增加以及生命周期推进,租赁消费升级是大势所趋。未来住房租赁市场,"90 后"、"00 后"等年轻群体将逐步成为租赁市场的主力军。"90后"、"00后"的思想更为开放,追求自由,消费观念超前,更能够接受租赁生活的方式。其租赁比例和租房花费都会大大超过"70后"、"80后",租赁升级是大势所趋。

由于人均可支配收入的增长,人们对租赁的品质需求也随之增长,不可避免地带来租赁的消费升级(如图1-31)。据调研数据,高收入人群普遍处于整租状态,低收入人群则处于群租或合租状态(如图1-32)。

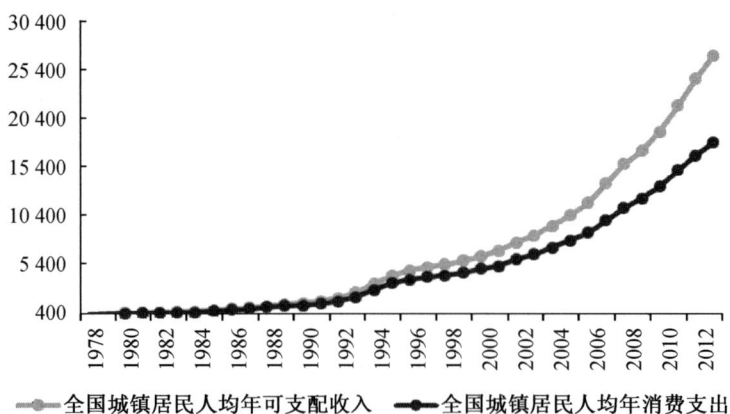

图1-31 全国城镇居民收入与支出的增长(单位:元)

资料来源:链家研究院整理。

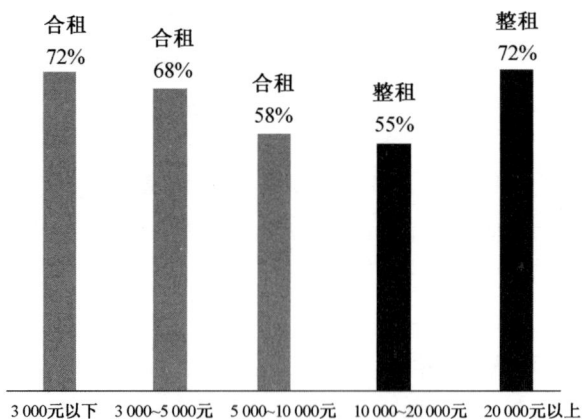

图1-32 北京租户不同收入段居住状态

资料来源:链家研究院整理。

30

生命周期自然形成租赁消费的升级。在毕业、工作、恋爱、结婚、生子不同人生阶段,人们对房屋面积、租赁品质的需求是不断变化的。应届生往往只需最低的居住需求,可承受租金水平低,普遍处于合租状态;随着工作年限累计,收入的增加,或进入恋爱状态,人们对住宅私密性和品质的要求提高,整租需求上升;结婚生子后,房屋面积、实用性需求提高,二居室整租需求旺盛。随着我国一线城市房价的高企,购房年龄推迟,越来越多的大龄青年或结婚家庭滞留租赁市场,推动整租需求(如图1-33、图1-34、图1-35)。

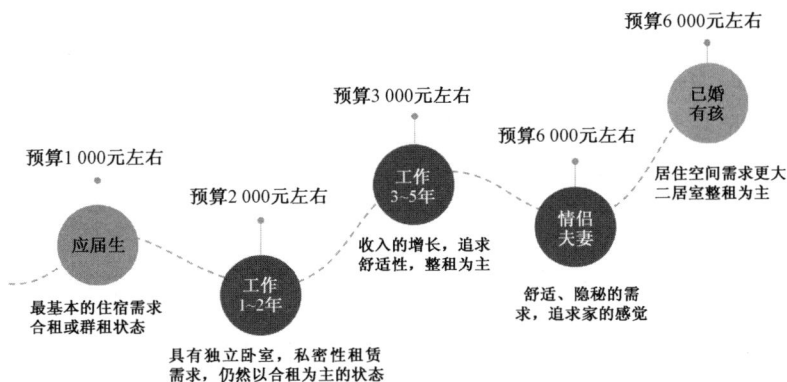

预算6 000元左右

预算3 000元左右

已婚
有孩

预算1 000元左右

预算6 000元左右

居住空间需求更大
二居室整租为主

预算2 000元左右

工作
3~5年

应届生

收入的增长,追求
舒适性,整租为主

情侣
夫妻

最基本的住宿需求
合租或群租状态

工作
1~2年

舒适、隐秘的需
求,追求家的感觉

具有独立卧室,私密性租赁
需求,仍然以合租为主的状态

图1-33 生命周期与租赁消费升级

资料来源:链家研究院整理。

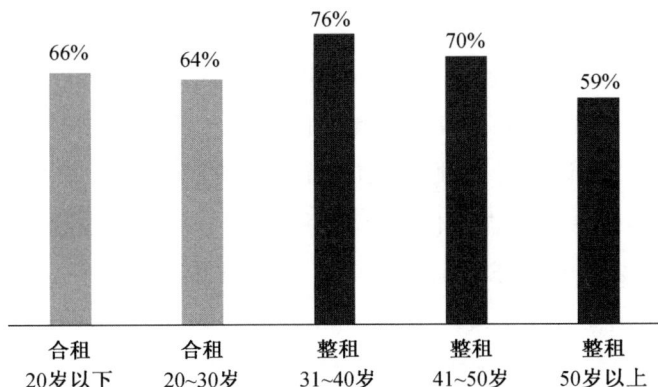

图1-34 北京租户不同年龄段居住状态

资料来源:链家研究院整理。

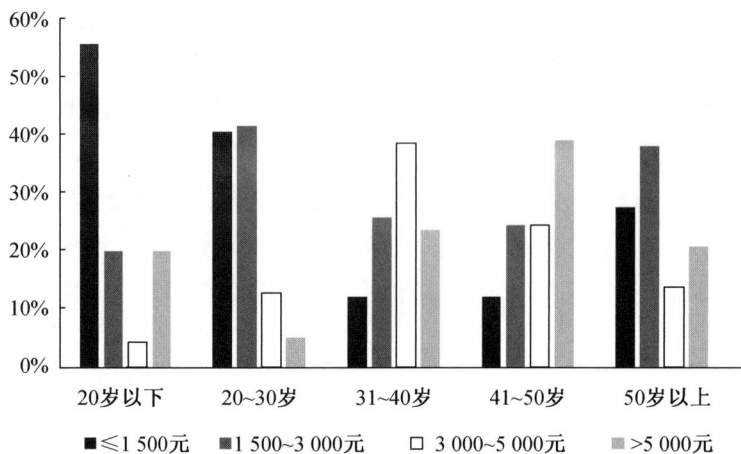

图 1-35　北京租户不同年龄段可承受租金水平

资料来源:链家研究院整理。

据链家研究院调研数据,不同年龄段的北京租户的居住状态与租金水平差异极大。20～30 岁的租户普遍处于合租状态,可承受租金水平在3 000元以下,30 岁以上租户普遍处于整租状态,可承受租金水平较高。

(十)租赁是唯一仍有政策红利的市场

2015 年 1 月开始,政府重视住宅租赁市场的发展,出台公积金提取、税收优惠、商改住等政策,多方位推进租赁市场发展。2016 年 12 月,随着中央经济工作会议与财经领导小组会议再次明确规范发展租赁市场,加快租赁立法,加快推动机构化、规模化租赁企业发展,建立购租并举的住房制度满足多层次需求(如图 1-36)。可以想见,未来 2～3 年,金融、财税、土地、市场监管等多策并举,租赁市场是房地产市场中唯一享有政策红利的领域。

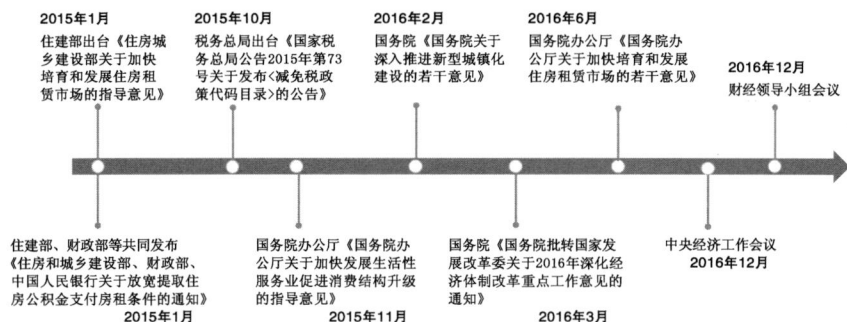

图 1-36 2015—2016 年关于租赁市场的政策及文件

资料来源：链家研究院整理。

当前，政策红利尚未充分释放，但我国长租公寓市场初具规模，雏形已现。集中式公寓普遍进入多个城市，但受制于物业稀缺性，房间数量远低于分散式公寓，其中领军企业魔方 2016 年底门店数量有 105 家，房间数量接近 3 万间，万科泊寓有 50 家门店；分散式公寓普遍采取深耕城市的策略，进驻城市较少，但管理房屋数量远远超过集中式公寓。

因此，可以预见我国租赁市场将在市场发展与政策红利的推动下，迎来新纪元。

第二章

美国住房租赁市场全球租金规模最大

导读

· 美国拥有全球租金规模最大的住房租赁市场,2015 年租赁人口约 1.1 亿,租赁房屋 4 300 万套,租赁人口占比 34％,租赁房屋占比 35％,租金规模超 3 万亿人民币。

· 美国租赁市场高度集中于经济发达、人口大量流入的都市圈。物业类型以独栋式房屋及公寓为主,占租赁房屋的比重分别为 40％与 56％。金融危机后,租售比的下降,租金回报率的上升,进一步推动了美国租赁市场的发展。

· 金融危机后,美国租赁市场迎来了主动租赁的时代,租赁越来越多地成为一种生活方式:(1)年龄结构上,年轻租户比重下降,50～69 岁中老年人增长迅猛;(2)学历结构上,越来越多的高学历人群租赁倾向大幅增长;(3)家庭结构上,单身依然为主力,但家庭租赁比例显著提升;(4)收入结构上,高收入人群稳步增长。

近 10 年,美国租赁需求出现前所未有的激增,租赁俨然成为新的生活方式。作为全球租金规模最大的住宅租赁市场,截至 2015 年底,美国有 4 390 万个租赁家庭,较 2005 年增长近 900 万,租赁人口 1.1 亿。其间,租赁家庭占比从 31% 升至 37%,创 1965 年以来新高。尤其金融危机以后,住宅租赁市场增长强劲,年均新增租户数量高达 105 万户,越来越多的人成为租赁一族,租赁人群越来越多元化。

一、市场规模巨大并不断上升,核心市区集中度高

美国住宅租赁市场规模巨大,年租金 GMV 5 055 亿美元,而且还在不断地扩大。另外,美国住宅租赁市场呈现出区域集中度高的特征,租户占比前 10 的都市区租赁人口占全国 43%;售租比不断下滑,投资回报率进入上升通道。

(一)规模:年租金 GMV 5 055 亿美元,市场商机万亿美元

2015 年美国住宅月租金中位数 959 美元,按照 4 390 万套在租房屋计算,仅住宅租赁年租金 GMV 就达 5 055 亿美元,如果加上租赁房屋装修、维护、租户消费等,住宅租赁市场整体规模高达万亿美元。

2010 年以来,美国租赁市场整体租金水平与入住率不断攀升。截至 2016 年第二季度,入住率达 93.3%,再创历史新高。随着入住率不断攀升,住宅租金价格持续上升,美国住宅租赁市场规模仍在不断扩大(如图 2-1)。

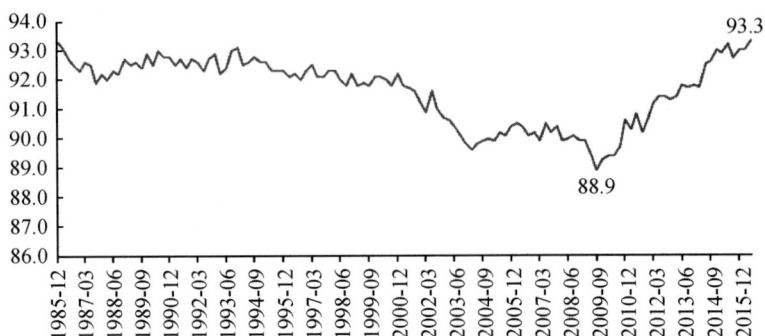

图 2-1　美国租赁住房入住率变化趋势(单位:%)
资料来源:Wind,链家研究院整理。

(二)物业类型:独户1 748万栋,多户型2 477万套

2015年,美国住宅租赁房屋中,独户住宅约1 748万栋,占比40%,多户住宅(公寓)约2 477万套,占比56%,剩下近167万套移动住宅①。

近10年,独户租赁住宅数量快速增长,特别是2010—2015年,租赁住房增加511万套,其中独户住宅增加373万套,占比高达73%(如图2-2)。独户住宅增长强劲主要因为次贷危机后,大量独户住宅业主丧失抵押赎回权,相当一部分流入租赁市场,出现独户租赁机构化持有运营趋势。

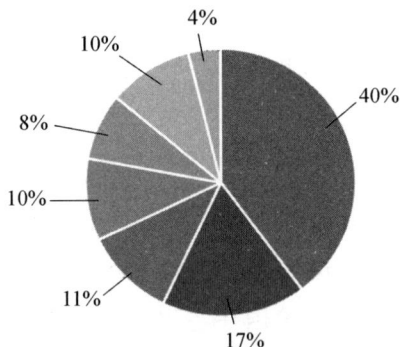

图 2-2　2015年美国租赁房屋存量结构

资料来源:2013 American Housing Survey,链家研究院整理。

---

①　Mobile home(移动住宅),又称 Manufactured home,起源于20世纪30年代,主要用于政府项目的军人和工人住房,是一种由工厂建造在永久连接的移动底盘上的预制式结构房屋,建造完成后运输至租赁场地。

（三）分布区域：集中于核心城市与核心城区

美国住宅租赁房屋具有显著的集中分布特征，82％位于大城市，其中43％分布在大城市的核心城区，39％位于大城市郊区。租赁占比最高的10个都市区：一类位于沿海门户，包括纽约、波士顿、华盛顿、洛杉矶、旧金山、迈阿密6个都市区；另一类位于内陆中心，如休斯敦、达拉斯、芝加哥、亚特兰大4个都市区（如图2-3）。

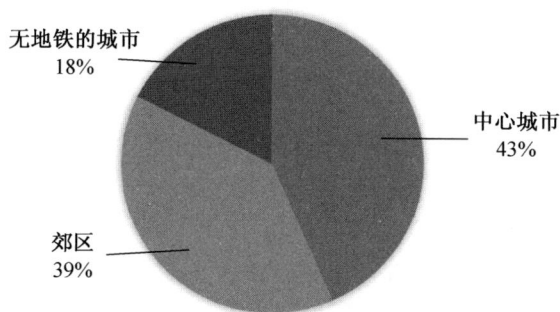

图 2-3　2013 年美国住宅租赁房屋区域分布

资料来源：2013 American Housing Survey，链家研究院整理。

这10个都市区租赁人口比例之所以高，是因为：其一，强大的人口吸附能力，这些沿海门户城市及内陆核心都市区都位于美国核心工业、产业集群区，强势的产业集聚带来大量的工作机会，吸引了大量人口；其二，购房压力较大，这些城市房价收入比很高，大部分工作迁移人口很难在短时间内购买住房，租房成为越来越多人的选择（如图2-4）。

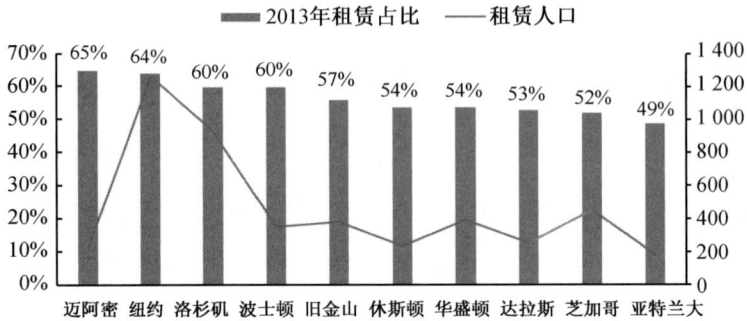

图 2-4　美国租房人口占比最大的 10 个都市区(单位:万人)

资料来源:Census Bureau,链家研究院整理。

(四)投资回报:售租比降至 15.6,毛租金回报率升至 6.41%

从房屋售租比[①]看,自 2008 年金融危机美国楼市泡沫破裂以来,整体售租比不断下滑,2011 年以来连续 4 年维持在 16 倍左右(如图 2-5)。

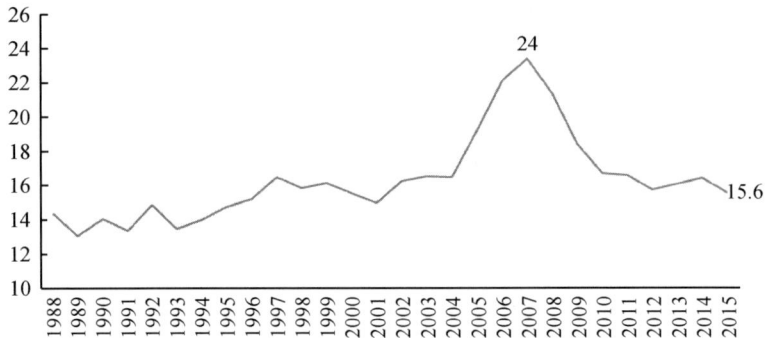

图 2-5　1988—2015 年美国房屋租售比情况

资料来源:United States Census Bureau,链家研究院整理。

售租比下降,使得租赁投资价值上升。2008 年住宅租金投资回报率进入上升通道,2015 年达到 6.41%,在主要国家和地区中明显领先,体现

---

①　本书售租比指全美房屋平均售价/平均年租金。

了美国住宅租赁市场的高回报特性(见图 2-6)。主要国家和地区房屋毛租金回报率如图 2-7 所示。

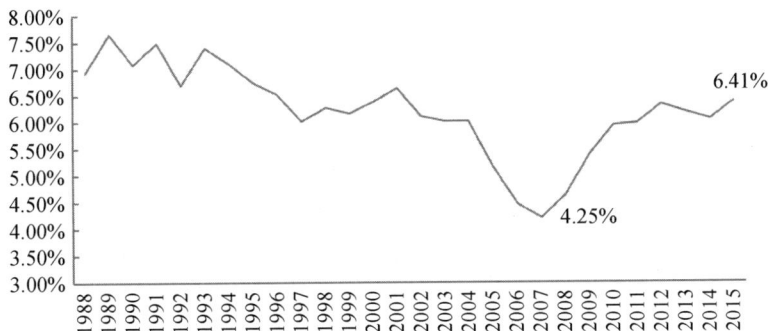

图 2-6　1988—2015 年美国房屋年毛租金回报率情况

资料来源:United States Census Bureau,链家研究院整理。

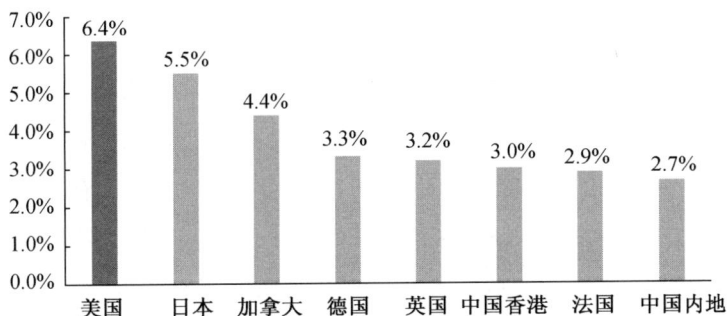

图 2-7　主要国家和地区房屋毛租金回报率

资料来源:Global Property Guide,链家研究院整理。

二、迎来主动租房时代,租赁生活成新潮流

目前美国人口约 3.2 亿,存量住房约 1.3 亿套,自 2005 年以来,美国住房自有率不断下降,由 2004 年的 69.2% 下降到 2016 年第二季度的 62.9%,下降了 6.3 个百分点,这一趋势还在持续。按照一个百分点 130

万套估算,2004 年以来至少 800 万户自有住房家庭转向租赁,转向租赁的人口近 1 900 万(如图 2-8)。

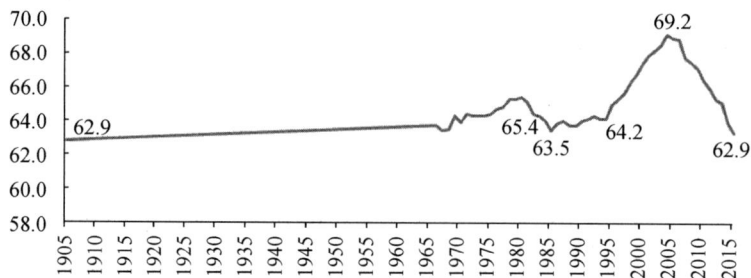

图 2-8　美国住房自有率变化趋势(单位:%)

资料来源:Wind,链家研究院整理。

注:2016 年为截至第二季度数据。

从更长的历史看,美国自有住房和租房的转化主要经历了以下三个阶段。

第一阶段:被迫租房为主的时代。"二战"前,住房自有率不足 40%,美国人主要以租房为主。受 1929 年经济大萧条影响,成千上万家庭破产,失业率飙升,住房问题成为最大的民生问题。为此,政府推动大量公共住房建设,1937 年罗斯福总统签署《低租住房法》,明确公有租赁住房建设计划,在此后 4 年为年收入不足 1 000 美元的家庭建设 16 万套公共住房。这一时期,租赁公共住房是中低收入人群的主要居住方式。

第二阶段:从租赁为主向买房自住转变。这一时期主要是"二战"后到 20 世纪末美国房地产泡沫破灭前。美国住房自有率从不足 40%,快速攀升到 1960 年代的 60% 以上,此后因为经济滞胀、石油危机、金融危机等影响有所波动,但一直维持在 60% 以上的水平。

四个方面的原因在推动这种转换:一是"二战"后大量军人转业催生战后"婴儿潮",加之美国新一轮移民大潮开启,住房供应紧张;二是战后美国经济稳定,居民收入和购房能力提升;三是战后美国政府通过政策调整、税收优惠、直接补贴等方式,鼓励居民拥有住房;四是美国逐步形成发达的住房金融市场,住房按揭贷款门槛下降,利率维持低位,为居民购房提供了强大的支撑。

第三阶段:主动选择租房时代来临,租房成新潮流。2006年,次贷危机爆发,美国房地产市场受到重挫,大量房屋因为断供而被拍卖,导致美国住房自有率直线下滑。美国居民不再热衷购买住房来解决居住问题,基于主客观原因,越来越多的美国人开始寻求租赁生活方式。

主观方面:一是房地产泡沫破灭使得几百万套住房断供被拍卖,居民损失惨重,对房产购买变得谨慎;二是相对于月供的昂贵,租金比较低廉,租赁选择面也更大;三是美国年轻人流动性增大,结婚率下降,同时美国年轻人迁徙到大城市的比率在增加;四是越来越多的中高收入人群加入到租房群体中。

客观方面:一是次贷危机后,美国银行业基于风险控制考虑对居民住房贷款的审核趋严;二是随着经济企稳,热点城市房价回升,购房压力再度变大;三是婴儿潮时期人口进入老年期。

随着美国住房租赁市场迎来主动租房时代,租户人群在年龄、学历、家庭、收入四个方面呈现出新的特征。

(一)年龄结构:年轻租户比例增加,50～69岁中老年人增长迅猛

从2015年美国租房人群年龄结构变动看,年轻人群继续增长,中老年人群增速更为迅猛。30岁以下群体占比仍然最大且稳定增长。30～39岁群体止跌回升。中老年群体增长最为迅速:50～59岁人群较2005年上升55%,60～69岁老年户数增幅达到86%。

50岁以上的中老年群体之所以越来越多地选择租房,主要有两个原因:其一,处于这一生命周期的人群收入开始下降,选择租房成本相对更低;其二,老年人更加需要医疗、交通等完善的配套和家政、保洁等方面的周到服务,租赁住房选择面更宽、服务更为完善。

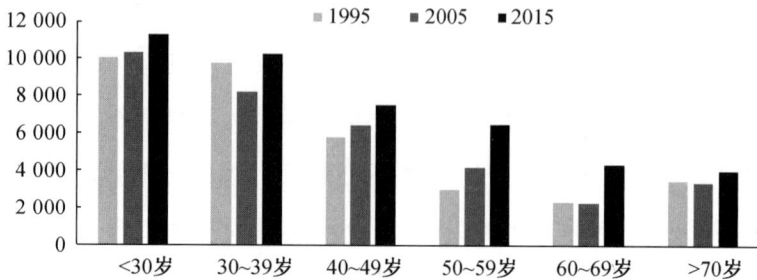

图 2-9 美国租房人群年龄结构变化(单位:千户)

资料来源:American Community Surveys,链家研究院整理。

(二)学历结构:越来越多的高学历人群倾向租赁

从学历结构看,租房群体不再是低学历人群的集中地,本科以上高学历人群激增。2015 年,拥有高中学历的租房人群止跌回升,较 2005 年增长 17%;专科学历的人群占比仍然最多,较 2005 年大幅增长40%。本科以上高学历人群增幅超 52%,是低学历人群增幅的 3 倍(如图 2-10)。

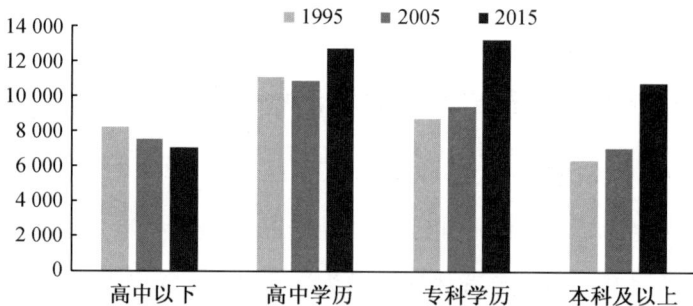

图 2-10 美国租房人群学历结构变化(单位:千户)

资料来源:American Community Surveys,链家研究院整理。

越来越多的高学历人群倾向租赁,他们大部分都集中在大都市区,更崇尚自由和高质量的生活方式。

(三)家庭结构：单身仍是主体，已婚比例大幅上升

从家庭结构看，单身人士租赁占比仍然最大，已婚家庭租赁比例不断上升（如图2-11）。单身租户数量继续增长，2015年占比38.6％。已婚家庭租户数量止跌回升，其中无小孩的已婚家庭数较2005年增加33％。值得关注的是，单亲家庭租房数量稳定上升，增幅进一步提高。

单亲家庭租户数量快速提升是因为：一是美国居高不下的离婚率和不婚率，一人户家庭越来越多；二是单亲家庭收入一般比普通家庭收入少很多，尤其是单亲妈妈家庭，通过相对便宜的租房解决居住问题更为实际。

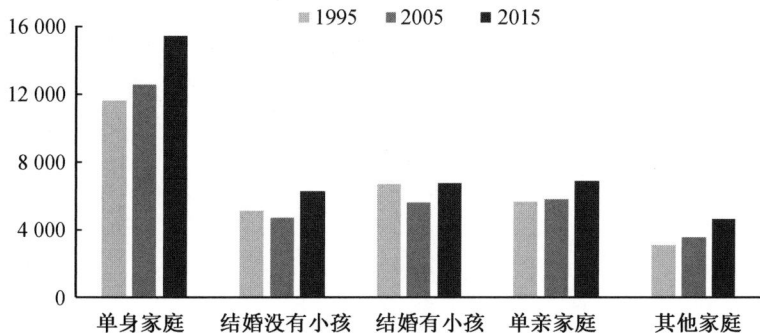

图2-11　2015年美国租房人群家庭结构情况（单位：千户）

资料来源：American Community Surveys，链家研究院整理。

(四)收入结构：低收入租户稳步增长，中高收入租户快速增长

从租户结构看，租房群体不再是低收入的代名词，中高收入群体的租房数量也在快速增长（如图2-12）。低收入租户数量稳定增长但占比下降，中高收入群体增幅显著且呈"收入越高、增幅越大"的趋势。2015年中

等收入家庭、中高收入家庭、高收入家庭租房户数分别较 2005 年增加 22％、36％和 56％。中高收入群体主动选择租赁更多的是为了追求生活品质，如更加健全的服务设施，更接近休闲、娱乐和零售中心等等。

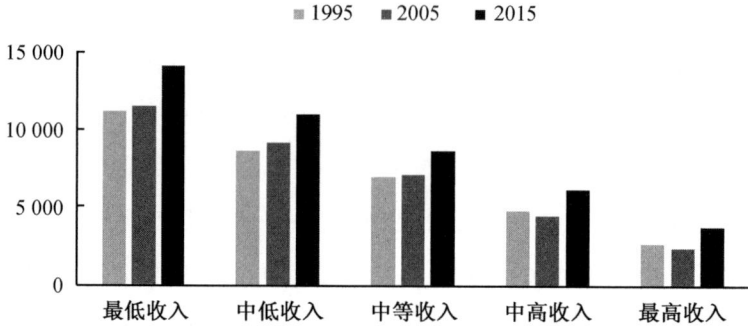

图 2-12　美国租房人群收入结构变化(单位:千户)

资料来源：American Community Surveys，链家研究院整理。

第三章

日本住房租赁市场温和而庞大

导读

• 日本已步入成熟的租赁市场,但呈现出稳定温和的特征。租赁人口接近 3 400 万,租赁人口占比 27.2%,租赁房屋 1 852 万套,占非空置房屋的 35.5%,年租金规模约 7 234 亿元人民币。

• 在日本租赁市场供给结构中,私人房源供给占比由 1978 年的 66% 上升至 2013 年的 79%,可见房源市场化趋势。

• 日本租赁市场呈现出高度集中的特性,主要分布于三大都市圈,都市圈内部近年出现回归城市中心的趋势。日本租赁市场具有日本租赁人群、租赁房屋占比高但家庭租金收入比低的显著特征,而且近年来租金水平保持稳定甚至出现缓慢下滑的趋势。

• 租赁面积持续增加、租客年龄多元化及居民租房意愿不断上升均表明日本已然进入主动租赁时代。

截至 2013 年,日本租赁家庭占比高达 35%,租赁人口占比为 27.2%,其中民营租赁在租赁市场中扮演的角色愈发重要。近 20 年,日本租金维持在较低水平,甚至呈现不断下降的趋势,租赁家庭占比不断上升,人均租房面积不断扩大,租房人群愈发多元化。诸多迹象表明日本俨然进入主动租房的时代。

一、庞大而温和的日本租赁市场

日本已经培育出成熟的租赁市场。日本租赁市场约有 1 852 万套租赁房屋,其中供给结构呈现私人房源为主,政府及单位住房为辅的格局。私人房源占比 78.7%,政府及单位房源供给占比分别为 19.3%、6.1%。截至 2013 年,租赁家庭套均面积为 45.95 平方米,套均月租金约 54 040 日元,合人民币 3 255 元,整个租房市场的租金规模为 12 万亿日元,折合人民币 7 234 亿元。其中私人市场租金规模约 1 033 万亿日元,公营及政府市场租金规模仅 731 亿日元(如图 3-1)。

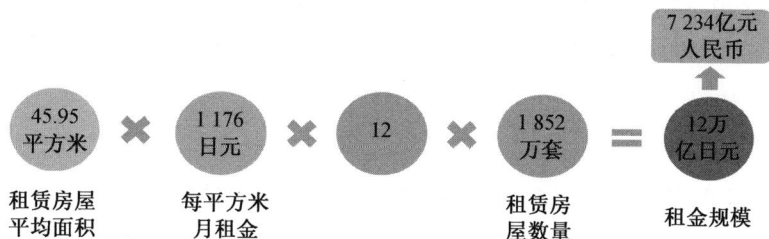

图 3-1　日本租金规模测算方式

资料来源:链家研究院整理。

推动市场规模日益庞大的因素是较高的租赁家庭比例。日本的家庭数量为 5 246 万户,其中超过 1 800 万户选择租房居住。尽管日本租赁家庭比例与欧美国家相当,但租金收入比相对较低。在租房人口最集中的东京,租房支出与收入比也仍保持在 30% 以内。所以说体量庞大、租金水平温和,是日本租房市场最主要的特征。

	GMV (亿元人民币)	租房家庭数量 (万户)	租金水平 (元/套·月)
日本	■ 7 234	👤 1 852	●●● 3 255
中国	■ 10 287	👤👤👤👤 7 342	● <2 000
美国	■ 32 893	👤👤 4 300	●●●●● 6 417

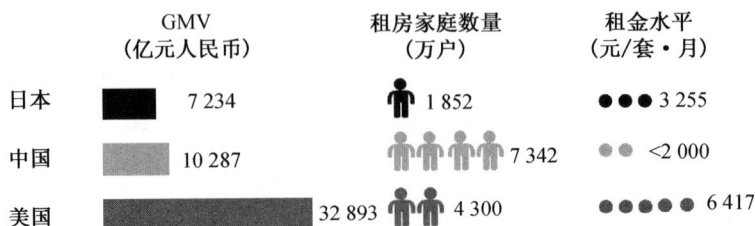

图 3-2　日本、中国、美国租房市场规模对比

资料来源:链家研究院整理。

二、日本租赁市场的特征

(一)居民租房意愿上升

居民的租房意愿上升,主要表现为无法购房导致的被动租房人群增加,以及追求居住品质带来的主动租房人群上升。

1.被动租房:受政策和宏观经济影响

近 40 年来,日本住宅自有率始终稳定在 60%～62%之间(如图 3-3)。虽然近年来缓慢上升,但是在发达国家中,仍然处于偏低水平。这主要是由于鼓励租房的政策出台,以及居民购房能力减弱导致的。

首先,日本政府多次出台鼓励租房政策。"二战"结束后,日本政府颁布了对土地和房屋租金进行限价的《房屋统制令》,低廉的房租诱使超过3/4 的居民选择租房居住。随后,日本政府也出台了多项政策,包括兴建廉租房、鼓励业主对外出租等等。

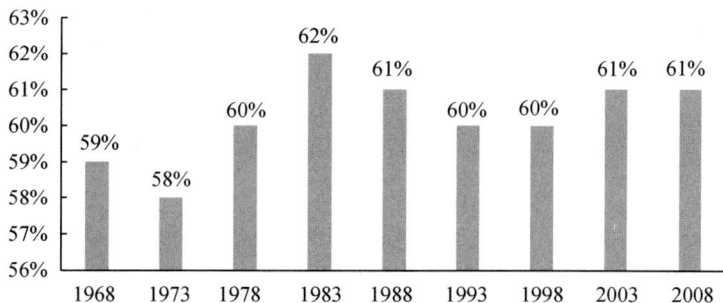

图 3-3　日本住房自有率

资料来源：Wind，链家研究院整理。

其次，就业率下降导致居民的购房能力减弱。20 世纪 90 年代日本房地产泡沫破裂击碎了房地产市场正反馈机制下的劳动者、企业与政府的三角关系。企业盈利能力下降，只能通过减少正式职工、雇用临时工和派遣员工等方式减少成本支出。其中，34 岁及以下的年轻人失业率上升幅度最大。日本不同年龄层失业人数占比如图 3-4 所示。

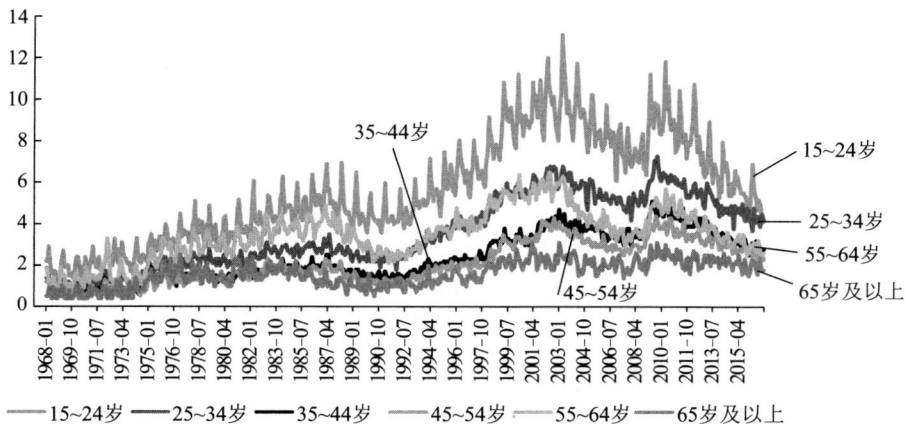

图 3-4　日本不同年龄层失业率（单位：％）

资料来源：Wind，链家研究院整理。

工资收入较低、收入来源不稳定，导致年轻人购房难度加大。近 40 年以来，25 岁以下人群的购房率从 10％下降至 2.5％（如图 3-5）。

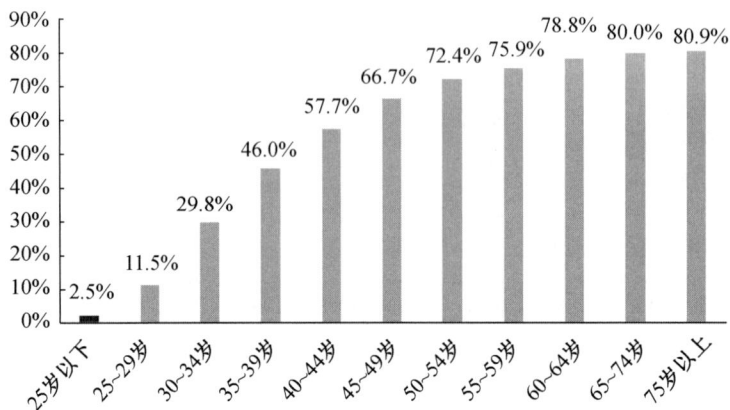

图 3-5　日本不同年龄层的购房率

资料来源：国势调查，链家研究院整理。

2.主动租房：对居住品质要求提升

日本现有的存量房大多修建于日本经济高速发展期，当时对速度、数量的要求高，使房屋质量无法全部得到保证。同时，由于日本占比过半的独栋房屋多为容易老化的木质结构，进一步削弱了居住体验。

为了追求更好的居住体验，部分居民主动选择灵活性更高的租房居住方式。最典型的现象为，部分业主将自己名下较老旧，或通勤时间较远的房屋闲置或出租，同时自己也选择租房居住（如图 3-6、图 3-7）。

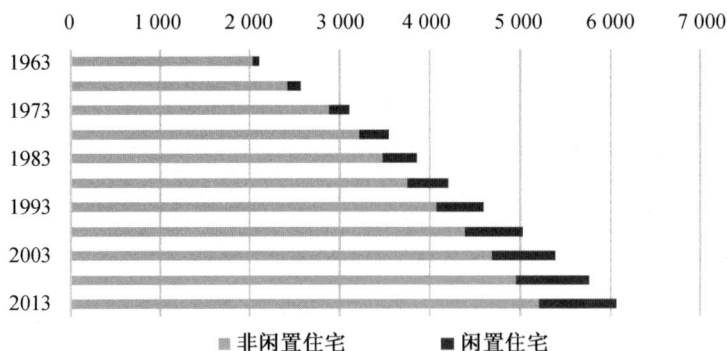

图 3-6　日本存量房的使用情况（单位：万户）

资料来源：国势调查，链家研究院整理。

5.40%

35.50%

54.50%

4.60%

□二套房(度假或其他使用)　■供租赁住宅　■供售卖住宅　■其他

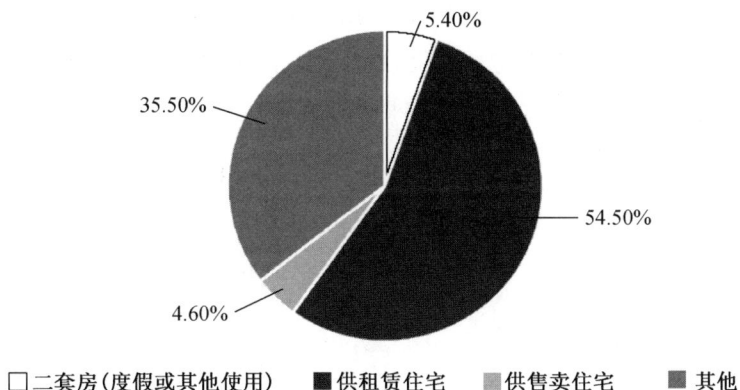

图 3-7　日本闲置房屋的用途

资料来源：国势调查，链家研究院整理。

租房品质的提升也体现在租客的居住面积大幅度增加。私人租赁住宅的套均面积从"二战"后的 36 平方米上升至 44 平方米。租赁住宅的面积普遍小于自住住宅，是因为日本政策中对租赁住宅和自住住宅进行了严格的划分，导致租赁住宅在设计时多为小户型（如图 3-8、图 3-9）。

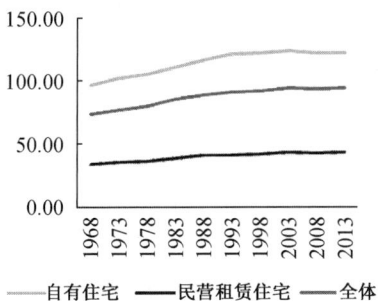

图 3-8　日本住宅户均面积（单位：m²）　**图 3-9　首都圈住宅户均面积（单位：m²）**

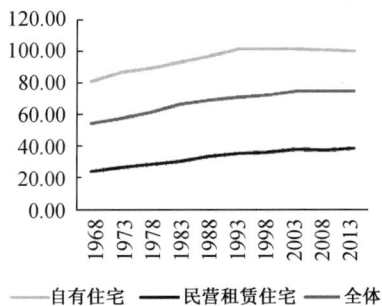

资料来源：链家研究院整理。

（二）租金水平较低并呈下降趋势

目前东京的租金处于较合理的水平。根据 2013 年数据，日本平均每个家庭月租金支出约 3 255 元人民币，结合日本家庭平均可支配年收入 34.9 万元人民币,得到日本的租房支出与收入比为 11.24%。在租房压力最大的城市东京,房租收入比也仅为 26.7%,均处于 30% 的合理范围内。相比而言,其他全球核心城市的比例均超出 30%。

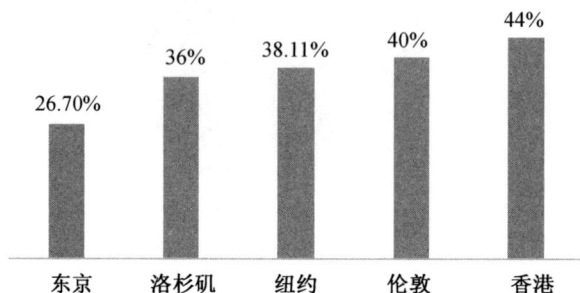

图 3-10 全球核心城市家庭房租收入比

资料来源:Wind,链家研究院整理。

近 20 年来,日本住宅租赁市场的租金水平还呈现出了进一步下降的趋势。其中,租金水平相对较高、新建数量更多的非木质房屋的租金下降幅度更多(如图 3-11)。据日本瑞穗银行估计,至 2030 年,日本的整体房租收入规模将下降 30%。租赁人口最集中的首都圈、中部圈和关西圈的租金下降幅度将分别达到 19%、23% 和 23%。

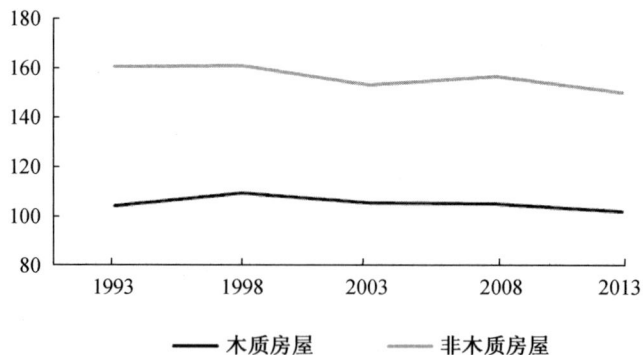

图 3-11 日本住宅租金指数

资料来源:Wind,链家研究院整理。

租金下降的主要原因是空置房屋过多、新房建设速度过快导致的市场供给大于需求。根本原因在于房屋老化过快,存量房屋的质量与需求出现错配。

2013年,日本的广义闲置率①已上升至13.5%,房屋闲置造成的资源浪费已成为重要课题(如图3-12)。不少地方政府成立了专门的基金为年久失修的老空房提供修缮费用,并积极联络当地的房地产中介协助业主出租。

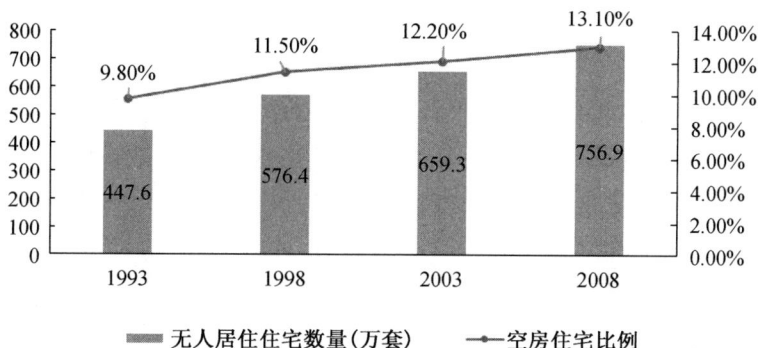

图3-12　日本闲置房屋数量与闲置率

资料来源:日本总务省《住宅土地统计调查·2013年》,链家研究院整理。

同时,市场上仍然保持着每年近80万套的新增住宅供给,其中租赁住宅的数量在30万套以上(如图3-13)。大量的住宅兴建在满足租客日益提升的住房品质要求的同时,加大了市场的供需不平衡。

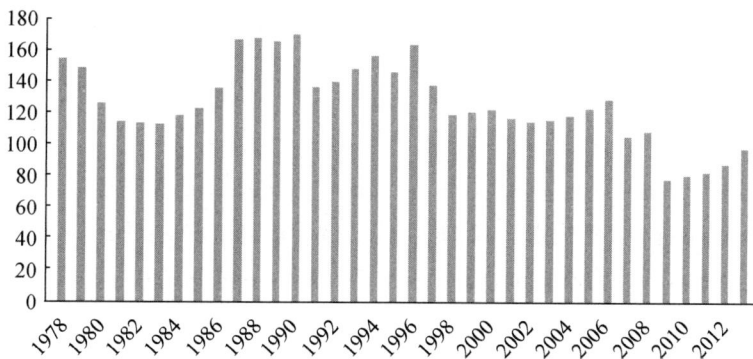

图3-13　日本每年新开工住宅数量(单位:万套)

资料来源:国土交通省土地白皮书,链家研究院整理。

---

① 广义闲置率＝闲置房屋/房屋总量。

2008 年至 2013 年,日本平均每年新增家庭户数为 50 万户,新增住房供给为 60 万套(如图 3-14)。随着房屋供给的持续增加、存量房空置率高居不下,租赁供给与租赁需求间的差距将持续加大,从而导致租金水平进一步下跌。

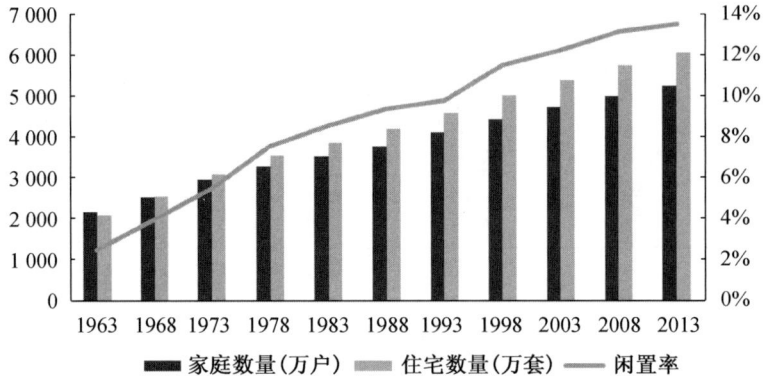

图 3-14　家庭数量与住宅数量对比

资料来源:日本国土交通省土地白皮书,链家研究院整理。

(三)市场化比例上升,私人房源增多

日本租赁住宅分为民营出租房、政府提供廉租房、非营利法人提供廉租房、企业或政府宿舍四类(如图 3-15)。

从 1978 年到 2013 年,民营租赁住宅的数量增速明显快于廉租房和宿舍,占比由 66.26％ 上升至 78.74％。在民营租赁住宅中,绝大部分的房源为个人业主提供,机构占比仅为 17％。租赁市场房源端的日益市场化,主要是由于廉租房申请难度大、个人业主闲置房源较多造成的。

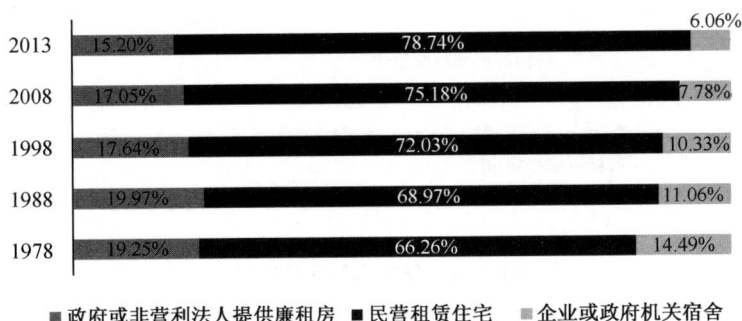

图 3-15 日本可供租赁的房源类型占比

资料来源：日本统计局国土调查，链家研究院整理。

2003 年以来，政府或非营利法人提供的廉租房数量一直稳定在 300 万套左右。由于房源供给没有随特定人群数量的增长而增加，日本公营住宅的平均申请倍率达到了 28.85。许多低收入家庭从公共部门转移到私人部门。

对于私人业主而言，出租倾向也更加明显。这主要是由于大部分房源掌握在部分收入较高、年纪较大的人群手中，致使大量房屋处于空置状态。据调查，因为大部分租赁住宅都是集合住宅，拥有 5 户以上房产的房东比例多达 87.4%。

(四)租房人口向城市圈聚集

"二战"结束以来，日本的人口迁移出现了两种趋势：从全日本范围来看，人口先不断向三大城市圈集中，然后仅向首都圈集中；从城市圈内部来看，人口迁入方向经历了从城市中心转移到郊县，再回到城市中心的过程（如图 3-16）。

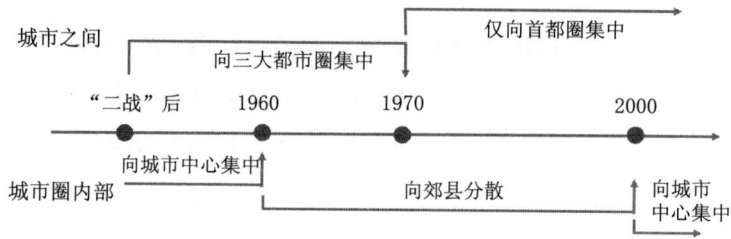

图 3-16　日本人口迁移方向

资料来源:链家研究院整理。

1.全日本范围内:向都市圈聚集

在日本城镇化的前期,人口大量向三大都市圈聚集,其迁移人口数量占据全日本迁移总量的一半。20 世纪 70 年代以前,日本人口尚不足 1亿,按照每年 1%的城镇化速度计算,每年约有 90 万人从农村转移至城市。而三大都市圈的合计净流入几乎长期维持在 50 万人,其中又有一半的净流入发生在首都圈(如图 3-17)。以大阪为核心的近畿圈和以名古屋为核心的中部圈也有数万人至数十万人不等的净流入。

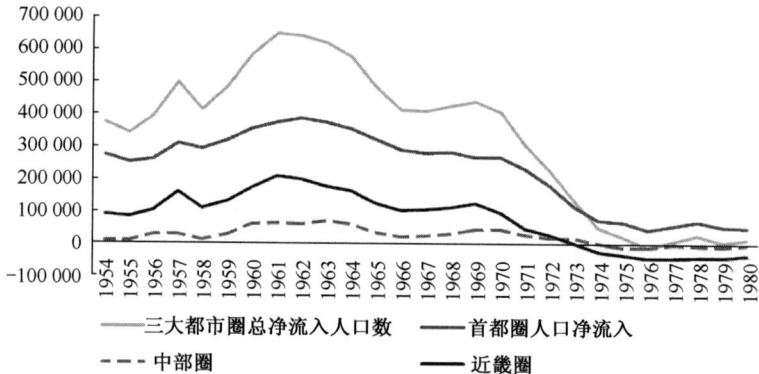

图 3-17　20 世纪 50—70 年代日本三大都市圈人口流入数量(单位:人)

资料来源:国势调查,链家研究院整理。

进入 70 年代以来,尽管城市人口总量不再迅猛增加,人口向特大城市的集中却从未停止(如图 3-18)。1975 年以后,中部圈和近畿圈的净流入人口长期在 3 万人左右的狭窄区间内波动,地方的净流出几乎完全等同于首都圈的净流入;而首都圈人口净流入始终维持在年均 10 万人左右的高位。城市之间的分化愈加明显。

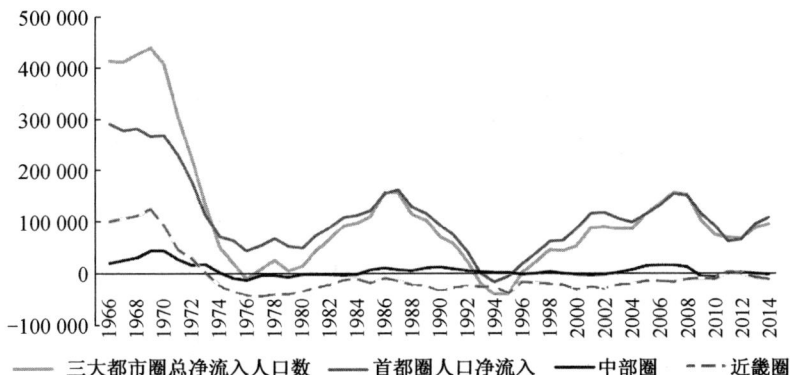

图 3-18 20 世纪 70 年代以后日本三大都市圈人口流入数量

资料来源：国势调查，链家研究院整理。

持续 50 年的人口净流入，为以首都圈为首的城市圈带来了源源不断的新鲜血液。25～34 岁人群的占比，三大都市圈均高于全国平均水平，其中首都圈的占比更是接近 30％。这部分人群不仅是主要的劳动力，也是房屋租赁的主要对象（如图 3-19）。

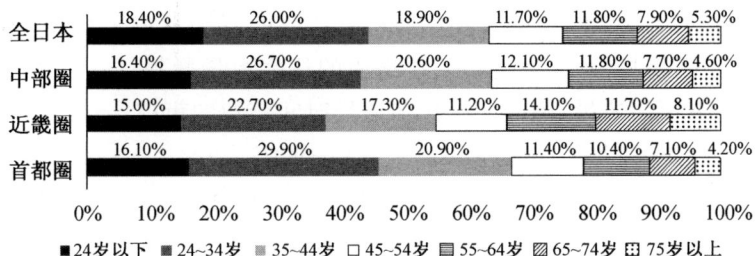

图 3-19 日本三大都市圈人口年龄结构

资料来源：链家研究院整理。

由于流动人口具有较强的地点不确定性、年龄偏轻的特征，加上都市圈房价一般较高，所以大多选择租房。这导致三大都市圈的住房自有率显著低于其他地区（如图 3-20）。东京都即使近年来住房自有率不断升高，也仍然不到 50％，为全国最低。

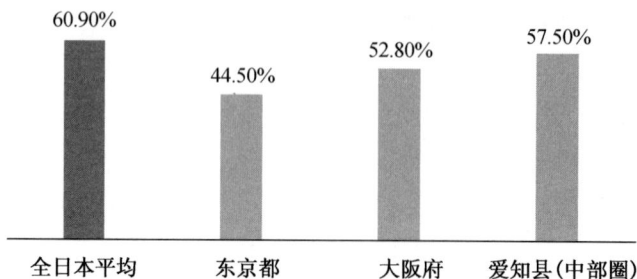

图 3-20　全日本及三大都市圈住房自有率

资料来源:链家研究院整理。

2.都市圈内部:回归城市中心

从城市圈内部来看,人口的迁移分为三个阶段:向核心区集中—疏散至周边—回到核心区。这在首都圈尤为明显(如图 3-21、图 3-22)。

第一阶段(1960 年以前),人口向核心区集中。这主要是因为城市圈内人口较少,核心区域的基础设施与房屋供给尚能满足需求。

第二阶段(1960—2000 年),人口从核心区域疏散至周边地区。随着核心区域供给不足、房价和租金大幅上涨,以及公共交通的完善、通勤圈概念增强,大量人群迁移到周边的神奈川县、埼玉县、千叶县等区域。

第三阶段(2000 年至今),人口重新回到核心区域。主要原因是随着 20 世纪 90 年代房地产泡沫的破灭,东京地价的下跌造成了"都心回归现象"。在租赁市场中,东京都内闲置出租的住宅数量增加;同时,新生代劳动阶层追求生活质量,倾向于居住在通勤时间较短的市内。

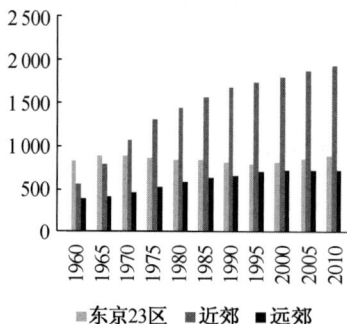

图 3-21　首都圈人口数量(单位:万人)

资料来源:链家研究院整理。

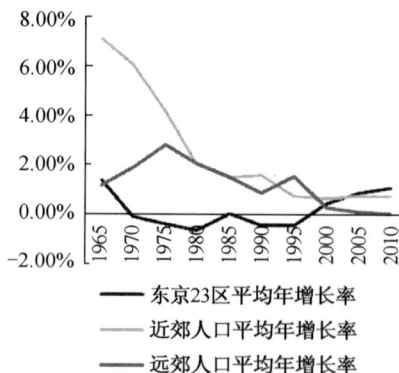

图 3-22　首都圈人口平均年增长率

(五)租客年龄多元化

近年来,单身租客构成了新增租客的绝大部分,数量在全部租客中占比50%以上。而在单身租客中,出现了低龄占比下降,中间年龄层加速上升,中老年龄层匀速增加的现象。

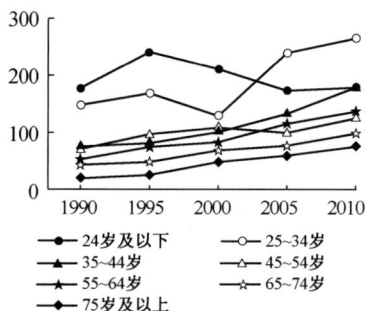

图 3-23　不同年龄层单身租客
　　　　人数(单位:万人)

资料来源:链家研究院整理。

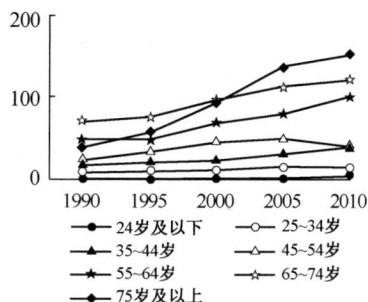

图 3-24　不同年龄层单身居住
　　　　自有住房人数(单位:
　　　　万人)

24 岁以下的单身租客数量显著下降。对比拥有自住房的情况可知,这部分租客并没有将租赁需求转化为购房需求。数量下降的原因可能在于随着年轻人就业率下降,且收入水平偏低,部分刚工作的人群选择在父母家附近的工作并与父母同住。

25~34 岁的人群是租房主力,主要是由于晚婚晚育的普遍化。这种趋势的加强,还体现在 35~44 岁单身租客的同步增加。

老年租客的持续增加,是人口老龄化导致老年人口大幅增加的必然结果。同时,老年公寓市场的成熟、政府保障制度的加强,都促进了更多老年人口进入租赁市场。

第四章

香港住房租赁市场日益分化

导读

• 以香港为典型的国际大都市，具有高租赁人群占比、高租金收入比的特征。香港租赁人口占比42％，租赁房屋占比45％，私人市场家庭租金收入比约44％，甚至超出纽约、洛杉矶、东京等大都市。

• 值得注意的是，高租金、高租赁人群占比下香港年租金规模仅接近800亿元人民币，这是由于香港租赁市场中，政府公租房供给比例高达65％。

• 香港租赁市场同样呈现出集中交通便利、服务业发达的核心区域特征。租赁人口的持续增长，使得尽管私人房源供给量增速放缓，但业主出租意愿持续增强，私人房屋用于出租比例由2005年的12％持续增长至2015年的接近33％。

• 近年来，香港住房租赁市场发展日益成熟，出现一些新特征：其一，租房人群多元化，租房对象由低收入人群扩展到高收入人群的趋势明显；其二，房源供给日益从政府主导转向市场主导，私人房源的供给比重逐步升高；其三，租房市场高端化与机构化趋势明显。

在香港,租房居住非常普遍,住房租赁市场是房地产市场的重要构成,而不是补充。近年来,香港住房租赁市场发展日益成熟,出现一些新特征:其一,租房人群多元化,而不仅仅集中在低收入群体;其二,房源供给日益从政府主导转向市场主导,私人房源的供给比重逐步升高;其三,租房市场高端化与机构化趋势明显。

一、千亿港元规模的香港租房市场

作为"亚洲四小龙"之一的香港,总人口为 731 万,人口密度位居世界第三。与内陆的一线城市相比,香港的"人—房"矛盾更为激烈。

在香港总计 1 104.32 平方公里的陆地面积上,除去山岭、丘陵等限制性地形,可建设用地的占比低于 20%。截至 2015 年,在不足 220 平方公里的可建设用地上,香港的住宅总量为 269.6 万套。其中,除去政府提供的 117.9 万套公共住宅,香港的私人住宅为 151.6 万套,占比56.3%(如图4-1)。

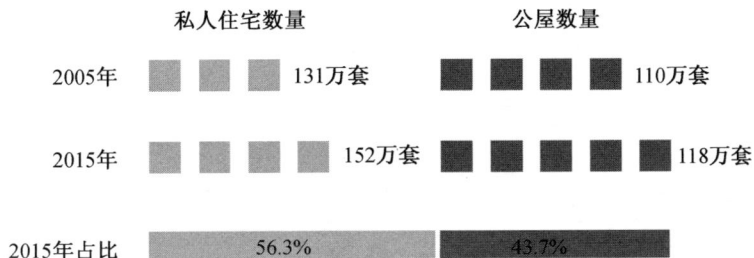

	私人住宅数量	公屋数量
2005年	131万套	110万套
2015年	152万套	118万套
2015年占比	56.3%	43.7%

图 4-1　香港私人住宅及公屋数量

资料来源:香港统计年鉴,链家研究院。

香港租赁市场房源供给结构以政府供给为主导。2015 年在香港 112.4 万套出租房屋中,私人房源占比仅 32.7%,公租房占比高达67.3%。但香港私人房屋出租率较高,平均每 3 套私人住宅,其中至少一套用于出租,2015 年私人房屋出租率为 33.8%(如图4-2)。

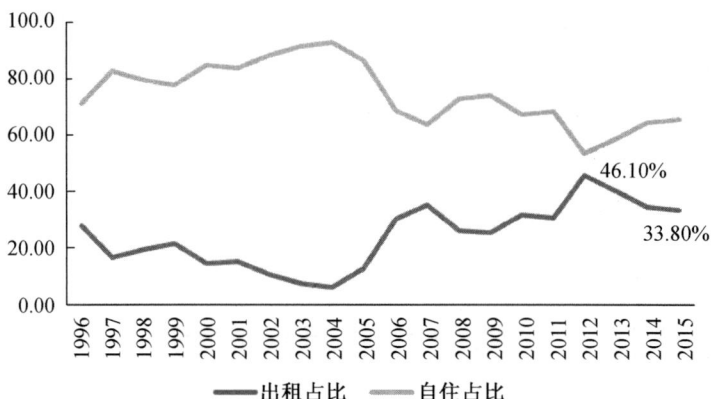

图 4-2　香港住宅出租占比

资料来源：Wind，链家研究院。

虽然可供租赁的房源数量庞大，但是与快速上升的租赁需求相比，仍然显得捉襟见肘。2015年，在香港的246.8万户家庭中，有45.5％选择租房居住（如图4-3）。其中，绝大部分家庭都选择了整租方式。从住房自有率上来看，香港家庭的比例仅为50.5％，远低于其他发达国家和地区。以租房市场同样发达的美国为例，同时期的住房自有率也达到了63.8％。

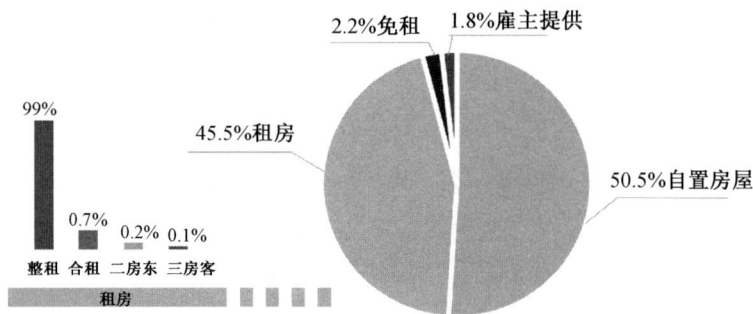

图 4-3　香港居民居住方式

资料来源：香港综合住户统计调查，链家研究院整理。

注：整租指租户单独居住业主房屋；合租指业主在自住的同时，将多余的房间分租出去；二房东是指租户从业主手中租下房屋后，将其他房间分租出去；三房客是指租户从二房东手中租赁房屋。

在香港繁荣的租房市场背后，直接推动力是高昂的租金。受房价影响,香港的租金从20世纪60年代起便开始持续上升。2008年以后,香港房屋租金进入新一轮快速上涨周期,至2015年开始有所回落(见图4-4)。

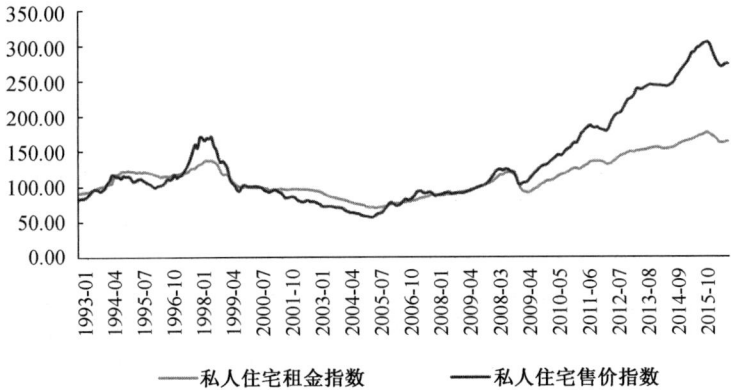

图4-4 香港住宅租金及售价指数

资料来源:Wind,链家研究院整理。

租金收入比为44%,香港的租金水平已远超过合理水平。

根据香港人均居住面积为13.1平方米、香港平均每户人口为2.7人来计算,一个香港家庭的平均居住面积为35.37平方米。以香港2015年私人市场平均租金计算,一个同等面积的小户型月租金为1.1万港元(如图4-5)。

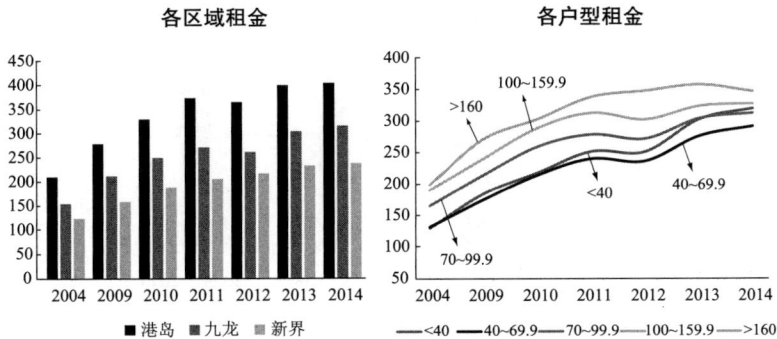

图4-5 香港住宅租金水平(港元/m²)

资料来源:香港统计年鉴,链家研究院整理。

2015年,香港家庭月收入中位数为2.6万港元。那么对于一个最普通的香港家庭而言,租房支出占总收入的比重为45%。香港GDP及家庭月收入如图 4-6 所示。

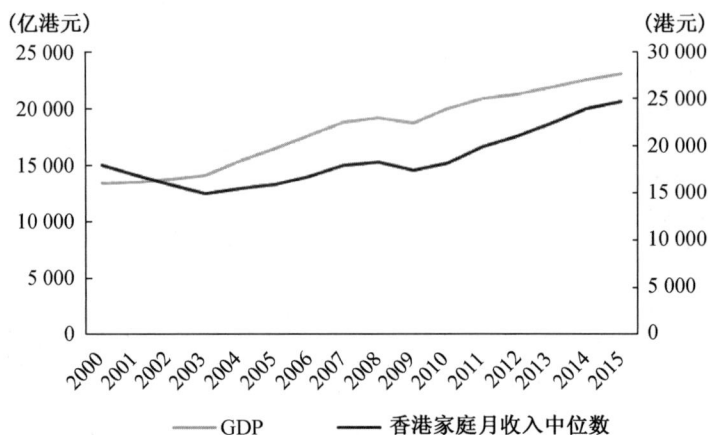

图 4-6 香港 GDP 及家庭月收入

资料来源：Wind，链家研究院整理。

我们往往以租金占收入比为 30％ 来衡量一个地区的房租合理程度。但是，在近 20 年来，香港的租金收入比都远超 30％。在 1990—1997 年房价大涨的时期，香港房屋租金收入比甚至达到 69.85％（如图 4-7）。

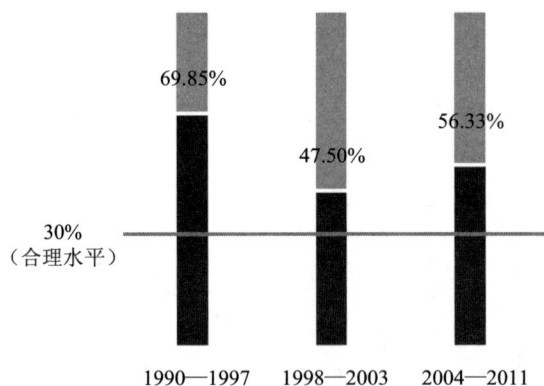

图 4-7 香港历年租金收入比

资料来源：《香港私人租住房屋问题与论述》，链家研究院整理。

在紧张的供需关系和持续上升的租金助推下，香港的租房市场总规模已接近千亿港元。

2015 年,香港的家庭数量约为 246.8 万户,其中选择租赁的家庭数量为 112 万户,占香港住户的 45.5%。其中,在公租房和私人房屋中租住的家庭数量分别为 75.69 万户和 36.72 万户。根据户均人口与每平方米租金,可得香港私人房屋市场中年租金规模为 518 亿港元,公屋市场租金规模为 196 亿港元。再加上由机构端管理并出租的服务式住宅 172 亿港元,香港租房市场的整体租金规模可达 886 亿港元。

二、香港租赁市场的特征

香港近一半居民选择租赁的居住方式,持续走高的房价下,有购房能力的居民数大幅下降,租赁人口不断增长,此外,土地有限性以及开发商的转型导致私人房源供给放缓。供求矛盾下的香港市场,租房对象整体呈现由低收入向高收入人群转移的新特征。

(一)持续增长的租赁人口

"二战"后,香港的人口便处于持续上升的状态。香港总人口由 1964 年的 200 万人发展为 2015 年的 640 万人。人口结构也随之发生变化:首先是幼儿抚养率降低,老年抚养率升高,香港人口老龄化逐渐加剧;其次是人口素质和人均收入提升,使市场对中高端租赁房屋需求增加。

香港最稳定的租房人群有两类:一类是仍处于财富积累期,且工作地点变动频繁的较低年龄劳动人口;另一类是年龄普遍偏高的持续性低收入人群。近年来,来自年轻群体的租房需求量处于稳定状态。从 1998 年至 2015 年,香港的劳动人口增加了 14%,其中,20 岁至 35 岁的人口流动性较强,但总数量一直稳定在 130 万人左右(如图 4-8)。随着人口老龄化的加剧,2015 年底,香港超过 65 岁以上人口达到 152.8 万人。虽然香港政府对此的解决措施是大量修建公屋(类似内地的廉租房)和对特定人群进行租金补贴。截至 2015 年 3 月底,约有容纳了超过 13.41 万超过 60 岁以上的老人居住于公屋中。但是,由于公屋数量和所在区域限制,仍有大量高龄低收入群体存在额外的租房需求。

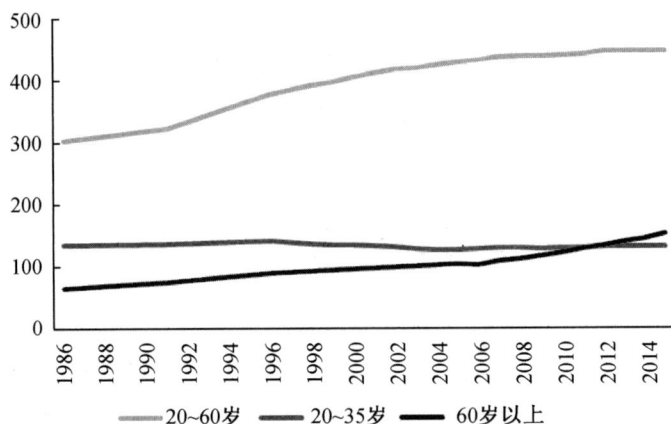

图 4-8 香港劳动人口增长情况(单位:万人)

资料来源:香港统计年鉴,链家研究院。

(二)私人房源供给增速放缓

香港近几年私人房源供给缓慢增长,增速较早年逐步放缓。究其原因,主要在于土地供给及开发商转型带来的房源短缺、供给减少,以及居民购房意愿减弱。但与此同时,由于愿意将房屋出租的业主比例增加,在一定程度上缓解了租赁市场的供需矛盾。

1.土地供给减少

房屋供给增速放缓的原因之一是土地的供给持续减少。在过去的几轮房地产上升周期中,大型地产商们纷纷抢地、囤地用以建设,使香港可建设的土地迅速减少。从 2003 年起,香港政府新批准的住宅用地每年不超过 20 起(如图 4-9)。

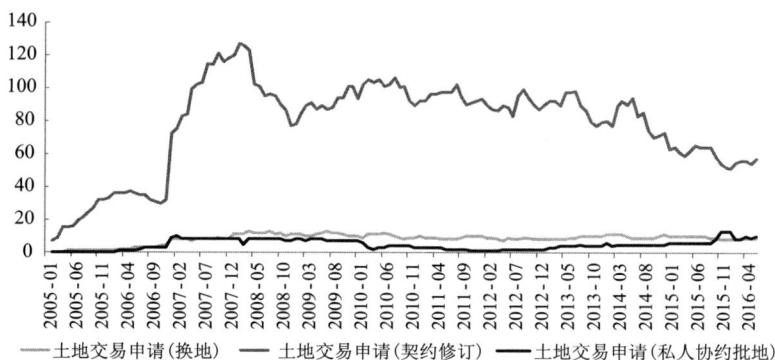

土地交易申请(换地)　土地交易申请(契约修订)　土地交易申请(私人协约批地)

图 4-9　香港土地交易数量(单位:宗)

资料来源:Wind,链家研究院

2.房地产开发利润降低

随着土地价格升高,以及市场周期的下行,房地产开发行业的利润持续下降。开发商们纷纷进行转型,逐渐减少房屋开发销售业务,增加了房产管理、投资等业务的比重。截至 2015 年,香港的几家大型开发商的房产开发业务占比都不超过 30%(如图 4-10)。新建房屋数量的减少使得可供出售的房屋数量大幅下降,私人房源供给增速放缓。

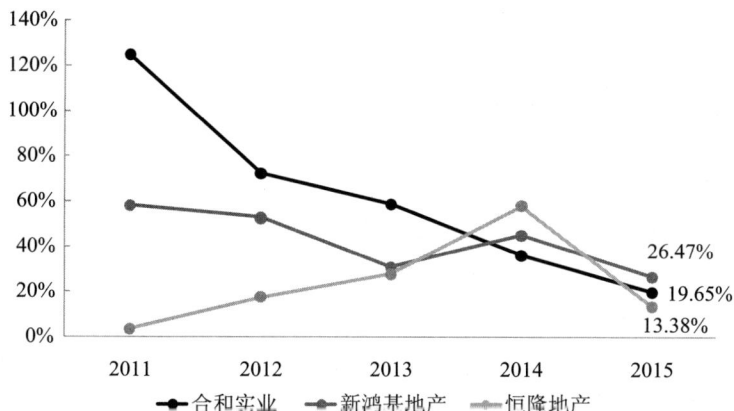

合和实业　新鸿基地产　恒隆地产

图 4-10　香港大型开发商房屋开发销售业务收入占比

资料来源:公司年报,链家研究院。

(三)居民购房意愿减弱

20 世纪后期,在政府"居者有其屋"的倡导下,开发商大量兴建房屋,贷款政策宽松,香港购置房屋的家庭占比一度达到 71.3%。但是近 10 年来,随着刺激政策减弱,市场力量占据主导,购房比例逐渐下降至 65.7%(如图 4-11)。

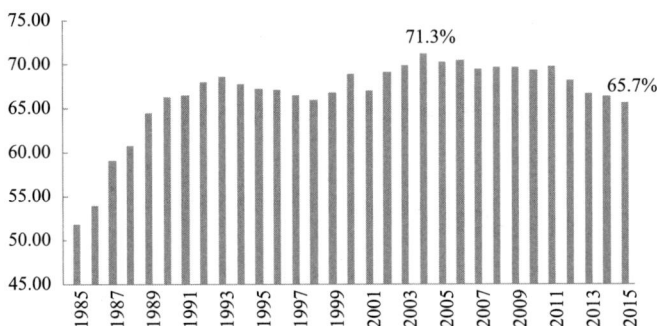

图 4-11　香港购房家庭占比(单位:%)

资料来源:Wind,链家研究院。

导致这一现象的原因主要有两个。一是近年来房地产市场走低,部分投资性需求被抑制,导致房屋总体交易量减少。二是社会分化加剧,在持续走高的房价面前,有能力购房的家庭比重减少,被交易的房屋集中在部分家庭或专业投资机构手中(如图 4-12)。

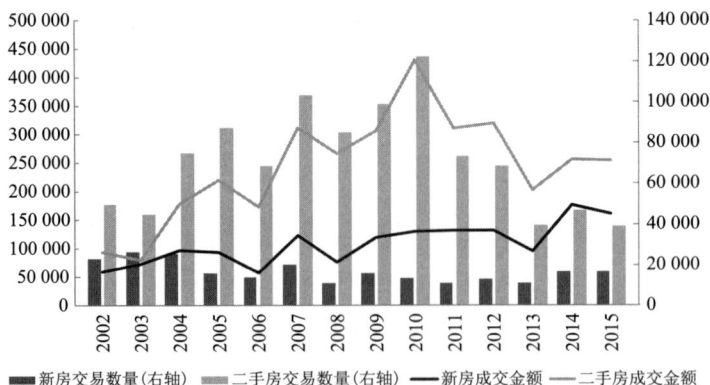

图 4-12　香港新房、二手房交易量(单位:套)及成交金额(单位:亿港元)

资料来源:Wind,链家研究院。

(四)业主的房屋出租意愿增强

由于租金持续上升,且优质地段房屋保值增值效应明显,越来越多的业主倾向于将多余的房屋对外出租。从 2005 年开始,私人住宅出租占比逐渐上升。2015 年,香港的私人住宅出租率为 33.8%;而在 2012 年,出租比率更是接近一半,达 46.1%(见图 4-13)。

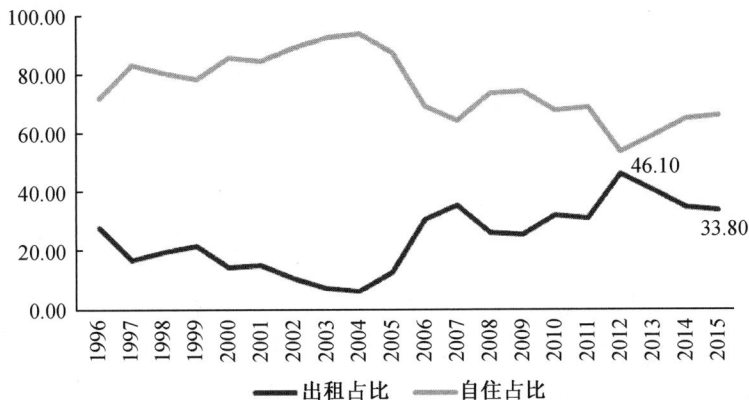

图 4-13 香港私人住宅出租与自住占比(单位:%)

资料来源:香港房屋统计数字,链家研究院。

(五)租房人群集中于核心区域

与房屋建设区域由市中心向郊区辐射的规律不同,近年来,香港的租房人口仍然聚集在核心及周边地区。

在香港,租户主要聚集在政治经济中心香港岛,以及工商业都发展快速的九龙区。而在房屋新建数量最多、房租最便宜的新界区,虽然众多住宅区距离香港岛、九龙的车程只在 1 小时以内,但是区域内租客占比不足 15%(如图 4-14)。

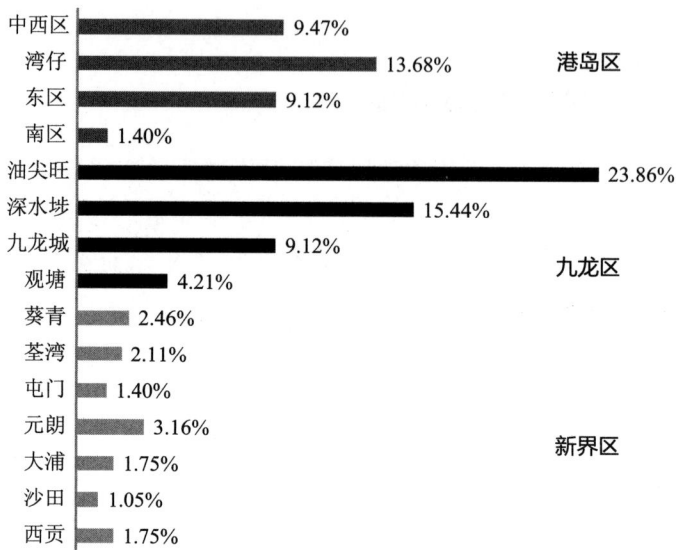

图 4-14　私人住房的租户分布

资料来源：香港社会服务联会，链家研究院。

大部分租户愿意牺牲一定的居住体验，选择居住在城市中央，主要原因有两点：首先，香港的产业结构以服务业为主，居民的工作地点大多聚集在核心商业区；其次，香港的交通费用昂贵，抵消了居住在郊区租金低廉的优势。

（六）租房对象由低收入向高收入人群扩展

在近 30 年间，香港房屋租赁对象呈现出由低收入人群为主体，到各收入群体分布较均匀的现象。

在 20 世纪 80 年代，私人住宅的租房人群中有超过 1/3 为低收入人群，收入越高，租房的占比就越小。但是到 2006 年，人群分布几乎呈现出均匀的现象：占比最高的是收入水平处于 50%～75% 的人群（如图 4-15）。

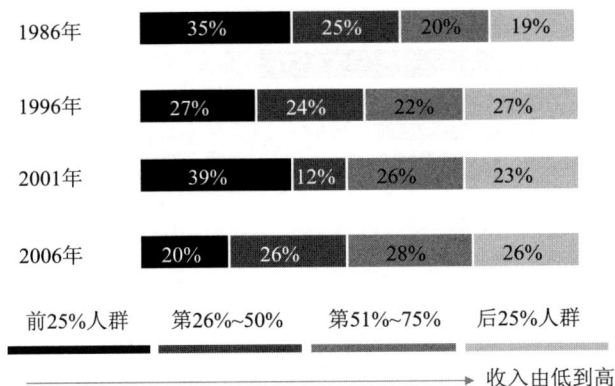

图 4-15　租户构成(按收入水平)

资料来源:《社联政策报》,链家研究院。

　　造成这种人群多元化现象的主要原因是 2004 年以后,私人住宅的房价高企,同时政府又叫停了多处正在修建的住宅。这使更多年轻家庭和中收入家庭的购房需求滞后,从而转化为租房需求。而对于收入水平处于两端的人群而言,租房占比也发生了显著的变化。

　　1.低收入租户向公屋转移

　　低收入人群占比下降,主要原因并不在于购房率的上升,而是从私人部门向公共部门的转移。

　　香港私人部门房屋租金的快速上涨,超过了大部分低收入人群的承受能力。从 2001 年至 2006 年,低收入人群的租金占收入比由 42.1% 上涨到 56.5%。即对于此群体而言,有超过一半的收入用于支付房租。同时,由于社会阶层差距的扩大,社会财富分布进一步固化,市场租金的涨幅要远高于低收入人群的收入涨幅(如图 4-16)。

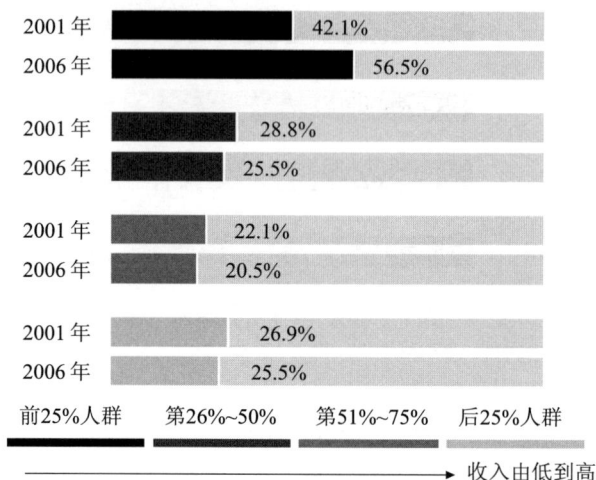

图 4-16 租户租金占收入比例变化

前25%人群　第26%~50%　第51%~75%　后25%人群

收入由低到高

2001年	42.1%
2006年	56.5%
2001年	28.8%
2006年	25.5%
2001年	22.1%
2006年	20.5%
2001年	26.9%
2006年	25.5%

资料来源:《社联政策报》,链家研究院。

所以,虽然公屋的申请时间较长、房屋位置较偏僻,但是由于其租金仅为私人住宅的 1/5 到 1/6,越来越多的低收入租户选择公屋居住(如图4-17)。

香港公屋租金(港元/平方米)　　香港私人住宅租金(港元/平方米)

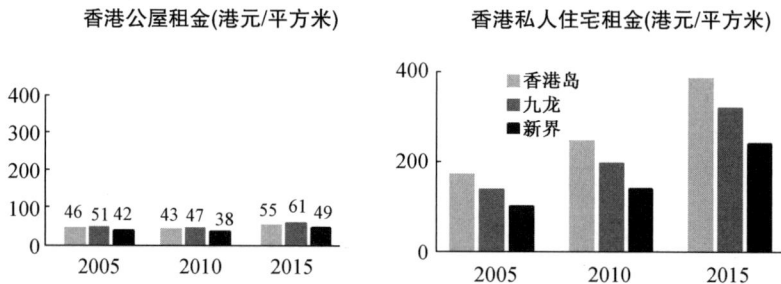

图 4-17 香港公屋与私人住宅租金比较

资料来源:香港房屋统计数字,链家研究院。

2.豪宅租赁比例上升

据第一太平戴维斯统计,港岛区中豪宅的租赁人群主要有两类:新兴租户和传统租户。新兴租户大多是近年来移居香港的内地企业家,传统租户大多是来自本地为主的保险、银行、法律行业的高收入人群。对于他

们而言,用租住代替购买的原因主要有以下两点:

首先,许多核心地段豪宅只租不卖。与内地城市不同,香港的豪宅主要集中在经济发达的核心区域。这些豪宅的业主多为大型地产商,他们以持有核心地段物业的方式使资产实现保值增值。而对于众多高收入人群而言,居住的地段是最重要的考虑因素。在巨大的需求下,才出现了核心地段豪宅租金逆周期持续上升的现象。表 4-1 为香港各区域豪宅租金涨幅情况。

表 4-1 香港各区域豪宅租金涨幅

单位:%

	2015 第 4 季度	2016 第 1 季度
香港岛	+0.1	−0.9
半山区	+0.1	−1.3
薄扶林	0.0	−0.3
山顶	+0.5	−0.2
跑马地	0.0	−2.0
南区	−0.3	0.0
九龙	−2.6	−5.8
尖沙咀/红磡	−3.1	−6.2
何文田/九龙塘	−0.8	−6.2
新界	−2.0	−3.3
偷景湾	+1.2	−0.8
西贡	−1.5	−5.4
沙田/大博	−10.1	−3.2

资料来源:第一太平戴维斯,链家研究院。

其次,豪宅的售价涨幅远高于租金涨幅。在过去 10 年中,豪宅在租赁市场与交易市场出现了截然不同的发展。在租赁市场,豪宅上涨幅度一直低于中小户型,且近 5 年来增速缓慢;而在交易市场,豪宅的涨幅远高于其他户型。豪宅售价的激增迫使许多购房需求转化为租房需求(如

图 4-18、图 4-19）。

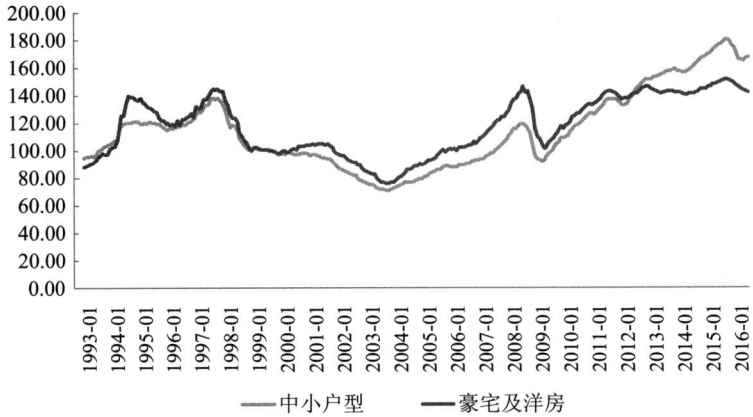

图 4-18 香港各户型住宅租金指数

资料来源:仲量联行,链家研究院。

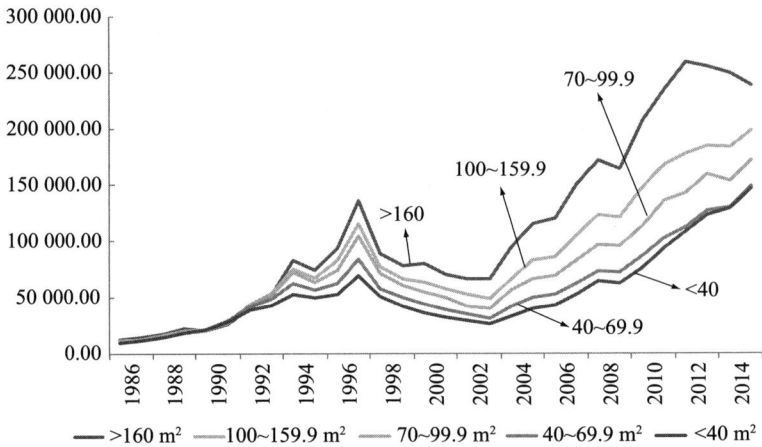

图 4-19 香港各户型住宅售价(单位:港元/m²)

资料来源:香港统计年鉴,链家研究院。

行业篇

第五章

租赁生态

导读

• 住宅租赁是一个环节复杂、参与主体众多、多层次需求的市场，以住房租赁运营连接房与客为核心的交互场景中，不同国家演化出不同的生态群落。通常而言，成熟的租赁生态形成三大产业群落，多个垂直细分产业。所以说租赁产业链上具有众多的参与机会，有三大潜在价值点。

• 核心价值点一：专业化租赁运营，其本质上是房屋资产管理，实现房源与客源的匹配并提供租后管理服务，分为重资产管理的持有运营与轻资产管理的房屋托管或包租。

• 核心价值点二：数据、信息、金融构成的行业基础设施，提高房与客的交互频率与匹配效率。

• 核心价值点三：围绕租赁衍生出的房源端的装修、更新、改造以及租后保洁、维修、管理软件等衍生行业，能够提高租户的居住体验、提升租赁机构的运营效率。

• 日本租赁市场的租赁生态路径，表明轻资产的房屋管理公司具有超越周期的成长性，而此类房屋管理公司多由建筑商转型而来。此外，日本大型综合开发商也深度参与租赁市场。

• 高度金融化、市场化的美国租赁市场，重资产管理模式具有超越其他行业的高估值，表明金融完善的生态里，持有运营模式具有更高阶的价值。

• 尽管机构化持有房源趋势已经显现，但私人房源仍是主要房源来源。因此短期内，国内租赁市场的突破点仍然在于如何投资和获取房源。

住宅租赁是一个环节复杂、参与主体众多、多层次需求的市场,以住房租赁为核心的交互场景中,不同的参与者提供不同的价值,共同交织在一起,构筑出一个完整的生态图景。

围绕租赁生态圈,这里重点探讨三个问题:第一,在租赁市场的参与者中,不同的角色在什么样的场景中提供了什么样的差异化价值?第二,谁,在哪些领域、哪些环节或价值点更容易成长为大公司?第三,站在未来看现在,可以投资布局的方向是什么?

一、租赁生态圈:价值点分布

成熟的租赁市场能够培育出完整的产业生态群落,从房源的开发、持有、改造到房源客源的匹配撮合、租后管理服务以及衍生服务,产业链上具有众多的参与机会,孵化出多类租赁市场专业机构(见图5-1)。

数据、信息、金融是行业基础设施:数据是一切的基础,基础的基础,了解市场的第一窗口;信息平台提高房源与客源的交互频率与转化效率,使得信息交互变得更广更透明,用户体验也更好;金融使得房屋资产更具有流动性,也使得租房消费更容易、更便捷、更有保障。

专业化租赁运营本质上也是房屋资产管理,实现房源与客源的匹配并提供租后管理服务,其分为重资产管理的持有运营与轻资产管理的房屋托管或包租。其中,持有运营模式是指通过开发或购买持有并管理住宅物业,基于专业化管理、标准化服务向租户提供品质化的住房,从而获取租金收益以及未来的增值收益;参与主体主要为具有金融属性的住宅REITs或建筑开发背景的公寓开发商,通常涵盖住宅开发或购买持有、租赁运营整个租赁链。而房屋托管作为房屋资产管理的轻资产模式,接受个人业主或持有机构的委托,提供寻找租户、房屋日常管理、租户维护等服务,是租赁中介业务的消费升级,准入门槛相对较低。

围绕着租赁产业链,衍生出房源端的装修、更新、改造以及租后保洁、维修、管理软件等行业。其价值在于提高 B 端租赁管理公司的运营效率或提高租户的租住品质。

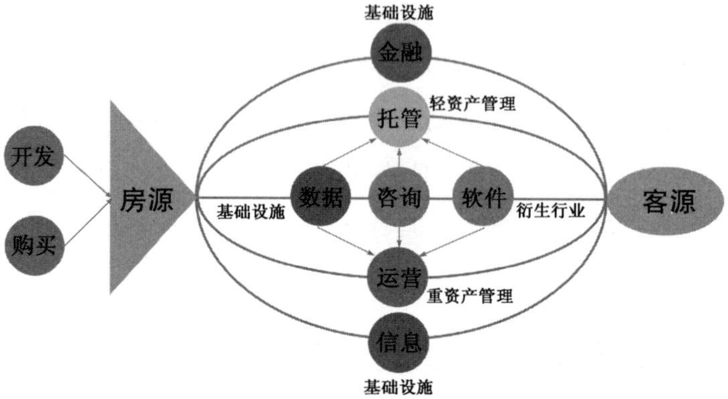

图 5-1　完整的住宅租赁市场生态图谱

资料来源:链家研究院整理。

由于发展历程、社会习惯及市场规模的差异,美、日、中编织着不同的租赁生态图谱,主要体现在核心的租赁运营企业模式及租赁生态的发育程度差异:美国专业化租赁运营机构呈现出"轻重并行"的特征,生态结构最为完善;日本租赁运营机构则以轻资产的"建筑+包租"模式的资产管理公司主导,生态结构上金融基础设施早于其他亚洲国家,衍生行业职能便由资产管理公司内化;刚诞生不久的中国专业化租赁运营机构则是"不轻不重"的中国式包租模式,生态发育上落户于美、日发达国家,金融、信息、数据以及衍生行业都有待培育和完善。

具体来看:

美国发育出高度金融化、市场化的成熟租赁生态圈,专业分工明确。在房源与客源交互的生态图谱中,以专业化租赁运营管理为核心,培育出发达的数据、信息平台与金融等行业基础设施,衍生出围绕产业链前、中、后端的子行业,如前端房屋装修、改造、粉刷等业务,中端租赁管理企业的SaaS(软件即服务)运营管理软件及咨询服务,以及后端的房屋收纳、维修、保洁、搬家等服务。

美国拥有发达的租赁金融体系表现为:一方面,以资产证券化为代表的 REITs 及独户抵押贷款证券化为持有运营机构提供了良好的融资渠道;另一方面,围绕租赁环节,美国成长出以保险为核心、征信为补充、租赁期权为特色的场景金融体系。租户保险为租户个人财产提供风险分担机制,租赁保证保险为房东提供租户违约时租金损失、诉讼费用的赔偿,租赁征信有助于租客建立或恢复信用记录,租赁期权平滑租赁与房屋交易行为,帮助租户提前锁定理想的房屋。

　　正是得益于租赁金融的高度发达,美国租赁生态圈最为显著的特征在于其拥有了全球最发达的持有运营的重资产管理模式,呈现出轻重"双重资产管理模式"平行发展的特点。

　　日本租赁生态图谱中,呈现出以轻资产管理为主导的市场结构。建筑服务＋房屋托管为代表的房屋资产管理模式为从供给端介入,提供一站式全产业链服务,贯通租赁住宅和自住住宅的建造,兼顾运营端租赁管理。因此,日本租赁市场中的参与者众多,但建筑公司、开发商、中介转型的资产管理公司占据核心地位(如图 5-2)。

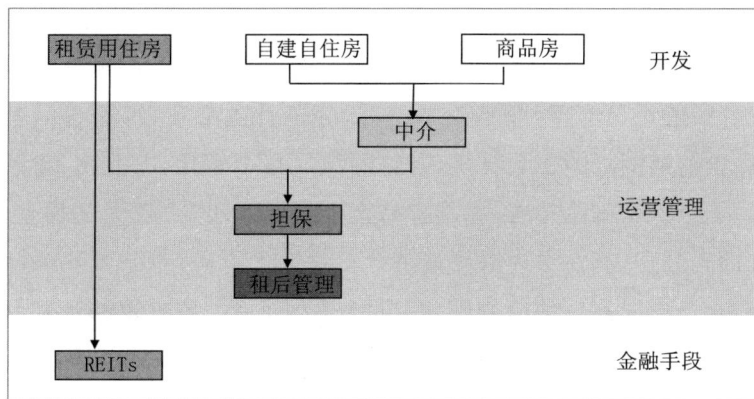

图 5-2　日本租赁市场产业链及重要参与者

资料来源:链家研究院整理。

　　日本轻资产管理业务在租赁住宅领域覆盖率高、与租房中介业务融合度高。根据房屋管理公司对业主提供的业务范围,分为两种主要模式——托管和包租。托管,即资产管理公司代业主进行收缴租金、设备管理、清洁卫生等一般服务,业主以其所收租金的一定比例作为物业管理费用。包租,即业主将房子以整租形式全权委托资产管理公司进行租赁运营,除一般物业管理服务外,资产管理公司还承担空置期的租金损失。

因此,其区别于美国。首先,日本租赁市场未产生独立服务于 B 端的数据咨询及信息化软件服务的行业,这是由于产业链资产管理公司主导,数据、信息软件管理职能被其内化。其次,日本租赁经纪业务与托管业务的高度融合,租赁经纪业务仍作为独立的行业存在,但市场规模小且极其分散。最后,尽管日本拥有亚洲最大的 REITs 市场,住宅 REITs 市值规模占比达 17%,仅次于写字楼 REITs,但持有运营等重资产模式在日本发展缓慢。这是由于日本住宅房地产市场长期低迷、人口老龄化、房屋供过于求等因素所致。

回归国内,立足于投资角度,租赁生态圈中,房源、基础设施、租赁管理及衍生服务都具备价值点。

第一个价值点,房源的有效供给。当前,中国租房市场的突出矛盾是供求总量不平衡与供给结构不合理,与不断升级的品质租房需求相比,有质量的供给存在显著的缺口。从这个角度看,房源是第一价值点。

第二个价值点,行业基础设施。任何一个行业都有它赖以生存的基础设施。一般意义上,行业基础越完善,分工就越细致,行业参与者就越发多元,价值链的环节也会越多,自然的结果是小型化、专业化、集约化成为主流。相反,基础越薄弱,就越容易产生行业寡头,出现深度垂直、纵向一体化的大公司,从而最大限度地整合产业链上下游,带来规模经济和范围经济,这是形成高估值的基础。对租赁行业而言,最重要的基础设施是信息平台、金融服务和数据。数据是一切的基础,是基础的基础。信息平台的存在让房客源转化效率更高、信息交互过程更透明、用户体验更好。金融的存在要么让业主端的房屋资产更具有流动性,要么让租客端的租房消费更容易。目前来看,我国这三点都极其匮乏、极其脆弱。这样的基础设施决定了在一段非常长的时期内,我国的租房市场都将呈现"竖着走向未来"的态势。

第三个价值点,衍生服务。围绕租房的消费场景,潜在的服务点众多而分散,既包括房源端的装修、翻新、改造服务,也包括租后的管理、保洁、维修等服务。衍生服务的价值在于让租房场景更加完善、生态更加丰富。通常的经验是：在"竖着走"的行业，第三方服务必须依托于交易场景才具备价值；在"横着走"的行业，第三方服务则有可能独立成细分品类，成为生态体系的重要一环，从而呈现更大的价值，甚至有可能从中"跑出"大公司。

第四个价值点，租赁管理。租房的管理模式有四种：第一种是最为传统的轻资产模式，即租赁信息中介＋租后服务。在传统的租房市场，用户租房行为是重信息、轻服务的决策模式。在这种情况下，租赁中介提供的服务以信息匹配为主，房源覆盖能力和撮合效率是核心竞争力。第二种是"开发→持有→运营→管理"一体化的重资产管理模式。这种模式在金融市场发育完善的美国比较常见，运营的核心在于最大化资产收益和最小化运营成本，以最高的效率为用户提供更好的体验。第三种是以长期租约为前提的包租模式。这在日本十分流行，它的关键点在于长达 30 多年的房源租约。这种轻资产管理模式使房屋管理企业致力于提供长期价值，创造长期溢价。第四种是中国目前特有的包租模式。往前看，表面上它是"二房东"模式的升华；往后看，它是走向品牌运营、规模管理、品质服务的阶段性"插曲"。目前看，这种"不重不轻"的模式是一种相对尴尬的存在。美、日主流房屋租赁管理模式如图 5-3 所示。

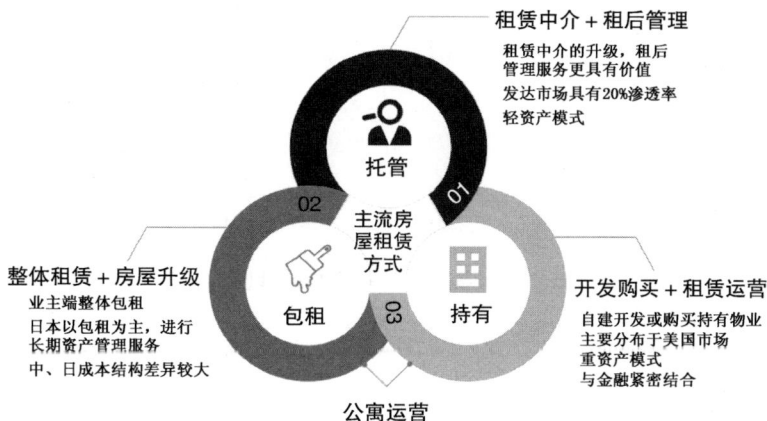

图 5-3　美、日主流房屋租赁管理模式

资料来源：链家研究院整理。

二、谁，在哪里更容易长大

中国当前市场化租赁机构正处于早期发展阶段，虽然很难判断未来的走向，但是成熟市场的成熟经验和成熟公司总有一些值得参考的地方。在此，我们将重点阐述几个关键事实。

(一)轻资产的房屋管理公司具有穿越周期的成长性

尽管日本经济在 20 世纪 90 年代以来整体下滑、不断震荡，但大东建托作为日本资产管理行业龙头企业，自上市以来，股价总体持续上升。特别是金融危机后，股价继续大幅上升，市值突破万亿日元，房屋管理数量持续增长，显示出资产管理行业抵抗经济周期性的稳定性与成长性。

从数据上看，2016 年大东建托的房屋管理量将接近 100 万套，市场占有率超过 7％，实现了逆周期增长（如图 5-4）。

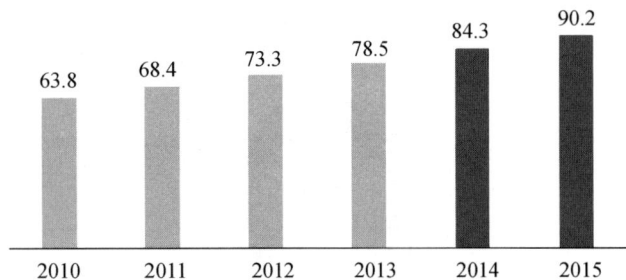

图 5-4　日本大东建托管理的房屋数量(单位:万套)

资料来源:公司公开资料,链家研究院整理。

(二)日本建筑公司普遍介入资产管理服务且获得成功

2013 年日本新开工住宅中,36％为租赁住宅(如图 5-5),而承接租赁住宅建设的建筑公司,利用与地主的近距离优势,将触角延伸至后期的租赁管理等资产管理服务。因此,日本建筑公司对住宅资产管理的参与具有普遍性,大多以"建筑＋资产管理"的模式运营。

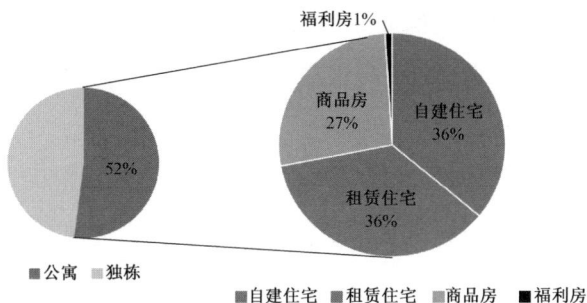

图 5-5 日本新开工住宅类型和新建公寓用途

资料来源:链家研究院整理。

建筑公司出身的积水住宅是一个典型案例,其业务横跨建筑、装修、维修及房屋管理,市值 1.3 万亿日元(如图 5-6)。2014 年公司营收 1.9 万亿日元,其中 44％的收入来源于租赁住宅的建造和管理业务,房屋管理数量约 55 万套,成为资产管理行业第三大企业。

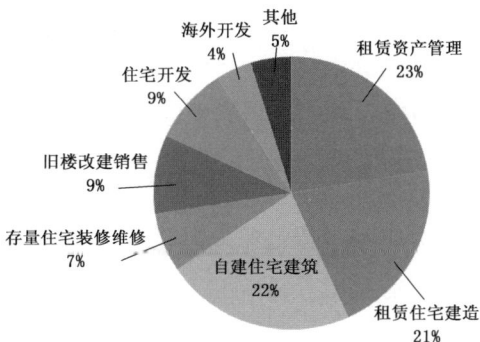

图 5-6 日本积水住宅各类业务的收入占比

资料来源:公司年报,链家研究院整理。

(三)日本的大型开发商深度参与中介业务与资产管理

一个有趣的现象是,日本大型二手房中介几乎全部来自大型开发商的销售部门或子公司,随着新房市场的萎缩,开始独立从事二手房中介业务。资产管理与中介业务的紧密融合,使得开发商具有进入资产管理行业的天然优势,因此日本大型开发商在房地产开发以外,广泛地介入房地产中介与资产管理业务。例如,三井作为日本最大的开发商,也大量参与了二手房和租赁中介服务、新房销售业务、资产管理和物业管理业务,是一个典型的综合一体化公司(如图5-7)。

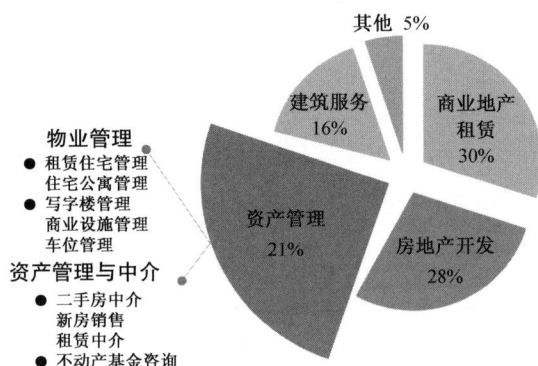

图5-7　日本三井不动产业务类型和营收占比

资料来源:公司年报,链家研究院整理。

(四)在金融完善的生态里,持有资产是王道

美国形成了完整的租赁生态群落,依据产业链价值,众多市场参与主体之间显现出细致的分工和价值链的差异化分布(如图5-8)。

第一梯队是公寓持有运营企业,且以公寓REITs为主。由于资产价值、金融及管理优势,它们享有更高的估值。23家住宅REITs总市值约1 307亿美元,公寓REITs孕育出3家百亿级市值公司。其中最大的市值公司AVB市值达244亿美元,远高于住宅开发商霍顿118亿美元的市值。

第二梯队是互联网及集成软件服务企业,它们带来了信息传播效率与管理效率的提升,因而具有一定的价值,但估值通常只有 10 亿美元左右,是创业公司集中的领域。

第三梯队是房屋托管和维修服务类公司,受区域限制,小而分散,估值低。

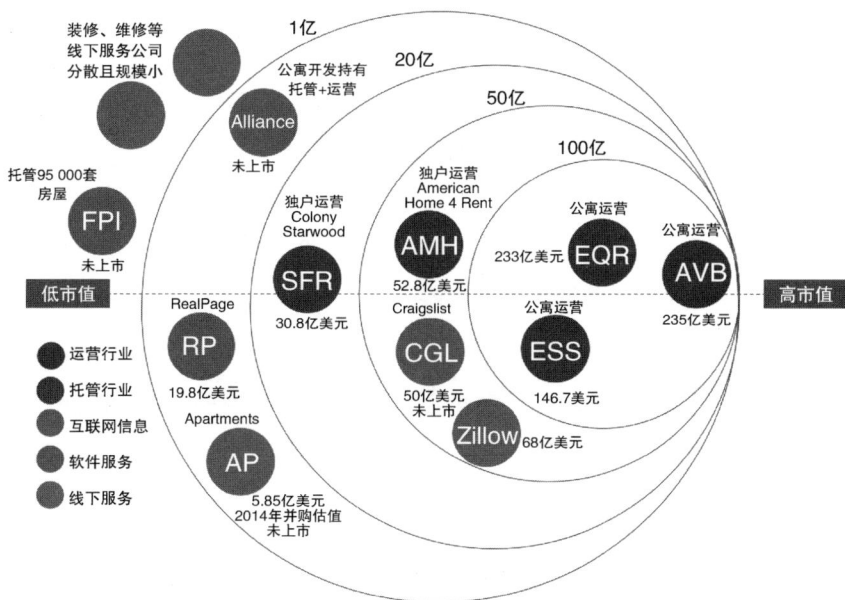

图 5-8　美国租赁市场生态图谱中的企业市值分布

资料来源:链家研究院整理。

三、如何投资于房源

在我们看来,最值得投资布局的方向仍然是房源,谁能以更多的渠道、更低的成本,获取、管理或持有最多的房源,谁就具备领导未来的能力。这里有两个最大的机会:一是私人房源的机构化管理;二是基于城市更新的存量资源盘活。

首先,投资于私人房源的机构化管理。从最终来源看,私人房源在租赁市场上仍会占据主流。无论是美国,还是日本,80％左右的市场租赁房源均来自私人业主。美国 72％公寓由个人持有,日本 83％租赁房源为个人持有,而我国国内机构化持有基本忽略不计。过去近 20 年中国房地产市场的快速发展已使大部分城市家庭拥有了一套或多套私有住宅,住宅存量已超过 2 亿套,户均住宅套数大于 1。因此,中国已具备市场化租赁和机构化管理的基础。

其次,投资于城市更新。随着土地供应的趋紧,特别是一线城市逐渐步入存量时代、土地供给趋紧,大量和集中增加租赁房源的机会在于盘活存量,着重于旧城老房的更新改造。通过城市更新释放稀缺土地资源,提高旧城土地价值,获取区域位置更佳的房源。在这一方面,日本再生机构 UR 便是城市更新的典型资产管理企业。公司管理着约 76 万套旧城整顿房屋,负责房屋改善后的后期设施维护、房屋管理,提供多样化居住服务并推进住宅管理的精细化。除此之外,日本大部分主流企业均不同程度地参与了城市更新,并获得成功(如图 5-9)。

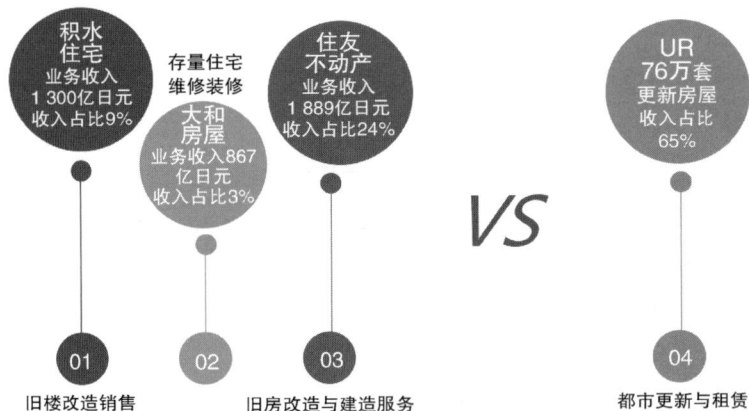

图 5-9 日本参与旧房改造的企业

资料来源:链家研究院整理。

第六章

重资产模式的租赁持有运营

导读

• 租赁持有运营模式是指通过开发或购买持有并管理住宅物业,基于专业化管理、标准化服务向租户提供品质化的住房,从而获取租金收益以及未来的增值收益。租赁持有运营是专业化租赁机构的一支重要力量。但持有运营具有资金大量投入沉淀的特征,因而需借助相应的房地产金融体系提高房地产流动性,为物业持有人提供低成本、高效、大规模的融资渠道。

• 在美国,根据物业形态及市场特征,美国租赁市场分为多户住宅与独户住宅两类运营公司。多户住宅由于物业集中管理半径小,因而发展历程较长,规模更庞大。对比之下,独户住宅具有区域离散、高度非标准化、管理难度大等特性,金融危机后才具备机构化运营基础。

• 此外,根据组织结构和金融特征,美国持有运营企业可划分为金融特征运营公司和非金融特征运营公司两类。金融特征公司以 REITs 为代表,与非金融特征公司相比,其具有融资能力强、负债率较低、运营管理能力突出、持有规模大的优势,21 世纪以来推动了机构化持有房源趋势。

• 在日本,持有运营机构主要分为公募及私募 REITs、私募股权基金,其他非金融特征的持有运营机构寥寥无几。日本租赁市场由轻资产的房屋托管主导,市场渗透率达 66%,租赁住宅的持有运营规模相对较少,粗略测算,约占市场租赁房源的 17%。

重资产模式下的租赁运营指通过规模化持有物业及专业化管理为租赁市场输出机构化房源的管理模式。放眼国际,公寓持有运营在组织及管理方式上具有显著的差异。美国持有运营企业主要表现为金融属性住宅 REITs 及其他非 REITs 类专业公寓运营公司。日本规模较大的住宅持有机构以住宅 REITs 及开发商为主。与美国持有与管理一体的内部化管理模式不同,日本公寓持有运营机构通常采用所有权与管理权分离的外部管理模式,即日本住宅 REITs 通常仅是物业的持有者,委托专业的住宅资产管理公司进行运营管理。

一、美国式持有运营

在美国,住房租赁市场另一重要机构力量是专业化的租赁运营管理公司,即开发或购买持有成熟物业,配套相关设施或装修翻新,并设立专业管理团队进行租赁运营,获取租金与未来升值收益(如图 6-1)。

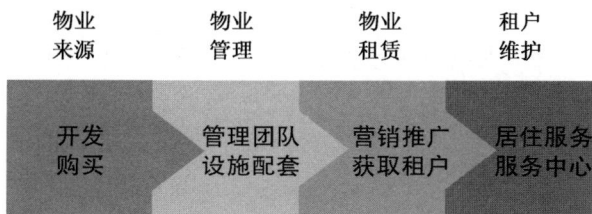

物业 来源	物业 管理	物业 租赁	租户 维护
开发 购买	管理团队 设施配套	营销推广 获取租户	居住服务 服务中心

图 6-1 美国运营公司模式

资料来源:链家研究院整理。

根据物业形态及市场特征,美国租赁市场上有多户住宅与独户住宅两类运营公司。再根据组织结构和金融特征,划分为金融特征运营公司和非金融特征运营公司(如图 6-2)。

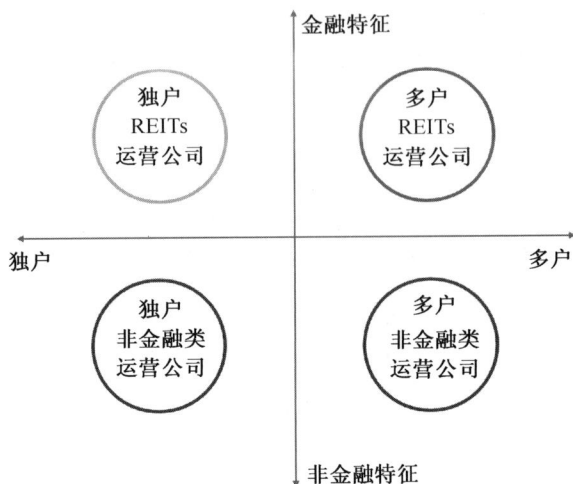

图 6-2　运营公司类型

资料来源:链家研究院整理。

与传统运营公司相比,REITs 具有融资能力强、负债率较低、运营管理能力突出、持有规模大的特征。非金融特征运营公司既有专业的公寓开发商,也有房地产私募基金,市场参与者众多,市场集中度较 REITs 更为分散。此外,多户非金融运营公司往往对外输出品牌运营能力,接受第三方房屋托管。

根据美国住宅形态,又可分为多户型的公寓运营公司和独户型的独户住宅运营公司。公寓运营公司是租赁公寓机构化的中坚力量,而独户住宅运营公司是金融危机后诞生的新型运营管理公司。

(一)公寓持有运营

2015 年,美国非空置多户住宅总量约为 2 008 万套,其中 1 886 万套用于租赁,对应租赁人口约 3 700 万。TOP50 公寓运营机构 2015 年持有数量为 276.5 万套,占多户租赁住宅总量中的 14.66%。多户住宅行业月平均租金 1 161 美元,空置率为 5%,据此测算出美国 2015 年多户住宅租赁行业 GMV 是 2 496.68 亿美元。公寓 REITs 持有房间超过 64 万套,占美国租赁多户住宅数量的 3.3％,租金 GMV 约 80 亿美元(如图 6-3)。

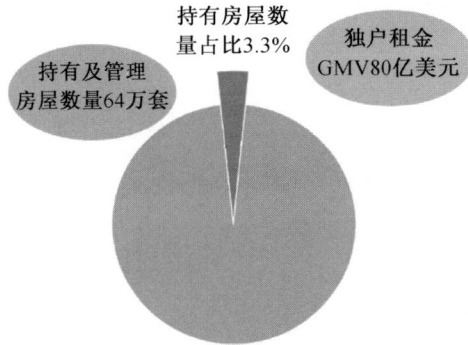

持有房屋数量占比3.3%

持有及管理房屋数量64万套

独户租金 GMV80亿美元

图 6-3　2015 年多户 REITs 管理房屋数量及租金规模

资料来源:链家研究院整理。

1.公寓(多户)REITs

(1)定义及基本特征

公寓 REITs 是一种开发或购买持有、管理、运营房地产的企业实体,而非仅指一类特殊的房地产信托融资工具,其法律实体既可以是公司也可以是信托。公寓 REITs 在政策上享受税收优惠,但必须将募集的资金运用于公寓持有与运营。

现阶段美国共有公寓 REITs 15 家,总市值约 1 096 亿美元,美国 REITs 总市值约为 10 931 亿美元,公寓 REITs 市值占比约 10％(如图 6-4)。

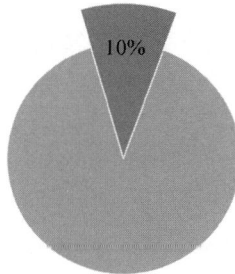

10%

图 6-4　多户运营类 REITs 市值占比

资料来源:链家研究院整理。

从收益来看,公寓 REITs 较全部权益型 REITs 回报率更高。1995—

2014 年公寓 REITs 与全部权益型 REITs 收益指数对比表明,公寓
REITs 指数常年跑赢全部权益型 REITs 指数(如图 6-5)。

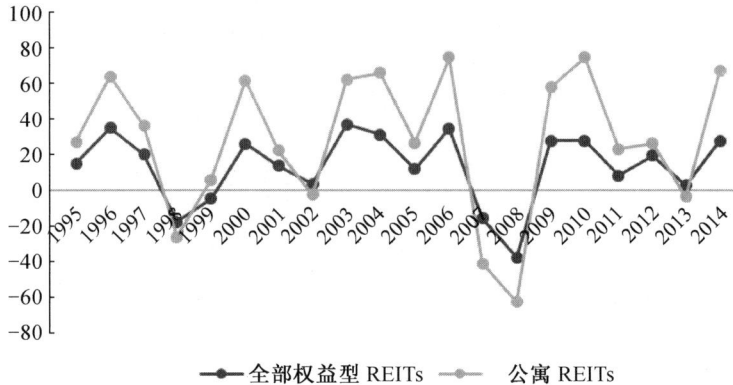

图 6-5 公寓 REITs 与全部权益型 REITs 收益对比

资料来源:链家研究院整理。

美国公寓 REITs 主流采用 UPREITs 运营模式。该模式融资较少依
赖于债务融资,更多地借助 UPREITs 公司主体发行私募股权基金形式。
机构投资者可通过自有资金、不动产物业等形式投资 UPREITs 公司,获
取 LP(limited partnership,有限合伙人)或者 OP(operation partnership,
运营合伙人)资格换取股权,机构投资者在获得财产转移税豁免的同时获
取运营收益分红。

(2)运营模式

公寓 REITs 既是运营主体也是资金管理机构。多户 REITs 对多户
运营管理主要包括持有购买/自建、融资、装修配置、运营管理、渠道营销、
出租/出售几个环节(如图 6-6)。

房屋来源

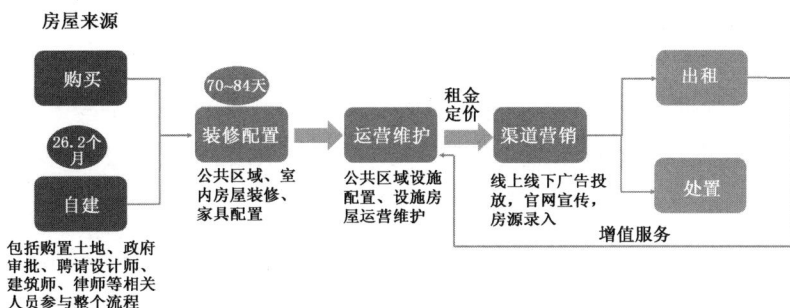

图 6-6 多户 REITs 管理模式

资料来源:链家研究院整理。

①物业获取

物业获取以购买为主流方式,除排名靠前的四大多户 REITs 运营商及 2 家高端住宅运营商部分采用自建的方式获取物业,其余均以购买方式持有物业。

②装修

包括室内硬件设施购买、家具设施配置,以及公共区域硬件设施配置,电梯内部设施配置等,平均耗时 10～12 周。

③运营维护

运营维护过程主要表现为向业主提供多样化配套服务,针对不同的消费及工作群体,打造不同的居住生态空间。提供的设施包括道路、绿化、管道等公共设施;同时配备配套的电影院、健身房、游泳池、网球场、SPA、红酒吧等娱乐设施。甚至提供安保、快递签收等人性化服务,获取品牌溢价。

出租公寓的及时维修维护也是运营公司管理的核心内容,大多数公司会选择将维修业务外包,以避免维持庞大的修理团队带来的额外人力成本支出。

④渠道营销

营销方式为线上线下广告投放。线上主要是公司网站,Graigslist、Zillow、RentPath、Apartments 等专业房屋租赁平台,线下主要是广告牌购买。

（3）行业现状

①行业集中度相对较高

美国持有及管理房屋数量最多的多户 REITs 为 EQR，截至 2015 年，EQR 持有房屋及管理房屋 109 540 套，占多户 REITs 持有及管理房屋比重约 17％。排名靠前的 3 家多户 REITs 持有管理房屋数量约 24 万套，占比高达 38％，行业集中度较高（如图 6-7）。

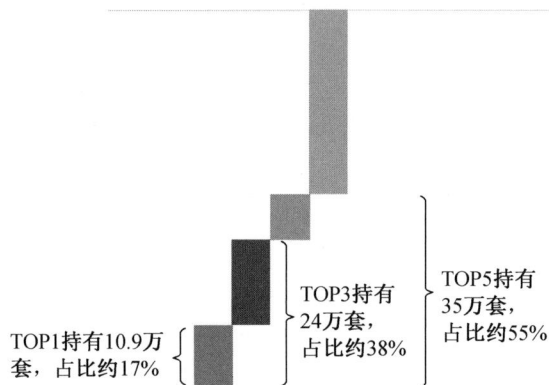

TOP1持有10.9万套，占比约17%

TOP3持有24万套，占比约38%

TOP5持有35万套，占比约55%

图 6-7　多户 REITs 集中度

资料来源：链家研究院整理。

②区域分布上，聚焦核心大都市

前几大公寓运营商区域集中的特征较为明显。加州、华盛顿、纽约、新泽西这四大州是前四大公寓运营商分布最为密集的区域，公寓运营商整体布局呈现沿东西海岸分布的特征。

EQR、ESS、AVB 和 UDR 这四大运营商布局整体呈现一致性特征，其中 ESS 主要布局于加州市场。MAA 布局则完全避开了前四大运营商的核心区域，在次核心区域全面展开，分布较为分散。这首先是由于，MAA 作为后起之秀进入核心区域布局较为艰难；其次，抢占核心区域的布局伴随着较高的成本，同时核心都市周边的次核心城市租赁需求不断升温，进入者较少，竞争力相对较弱，MAA 退而求其次布局于前四大运营商"商业帝国"之外的次要核心区域（如图 6-8）。

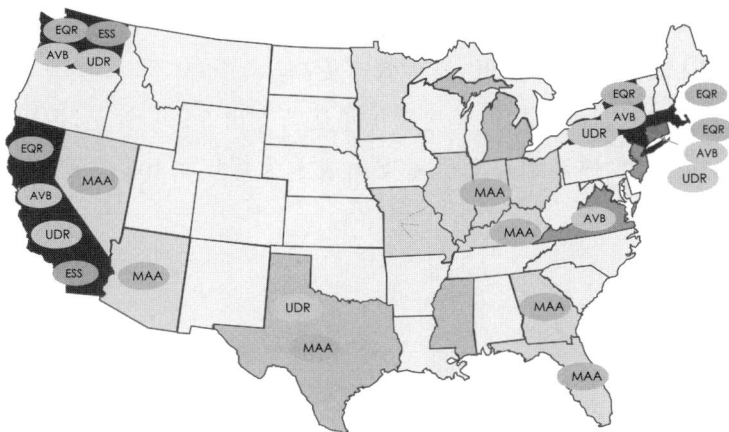

图 6-8　美国排名前 5 多户 REITs 区域布局

资料来源：链家研究院整理。

公寓集中排名前 5 的几个州分别是：加州、纽约、得克萨斯、佛罗里达、伊利诺伊，五大州多户住宅数量约为 899 万套，占比 44.77%（如图 6-9）。

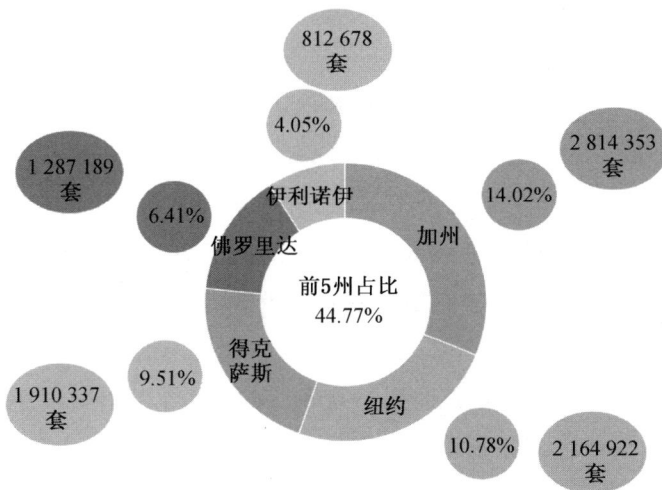

图 6-9　美国公寓最密集的五大州

资料来源：链家研究院整理。

③公寓 REITs 运营成本及资本化率

A.REITs 可变成本更低,管理效率更高

美国公寓运营商平均每套房屋每年运营支出 5 903 美元,占比最高的是员工工资支出,摊销到每套房屋支出成本为每年 1 408 美元,占比高达 23.85%。

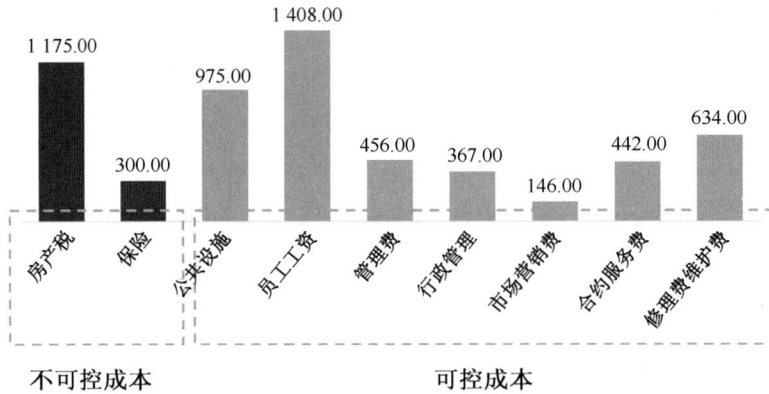

图 6-10　运营公寓各项支出(单位:美元/年)

资料来源:链家研究院整理。

公寓 REITs 自持比例高于市场其他运营商,物业分布更为集中,管理成本更低。对比普通公寓运营公司,公寓 REITs 房产税支出显著高于市场总体平均水平。这主要是由于 REITs 公司自持物业比例高,普通运营公司接受托管的房屋比重较高,相应地拉低了总体房产税占比。公寓 REITs 的员工薪资(包括自持后台运营人员薪资及付给托管经理的费用)占比为 25%,低于公寓运营公司总体用于薪资支出的比重 31.57%(托管经理费用 7.72%+公司员工薪资 23.85%)。图 6-11 是公寓市场平均成本结构与公寓 REITs 成本结构。

公寓市场整体支出结构　　　　　　公寓REITs支出结构

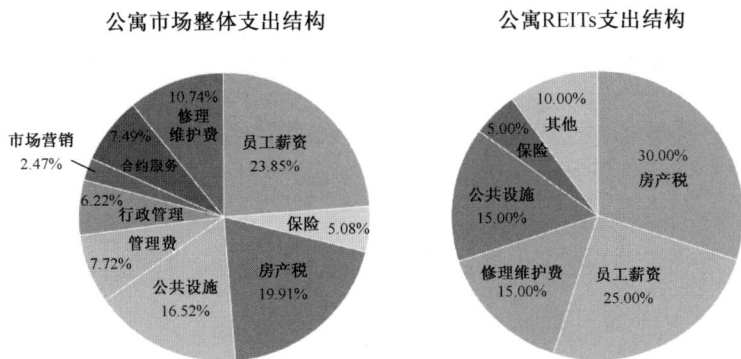

图 6-11　公寓市场平均成本结构与公寓 REITs 成本结构

资料来源:链家研究院整理。

B.近 10 年资本化率逐年走低

2015 年美国公寓资本化率为 5.95％,达美国史上最低水平(如图 6-12)。2009 年以来,资本化率一直呈下降趋势,这主要是由于公寓房价逐年攀升,运营公司收购及获取不动产成本不断上升所致。另一方面原因在市场对公寓过高的估值、大量投资者的涌入、资金供给大于资金需求、过多空闲资金创造的低收益等拉低了整体资本化率。

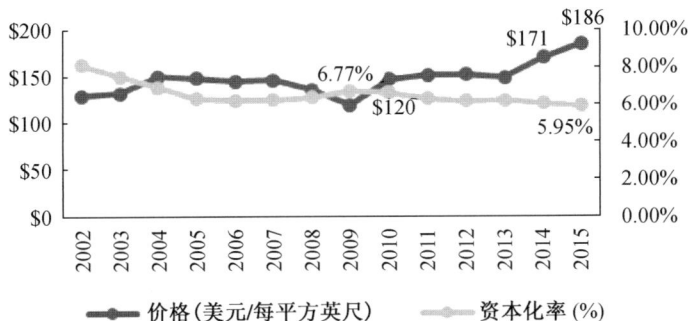

图 6-12　2002—2015 年公寓价格与公寓资本化率走势

资料来源:链家研究院整理。

④低负债的运营模式

长期以来,公寓行业极为分散,股权资金缺乏,市场参与者习惯于杠杆融资,整个行业负债率极高,20 世纪 90 年代,随着 REITs 的兴起,股本融资逐渐成为常态。REITs 税收最明显的优势表现为避免双重收税,通常 REITs 被认为是 non-taxable entity(免税实体)。从负债的出发点来看,应税实体杠杆经营的目的在于权衡资金成本后的合理避税,而对于 REITs 这类免税实体,其避税需求极低。据 Green Street 咨询报告,REITs 最佳杠杠水平为 25%,现阶段公寓 REITs 杠杆率平均值为 46%左右,较 2009 年 54%的杠杆率有所下降,较 25%的最佳杠杆水平来看,公寓 REITs 未来仍有降杠杆空间(如图 6-13)。

图 6-13　现阶段美国公寓 REITs 杠杆化水平

资料来源:链家研究院整理。

2.非金融特征多户住宅运营商

非金融特征的公寓行业较公寓 REITs 更为分散,但持有及管理房屋总量远高于多户 REITs。

非金融特征运营公司多为综合类开发管理商,在美国市场以 The Michaels Organization、Forest City Residential Group, Inc.为代表,其运营模式主要表现为自建(或购买持有)、持有、管理出租一体化运营,部分接受第三方房屋托管。尽管非 REITs 运营行业未出现大体量公司,但非公寓 REITs 公司持有及管理公寓约 261 万套,约占公寓出租数量的 13.8%,租金 GMV 约 335 亿美元,远高于公寓 REITs。

(1)非金融特征公寓运营行业较公寓 REITs 更为分散

目前规模最大的此类公司 The Michaels Organization 持有及管理房

屋数量为 64 429 套,其持有及管理房屋在非金融类公司持有及管理总量中占比不足 2.5%(如图 6-14)。

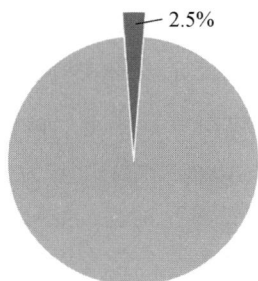

图 6-14　TOP1 非金融特征多户运营商持有及管理房屋占比

资料来源:链家研究院整理。

(2)行业现状

①非 REITs 公寓运营商融资方式有限

非金融特征的运营公司前期融资模式除传统的银行贷款模式外,还包括:开发商股权融资、第三方投资者股权融资、夹层贷款、发行优先债。其中第三方投资者股权是目前应用最广的融资模式,开发商股权融资案例较少(如图 6-15)。

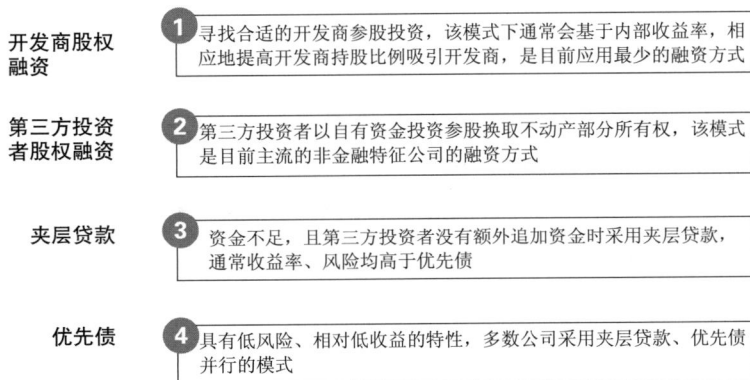

开发商股权融资	➊	寻找合适的开发商参股投资,该模式下通常会基于内部收益率,相应地提高开发商持股比例吸引开发商,是目前应用最少的融资方式
第三方投资者股权融资	➋	第三方投资者以自有资金投资参股换取不动产部分所有权,该模式是目前主流的非金融特征公司的融资方式
夹层贷款	➌	资金不足,且第三方投资者没有额外追加资金时采用夹层贷款,通常收益率、风险均高于优先债
优先债	➍	具有低风险、相对低收益的特性,多数公司采用夹层贷款、优先债并行的模式

图 6-15　非金融特征公司的融资模式

资料来源:链家研究院整理。

②更低的物业获取成本

公寓开发成本主要包括四项：土地成本（land acquisition）、硬件设施成本（hard costs）、设计服务费（soft cost）、装修配置成本（furniture, fixtures & equipment 即 FF & E）。此外还有隐形成本主要包括：资本化率（capitalized interest）、出租前运营成本（operating deficit）、发行成本及税费（origination costs and taxes）。图 6-16 为公寓重置及购买成本明细。

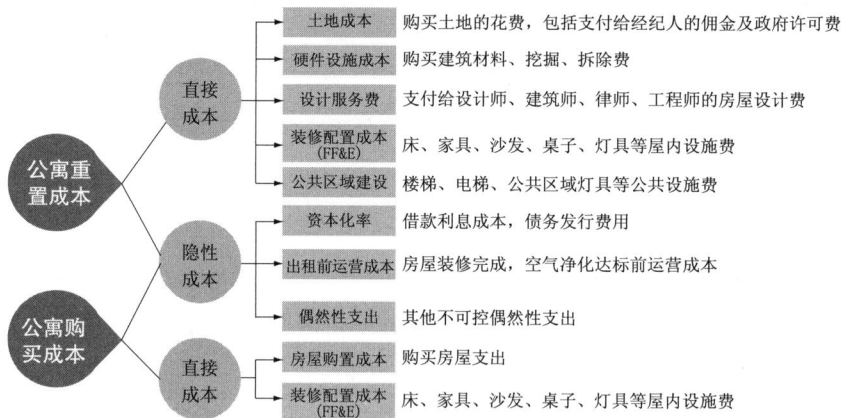

图 6-16 公寓重置及购买成本明细

资料来源：链家研究院整理。

在公寓建筑成本中，费用最高的是公共区域建设费，其后依次是硬件设施费、设计服务费、土地成本、装修配置费。测算得出美国自建运营公司每套多户住宅在完成租赁业务之前，平均投入成本约为 14.74 万美元，而购置成本为 18.55 万美元，购置成本较建筑成本高出约 25.85%，这也是前 4 位多户 REITs 公司自建物业的重要原因（如图 6-17）。

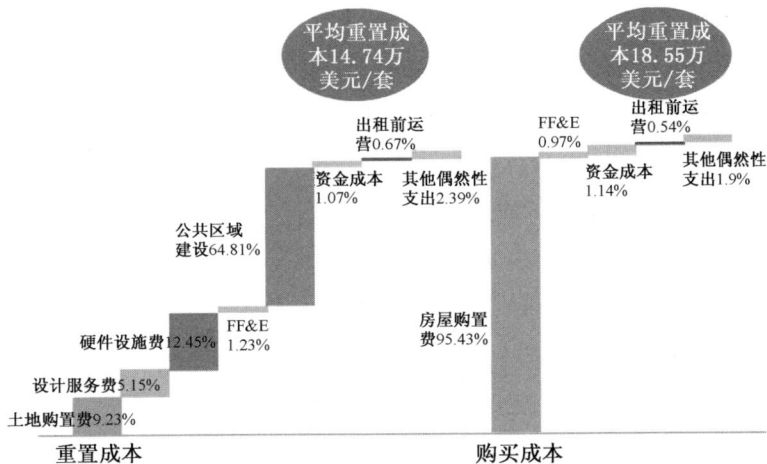

图 6-17 非金融公寓持有运营机构的购买及重置成本对比

资料来源：链家研究院整理。

从时间成本来看，目前各类型公寓平均建设时长高达 26.2 个月（如图 6-18），购置流程以 1 个月来估算，扣除每年房屋运营成本 5 903 美元，自建房屋丧失的获租成本为 17 219 美元，将时间成本进行折算后，相对于直接购买物业，建筑成本为每套 16.46 万美元。

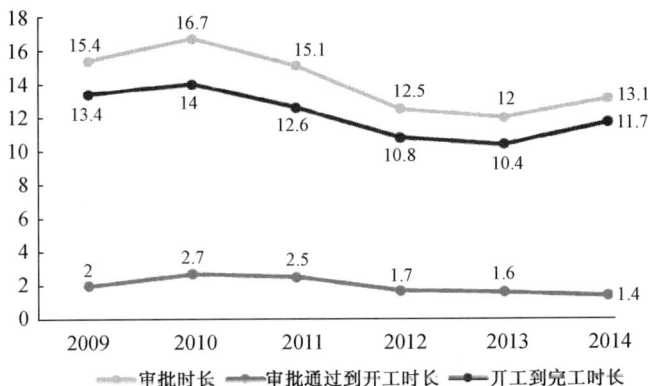

图 6-18 公寓平均建设时间（单位：月）

资料来源：链家研究院整理。

公寓开发前期需大量的沉淀资金长期投入房屋建设，极大地约束了小型公寓运营商。因此目前公寓REITs公司中除了PPS、MORE这2家高端公寓开发商外,仅排名前4的大型公寓REITs自建物业。

3.未来发展趋势

（1）短期内大型公寓REITs并购仍将持续

公寓REITs债务及资金成本呈两极分化现象。首先,排名靠前的REITs公司杠杆水平较低,盈利状况较好;而小规模市值的公寓REITs杠杆率较高,资金成本也相对较高,近几年财务数据呈逐年亏损且短期内难以实现盈利状态。排名靠前的几大成熟的REITs竞争优势明显,未来行业内极有可能迎来成熟REITs并购小规模REITs的局面。其次,从物业获取难度来看,现阶段几大成熟公寓REITs均布局于土地供给稀缺的核心城市,在核心区域优质物业有限性的限制下,公寓REITs市场规模化扩张需依托于并购实现。近期MAA对PPS的并购印证了这一趋势。

（2）细分市场发展趋势加强

基于公寓REITs多年的发展经验来看,公寓REITs行业相对成熟,通过合并扩张已经出现几家势均力敌的大规模大体量公司,短期内不太可能出现行业垄断。公寓REITs差异化竞争将持续,核心城市的布局主要依赖于就业支撑,公寓住宅在非核心城市的发展依托于细分市场性能的开发,早期的老龄人口的居住需求催生了老年公寓的诞生,学生对公寓的特殊需求催生了学生公寓的诞生。未来多样化的集中式公寓开发是抢占竞争优势的重要突破口。

（3）运营持有开发模式占比不断上升

整体来看,大体量公寓运营公司自己开发物业是更为有效的运营模式,在逐利模式下,是大型公寓运营商的必然选择。此外,公寓的细分化发展对多户住宅物理属性有特定的需求,因此PPS、MORE此类高端公寓运营商持有物业以自有开发为主,从而实现自有战略定位,未来多样化公寓细分市场将逐步引导公寓运营商向自建、持有运营的模式发展。

(二)独立房屋(独户)租赁运营公司

独户租赁市场伴随着租赁市场而诞生,但独户租赁运营行业只有不足 5 年的发展时间,行业租金 GMV 不足 30 亿美元。这是由于长期以来,独户区域离散、高度非标准化等特性使得独户租赁市场极度分散,通常业主自行或者委托房屋托管公司租赁,鲜有公寓这样的大型持有运营公司。"Mom and Pop"模式,即家庭经营或持有房屋数量低于 10 套以下的小型投资者运营主导着美国独户租赁市场。

2012 年以来,独户租赁市场出现了新的特征,即"机构化持有运营"(见图 6-19)。金融危机使得超过 400 万美国家庭无力偿还贷款、丧失房屋赎回权,释放了大量房源和独户租赁需求,为机构投资者大举收购低估值的房屋提供了条件,促成机构化集中持有运营的特征,推动了独户运营行业的发展。

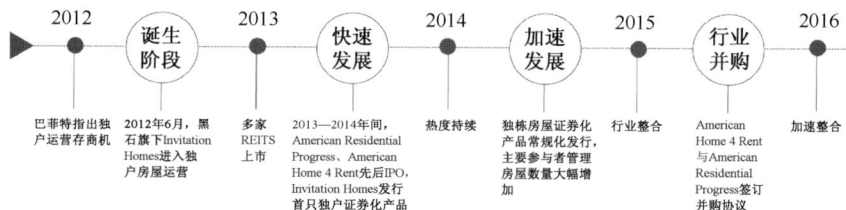

2012	诞生阶段	2013	快速发展	2014	加速发展	2015	行业并购	2016
巴菲特指出独户运营存商机	2012年6月,黑石旗下Invitation Homes进入独户房屋运营	多家REITS上市	2013—2014年间,American Residential Progress、American Home 4 Rent先后IPO,Invitation Homes发行首只独户证券化产品	热度持续	独栋房屋证券化产品常规化发行,主要参与者管理房屋数量大幅增加	行业整合	American Home 4 Rent与American Residential Progress签订并购协议	加速整合

图 6-19　独户机构化持有运营行业的发展历程

资料来源:链家研究院整理。

在独户运营行业崛起中,房地产私募股权基金、房地产投资信托(REITs)等机构尤为亮眼,意味着独户运营行业自诞生就带有浓厚的金融色彩。黑石旗下 Invitation Homes 最早进军独户运营行业,也是目前行业内最大型的企业,2013 年持有与运营独户 3.2 万栋,2016 年则约 4.8 万栋。随后的 American Home 4 Rent 则为 REITs 公司,2016 年持有运营房屋数量约 4.8 万栋。

由于行业仍处于发展初期,独户租赁机构规模较小。从持有数量来看,2012 年至 2016 年 1 月,大型运营机构购买与持有数量约 16 万栋,远低于家庭或小型投资者购买的 320 万栋,仅占 1 530 万套独户租赁房屋的 1%左右(如图 6-20、图 6-21)。

就租金规模来看,以 2016 年全美独立房屋平均租金 1 300 美元和房屋平均入住率93%计算,目前独户租赁市场租金 GMV 约为 2 219.72 亿美元,而在这千亿级市场中,独户机构化运营行业租金 GMV 仅为 23.21 亿美元。

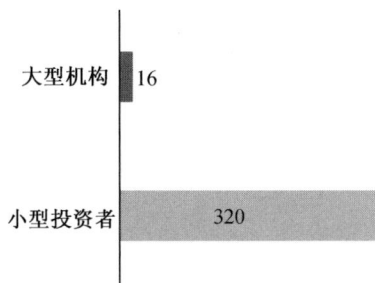

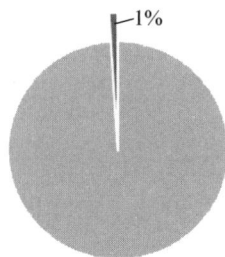

图 6-20 2012—2015 年独户购买数量(单位:万栋)

图 6-21 2015 年大型运营机构持有占比

资料来源:美国统计局,公司公开资料,链家研究院整理。

1.独户运营模式

独户运营模式为收购目标市场低估值房屋,通过对房屋的翻新装修、运营管理与租赁,获取租金和房屋增值收益。独户运营总体与公寓运营模式并无太大差异,也都采取内部管理的组织架构,但由于独户的特性,细节之处仍与公寓运营存在差异,主要表现为非市场化房源渠道、现金购买、极度非标准化和房屋选择标准四个方面(如图 6-22)。

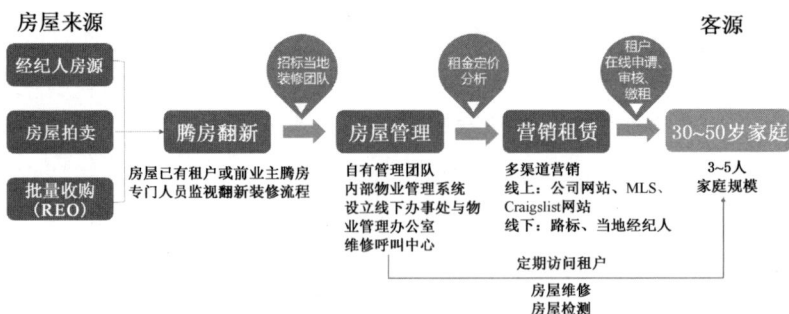

图 6-22 独户运营行业的一般运营模式

资料来源:链家研究院整理。

①房源渠道的非市场化。公寓运营房源获取渠道多为自行开发与市

场收购等市场化方式,独户运营公司则通过金融机构止赎房屋拍卖,以及美国房屋与城市管理局(HUD)、房地美、房利美、联邦住房金融机构(FHFA)实施的REO项目(real estate own program,不动产持有项目①)等非常规市场渠道获取低估值的房屋。拍卖与REO项目渠道2012年占比88%,随着止赎房屋数量的减少,2016年非市场化渠道占比下降至57%(如图6-23)。

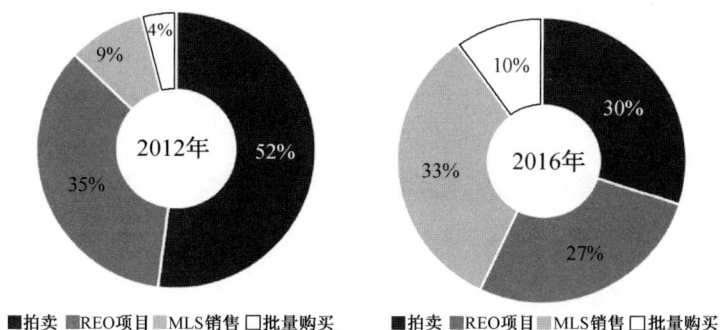

图 6-23 独户运营公司的房源渠道

资料来源:公司公开资料,Green Street 咨询公司,链家研究院整理。

①现金购买带来强资金压力。由于购买渠道的非市场化,独户拍卖购买一般要求现金支付,而且拍卖房屋不能取得抵押贷款,独户运营公司面临巨大的资金压力。随着独户运营公司持有数量的扩大,新型资产证券化产品——独户租赁房屋贷款证券化产品——应运而生,成为主要的融资方式。

③极度非标准化。独户位置区域分散、建成年代差异大、房屋问题多样和原有装修配置个性化,因此独户的翻新装修工程时间不确定性更大,流程、品质、服务更难以标准化(如图6-24、图6-25)。

---

① 美国房屋与城市管理局(HUD)、联邦住房金融机构(FHFA)实施的不动产持有项目是将其持有的失去赎回权独户出售于合格投资者,要求投资者在规定年限内不许出售,只能用于出租。

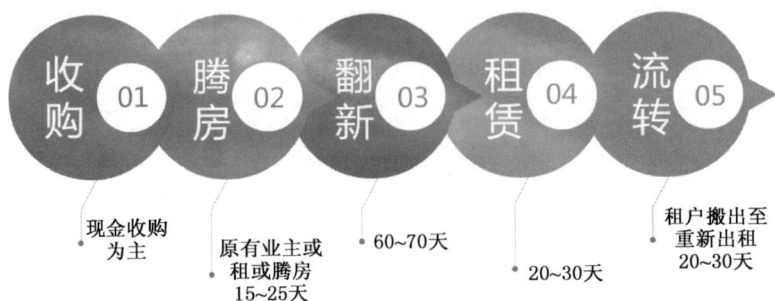

图 6-24　独栋流程耗费时间

资料来源:链家研究院整理。

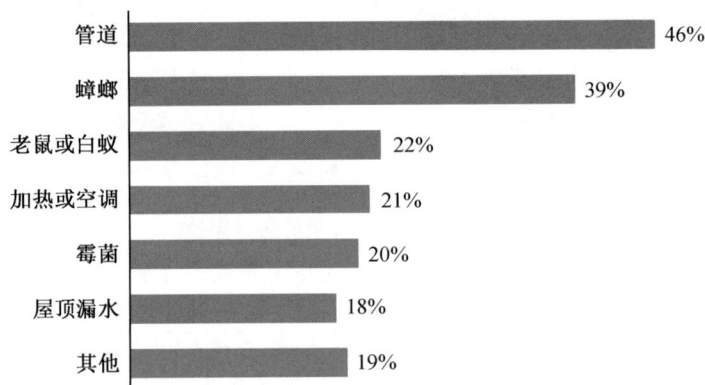

图 6-25　独栋房屋翻修常见问题

资料来源:链家研究院整理。

④房屋选择标准。独户租赁服务于年龄更大、人数更多的家庭租户,一般要求:建成年代为 20 世纪 90 年代以后,配备三间以上卧室和两间浴室,价格区间则为 10 万～20 万美元,装修翻新成本控制在收购价的 10%(如图 6-26)。

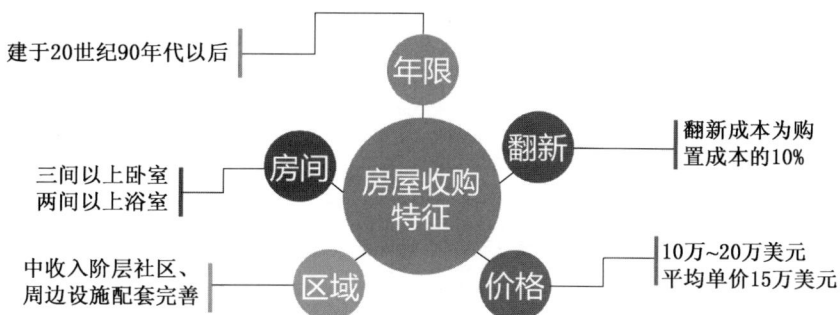

图 6-26 被收购独户的房屋特征

资料来源:链家研究院整理。

2.独户运营行业现状

短短 5 年中,独户运营行业格局经历了快速变动,行业兼并加剧推动了集中度的提升。区域策略上也呈现出集中分布于美国南部及西部阳光沙滩地带的特点。整体来看,行业运营状况良好,具有稳定的净运营利润率及资本化率,融资手段上也出现了创新型独户贷款证券化产品。

(1)加速整合的市场,行业集中度动态提升

独户租赁市场极度分散,但就独户运营行业来看,内部集中度不断提升。2013 年,Invitation Homes 持有数量占前 14 家持有数量的29.84%,前 3 家共占比 62.32%。2016 年,Invitation Homes 与 American Home 4 Rent 房屋持有数量总共 9.6 万套,占大型机构持有数量 16 万套的 60%,前 3 家持有房屋占比达 79.37%。这意味着,伴随着大型机构持有数量的快速增长,行业内部开始分化,第一梯队的强强联手加速了行业整合(如表 6-1、图 6-27、表 6-2)。

表 6-1 2013 年 9 月美国独栋房屋持有机构类型、房屋数量与投资额度

序号	主要机构投资者	类型	房屋数量(栋)	投资金额(亿美元)	占比(%)
1	Invitation Homes	私募	32 000	55	29.84
2	American Homes 4 Rent	REITs	19 825	34	18.49
3	Colony American Homes	REITs	15 000	33	13.99

续表

序号	主要机构投资者	类型	房屋数量（栋）	投资金额（亿美元）	占比（%）
4	Progress Residential	私募	6 000	7.5	5.60
5	Silver Bay Realty Trust	REITs	5 600	7.11	5.22
6	American Residential Properties	REITs	5 295	6.59	4.94
7	Starwood Properties	REITs	4 853	5.81	4.53
8	Waypoint Homes	私募	4 620	7.32	4.31
9	Altisource Resident	REITs	4 100	6.25	3.82
10	Oaktree Capital	REITs	3 000	4.5	2.80
11	The American Homes	私募	2 400	3	2.24
12	Tricon Capital	上市公司	2 300	2.25	2.15
13	Haven Realty Capital	私募	1 500	1.88	1.40
14	Ellington Management Group	REITs	762	0.79	0.71

资料来源：链家研究院整理。

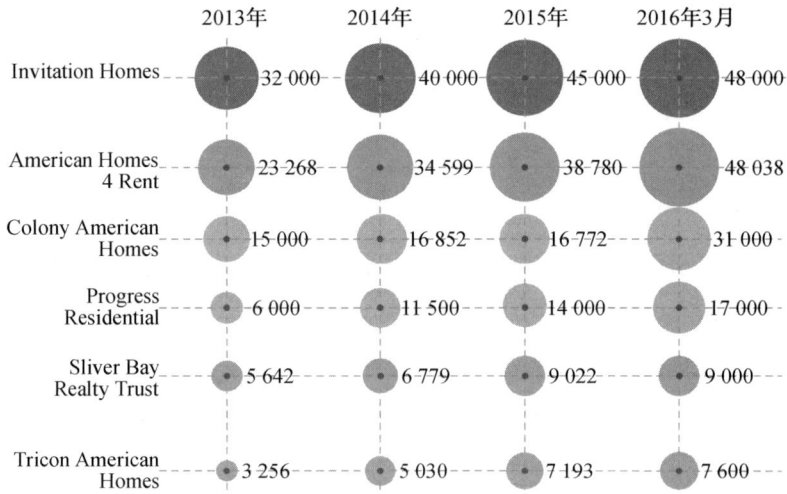

图6-27 美国前六大独户运营公司2013—2016年房屋持有数量变化

资料来源：链家研究院整理。

表 6-2 独户运营行业的主要兼并事件

并购公司	American Homes 4 Rent	American Homes 4 Rent	Silver Bay Realty Trust	Tricon Capital	Cerberus Capital	Colony American	American Homes 4 Rent
目标公司	Beazer Homes	Ellington Housing	The American Home	BLT Homes	BLT Homes	Starwood Waypoint Homes	American Residential Properties
时间	2014 年 7 月	2015 年 1 月	2015 年 1 月	2015 年 4 月	2015 年 8 月	2016 年 1 月	2016 年 5 月
交易房屋数量(套)	1 350	900	2 460	1 385	4 200	19 000	1 300
交易价值(亿美元)	3.63	1.26	2.63	1.5	4.02	15	13
平均房屋价格(万美元)	19.5	14	10.5	10.83	9.57	14.55	
总体收益率	8.50%	10%	10%	—	—	—	—
资本化率	5.5%	6%	5%	4.5%	—	—	—

资料来源:链家研究院整理。

经历行业初步整合后,2016 年独户运营机构中,上市 REITs 仅有 4 家:American Home 4 Rent(简称 AH4R)、Colony Starwood Homes、Sliver Bay Realty Trust 和 Altisource Residential Corporation。4 家 REITs 公司中,AH4R 市值和房屋持有数量一枝独秀,超过其他 3 家之和(如图 6-28)。

图 6-28 美国独户 REITs 行业

资料来源:链家研究院整理。

（2）美国阳光地带的集中分布

在购买策略上，独户运营公司大多选择房屋贬值程度高、人口流动大、租赁需求旺盛、经济增长较为强劲、气候优越、环境优美的"美国阳光地带"，从而保证了房屋有较高的入住率。因此，独户租赁行业房屋大多分布于美国的西部及南部区域，如亚特兰大、迈阿密、凤凰城、休斯敦、洛杉矶、旧金山、圣迭戈、西雅图等沿海传统高租赁需求市场（如图 6-29、图 6-30）。

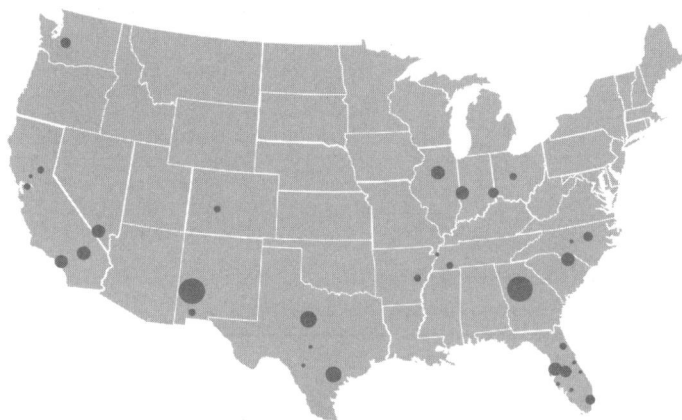

图 6-29　2014 年美国独户运营机构集中投资区域分布

资料来源：链家研究院整理。

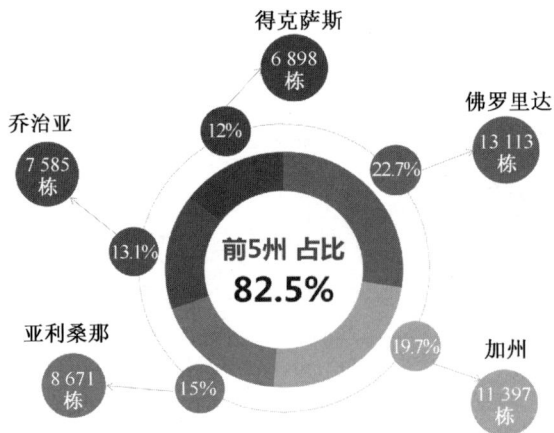

图 6-30　2015 年独户证券化的房屋区域集中度

资料来源：链家研究院整理。

同时，大型运营公司持有房屋建成年代偏于 20 世纪 90 年代以后，意味着独户运营公司持有的房屋大多分布于城市的近郊地区（如图 6-31）。

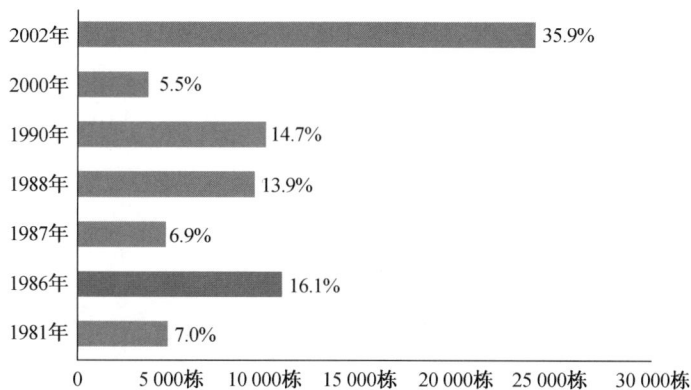

图 6-31　2015 年被收购独户房屋建成年代数量及占比

资料来源：链家研究院整理。

（3）优异的行业运营指标

独户运营房产税持有成本高于公寓运营，但净经营利润（NOI）和资本化率同样高于公寓运营行业，行业运营稳定发展。

①高房产税的持有成本

从成本结构来看，相较于公寓的运营，独户运营持有成本更高，房产税比重高达 42％，房屋保险费占比 6％。此外，内部物业管理系统投入和管理人员费用（管理费）占比 17％，特有的业主委员会费用的支出（home owner association due）占比 6％（如图 6-32、图 6-33）。

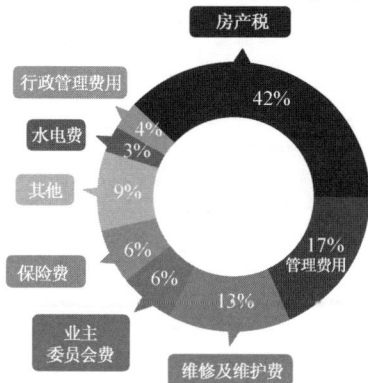

图 6-32　独户成本结构　　**图 6-33　公寓成本结构**

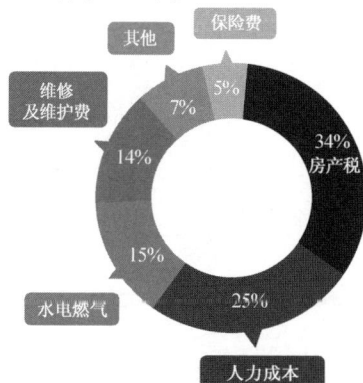

资料来源：公司公开资料，Green Street 咨询公司，链家研究院整理。

（3）净运营利润与资本化率

资本化率是衡量运营公司绩效的核心指标,是持有物业租金回报率的直观指标。[①] 目前,独户净营业利润率可达64%,虽低于零售购物、仓储、公寓等商业地产,但高于写字楼、工业移动房屋和数据中心(如图6-34)。较高的净营业利润率也使得独户运营的资本化率可达到6.8%,高于公寓住宅的5.6%的资本化率。但随着独户房屋价值逐渐恢复,资本化率将有所下降。

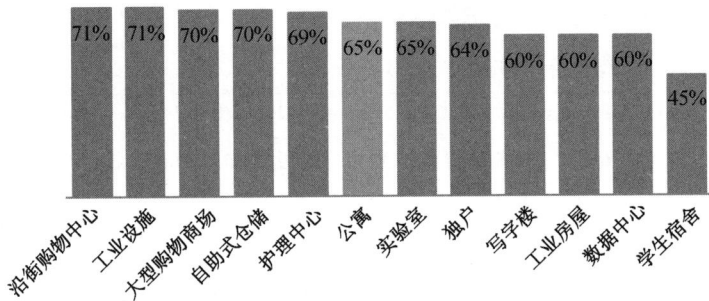

图 6-34　2015 年独户运营机构营业净利润率

资料来源:链家研究院整理。

独户资本化率模型中,租金收益及成本结构是影响资本化率的重要因素。在租金收益为12.3%的条件下,持有成本占据了2.5%,其他成本占据3%,资本化率约6.8%(如图6-35)。不过由于房屋升值速度高于租金增长速度,公寓运营行业和独户运营行业的资本化率均呈现下降趋势(如图6-36)。

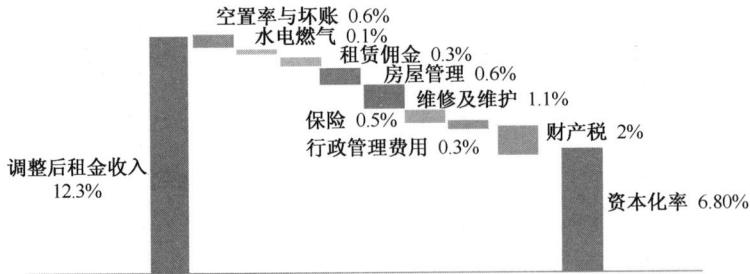

图 6-35　2015 年独户运营机构租金收益、成本结构及资本化率模型

资料来源:链家研究院整理。

---

① 资本化率为年租金收益扣除运营成本后的净营业收入(NOI)与房屋购买价格之比。

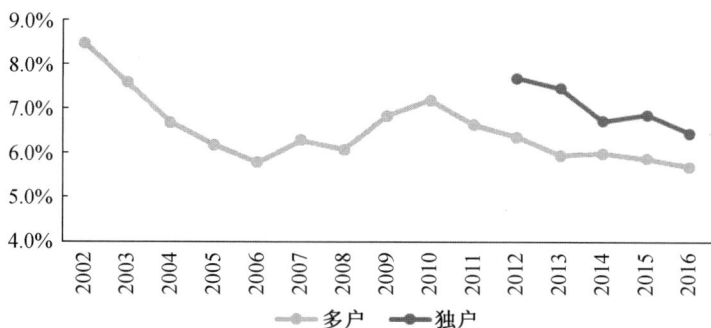

图 6-36 多户运营与独户运营机构资本化率比较

资料来源：链家研究院整理。

（4）独户租赁房屋贷款证券化带来趋于下降的融资成本

由于受制于房源渠道，来自金融机构拍卖和 REO 项目的独户房屋必须使用现金支付，而抵押贷款发放受到严格的约束，而杠杆率能够提升资本化率，所以独户运营公司只能寻求新的融资手段，即独户租赁房屋的贷款证券化。

具体来看，独户租赁房屋贷款证券化是指持有独户房屋运营机构将租金现金流和房屋销售价值作为还款来源，通过设立特殊目的实体（SPV），按照房屋价值的一定比例（loan to value）确定发行规模，依据风险分类打包出售给投资者，投资者获得来自租金和房屋销售增值的固定收益。

独户租赁贷款证券化具有单一借款人大额借款的特点，不同于个人抵押贷款证券化（RMBS）分散、小额的个人借款。评级机构认为，独户租赁房屋贷款证券化兼具 RMBS 与商业房产抵押贷款证券化（CMBS）特征（如图 6-37）。

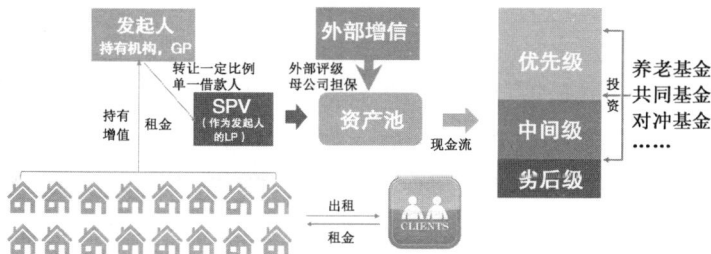

图 6-27 2015 年独户租赁房屋贷款证券化模式

资料来源：链家研究院整理。

自 2013 年 11 月 Invitation Homes 首次发行独户租赁房屋贷款证券化产品,独户租赁房屋贷款证券化产品逐渐成为独户运营机构重要的融资手段。目前,由于该证券化产品已逐渐被市场认可,融资规模不断扩大,由 2013—2014 年的 61.74 亿美元增长至 2015—2016 年的 74.8 亿美元,利率方式由单一的浮动利率变为固定利率与浮动利率并存,贷款期限也不断延长,融资成本总体在逐渐下降。

2015—2016 年,固定利率证券化产品融资规模 29.6 亿美元,平均期限为 5～10 年,综合利率为 4.15%,抵押房屋数量 4 042 栋,贷款成数为 70%;浮动利率证券化产品融资规模则为 45.2 亿美元,平均期限 5 年,综合利率为月度 LIBOR 上浮 2.22%,抵押房屋数量 4 112 栋(如表 6-3)。

表 6-3　独户租赁房屋贷款证券化规模及融资成本与多户比较

维度	2015 年多户	2015—2016 年独户(固定利率)	2015—2016 年独户(浮动利率)	2013—2015 年独户(浮动利率)
整体贷款额度(亿美元)	10.23	29.6	45.2	61.74
平均抵押品担保额度(亿美元)	2.56	4.93	6.46	5.61
房屋数量	3 636	4 042	4 112	3 784
商业贷款数量	110	—	—	—
LTV(贷款成数)	65%	70%	76%	73%
综合利率	—	4.15%	LIBOR+2.22%	LIBOR+1.99%
完全展期期限	5～10 年	5～10 年	5 年	5 年

数据来源:公司公开资料,Green Street,链家研究院整理。

就 REITs 公司来看,银行贷款、再回购、企业债券等多种融资方式下,大型 REITs 公司仍选择独户租赁房屋贷款证券化产品,发行规模占公司总体债务规模 50% 以上,可见独户租赁房屋贷款证券化已经成为独户运营公司的主要融资方式(如表 6-4)。

表 6-4　2016 年 6 月独户 REITs 运营公司融资方式及规模

	AH4R	Colony	Sliver	Altisource
独户租赁房屋贷款证券化	2 795.77	2 742.72	296.75	0
再回购	0	0	0	740.48
可转换债券	106.43	346.68	0	0
银行贷款	142	700	328.07	160.39
抵押型票据	50.29	0	0	0
债务规模	3 373.05	3 373.03	659.15	948.68
资产规模	8 252.4	6 886.39	1 197.4	1 954.79
负债率	40.87%	48.98%	55.05%	48.53%
贷款证券化/债务规模	82.89%	81.31%	45.02%	0%

数据来源：公司季报，链家研究院整理。

3.向上的行业趋势

(1)行业规模将继续增长

基于美国经济持续恢复、就业增长、住房自有率稳定、新增家庭数量和租赁需求特别是独户租赁需求的持续旺盛，未来独户租赁市场规模将进一步扩大，并伴随着独户运营企业的逐步上市或收并购加速，利用资本市场力量，独户运营行业将持续增长。

(2)行业运营效率的提升

相较于公寓运营，独户运营由于物业自身的高度非标准化而被认为难以实现规模经济，但随着大型独户运营企业的介入，管理运营系统的大量投入、管理层级的统筹分工、供应商管理的加强及业务流程的标准化将实现范围经济，打破独户租赁市场长期分散、非专业、小规模、服务品质较低的服务格局。因此，伴随着独户运营企业规模的持续扩张，行业运营效率仍有提升的空间。

(3)独户租赁房屋贷款证券化的常态发行

作为创新型融资手段，独户租赁房屋贷款证券化产品逐渐被华尔街等金融机构认可,未来随着大型独户运营机构大量地持有独户,证券化产品将大规模发行,贷款证券化成为常态。

二、日本式持有运营

在日本,租赁住宅的持有机构主要为金融属性的公募及私募 REITs、私募股权基金,非金融特征的专业持有运营机构寥寥无几。截至 2015 年底,REITs 及私募基金管理资产价值约 27.2 万亿日元,折合人民币 1.6 万亿元,年租金 GMV 占总体年租金约 0.78%。

目前,日本住宅公募 REITs 仅有 8 家,持有房屋总量约 7.5 万套,在日本租赁房屋中占比甚至不足 0.36%。日本租赁住宅套均月租金 54 040 日元,入住率按照 2015 年住宅 REITs 平均水平 96.62% 测算,日本住宅 REITs 年租金 GMV 约 29 亿元人民币,占 2015 年日本总体租金 GMV 的 0.4%。2015 年,日本私募基金持有房屋数量约 7.1 万套,年租金约 27 亿元人民币,在日本总体租金 GMV 占比约 0.38%。由此可见,日本住宅 REITs 的市场渗透率远低于房屋托管的 66%。

(一)开发商与信托银行合作下的 J-REITs 运营模式

日本第一只 REITs 于 2001 年推出,主流管理模式是信托银行和住宅开发商共同成立 REITs,并委托资产管理公司进行运营管理。

20 世纪 90 年代,日本泡沫经济破灭后地价大幅跌落,不动产开发商及民间民营企业土地主产生迫切处置不动产需求,危机中的物业持有人需要新型融资方式盘活持有的不动产,开发商尤为突出。投资人对 REITs 主体信用能力要求较高,开发商与信托银行合作模式应运而生,大部分情况下,开发商和信托银行还会成立专业的资产管理公司进行运营管理(见图 6-38)。

之所以形成现阶段日本所有权和管理权分离的局面,是因为在受地价下跌影响,传统住宅持有公司为避免产生大量的浮亏,住宅 REITs 出现之后,便将其持有物业尽量出表。这也就造就住宅 REITs 和私募基金成为日本租赁住宅物业最大的机构持有者。

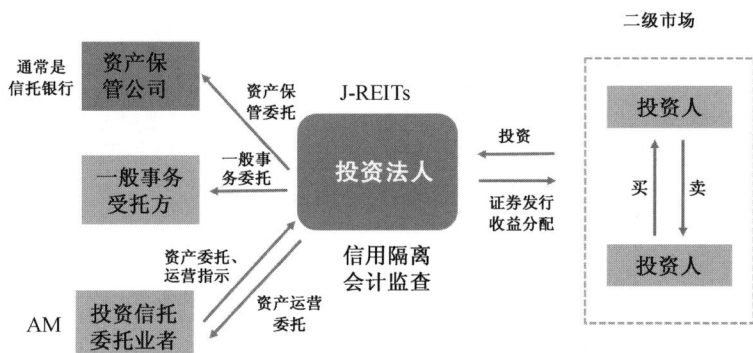

图 6-38　J-REITs 组织架构

资料来源:链家研究院整理。

(二)住宅 J-REITs 行业现状

与美国一致,日本住宅 REITs 回报率常年跑赢 REITs 平均水平,经营管理水平较高,物业大多沿核心城市布局,物业空置率维持在较低水平。

1.占比不断上升的住宅 REITs

从 J-REITs 各类型 REITs 市值分布来看,住宅 REITs 占比不断上升。截至 2016 年,日本公开在东京/大阪证券交易所上市的 REITs 共有58 家,住宅 REITs 在 REITs 总市值中占比约 10%。而 2004 年,日本各类REITs 中写字楼类占比高达 72%,商业占比 19.2%,住宅类占比仅 5.5%,由此可见住宅 REITs 在日本 REITs 市场扮演着越来越重要的角色(如图 6-39)。

私募基金规模的逐渐萎缩,J-REITs 规模的持续扩大,意味着住宅REITs 持有物业的比重在租赁市场中不断上升。早年日本住宅租赁市场以私募基金为主导,但 2012 年以来,私募基金管理房屋价值逐年萎缩的

过程中,J-REITs 持有及管理物业总量平稳上升,在此过程中住宅 REITs
在 J-REITs 中所占比重同样不断上升,日本住宅 REITs 机构化力量不断
增强(如图 6-40)。

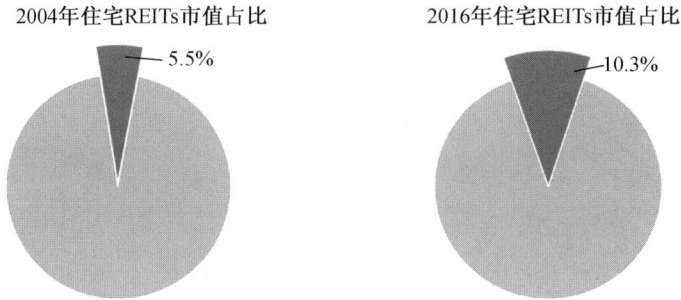

2004年住宅REITs市值占比　　　　2016年住宅REITs市值占比

5.5%　　　　　　　　　　　　　10.3%

图 6-39　2004 年及 2016 年住宅 REITs 占比变化

资料来源:日本不动产证券化协会,链家研究院整理。

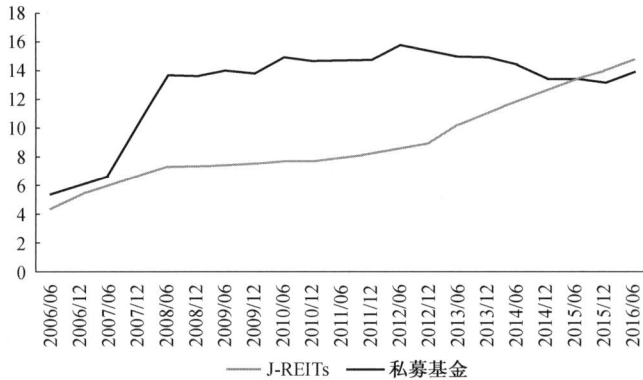

图 6-40　2006—2016 年 J-REITs 及私募基金管理资产价值变化(单位:万亿日元)

资料来源:三井研究所,链家研究院整理。

2.高集中度的核心大都市

与美国住宅 REITs 类似,日本住宅 REITs 也呈现出集中核心城市布
局的特征。日本的 8 家住宅 REITs 在东京 23 区及以内持有物业占比普
遍高于80%,以日本最大的专业住宅物业运营 REITs Advance Residence
为例,其在东京持有物业市值占比约 72%,且核心都市入住率显著高于整
体水平,核心区域整体呈现高集中度、高入住率的特征(如图 6-41)。

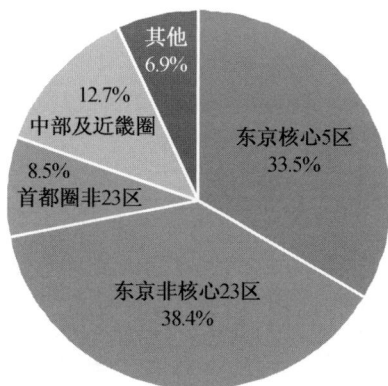

图 6-41　Advance Residence 持有物业布局(根据物业收购价格)

资料来源:日本不动产证券化协会,链家研究院整理。

3.优质的管理

REITs 整体具有较高的经营管理水平,2005 年至今,日本 REITs 类物业空置率水平始终控制在 3% 以内,住宅类 REITs 空置率略高于整体水平,但整体维持在较低水平,2011 年以来,入住率均维持在 95% 以上的高位(如图 6-42)。

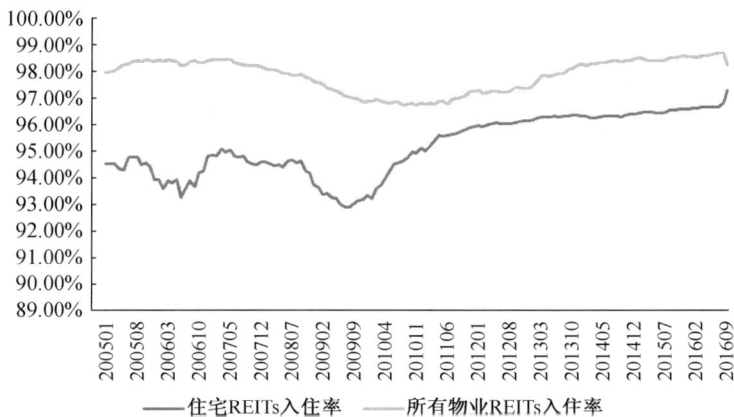

图 6-42　日本住宅 REITs 与总体 J-REITs 空置率比较

资料来源:日本不动产证券化协会,链家研究院整理。

三、总结

在重资产运营模式下，住宅 REITs 运营公司占据了重要的地位，REITs 的出现解决了危机下的房地产市场流动性难题，提供了物业持有人低成本、高效、大规模的融资途径。无论在日本还是美国，住宅 REITs 都为提高行业管理水平、提升行业运营效率做出贡献，促成了租赁市场机构化持有及机构化运营的趋势，大幅提升了房源品质。可以说金融是推动租赁运营行业规模化、专业化运营的重要力量。

第七章

轻资产的房屋托管行业

导读

• 中国尚未出现真正意义上的轻资产管理模式，包租模式仍然是长租公寓行业的主流选择，该模式下企业需要投入大量的资金用于房屋的装修改造，同时还需承担空置期的风险。对比美日，轻资产管理模式才是行业的主流模式，公寓企业在整个过程中仅充当管理者的角色，承担公寓运营管理的义务，装修改造成本和空置风险、损失由业主承担，日本包租模式是一个例外，公寓企业承担了空置风险。

• 美国90％的房屋托管公司提供租金收取、租客审查、市场营销、维护服务和财务报告服务。相比美国标准化的服务模式，日本房屋托管公司提供的服务更具有灵活性，业主可以选择将房屋完全托管，也可以选择部分事务托管，比如仅将招揽顾客和签约事务托管。

• 借鉴美日经验，托管行业作为服务行业的一种，兴起的根本原因在于房屋管理复杂度增加时业主对管理事务的力不从心。未来，随着我国城镇化进程加深，存量房屋数量的不断增长，资产管理行业的影响力将增大。中国长租公寓长期困囿于投入成本高、资金回收期长、盈利微薄的处境，未来轻资产管理模式或许会成为行业发展的方向。

当前,中国尚未出现真正意义上的轻资产管理模式房屋托管和包租,以中国式包租为主的运营模式仍然是中国长租公寓企业的主流选择,在这种模式下,租赁运营公司需要以一定的期限包租房源,装修改造后再次出租并进行租后管理,以服务费和租金价差作为主要的收入来源。在整个过程中,租赁运营公司不仅承担房屋的空置风险,还承担装修和维护费用。

我们相信,尽管有很长的路要走,轻资产管理模式才代表着中国租赁运营的最终方向。这里我们系统梳理美国和日本的轻资产管理模式,以寻找其可能的借鉴之处,供业界参考。

一、行业简介

对比美国和日本等成熟市场,轻资产管理模式的托管和包租才是房屋管理的主流模式。那么,美日的轻资产管理模式是什么样的呢？它们有何异同？

(一)定义

美国轻资产管理模式主要以托管形式存在,即房源方把房屋委托给资产管理公司,由其代为出租,并完成租后维修、保洁等管理工作。同时,资产管理公司以收取经纪佣金和管理费作为收入的主要来源。

日本不同于美国,轻资产管理又有两种模式:托管和包租。其中托管模式与美国相同,资产管理公司完成租赁中介和租后管理工作,收取一定比例的房租作为报酬,不承担任何房屋的空置风险和维修维护费用。但在包租模式下,日本的房屋托管公司与业主签订租赁合同,托管公司承担空置风险,但是房屋的装修和维护费用依然由业主承担(如表7-1)。

表 7-1　日本托管模式与包租模式对比

	托　管	包　租
中介公司抽成	4%～8%	10%～20%
房租决定者	房东	管理公司
保证满租房租	无	有
保证房租按时缴纳	无	有
入住中问题处理	有	有
退租清点	有	有
房屋维护	另行签约	有
入住者合同更新	有	有
礼金	房东收取	管理公司收取
更新合同手续费	房东收取	管理公司收取
押金	管理公司收取	管理公司收取
与房东的合同期限	2 年	20～35 年

资料来源：链家研究院整理。

(二)管理的内容及分类

1.美国

美国的房屋托管公司所能提供的房屋管理的常规服务有 12 项(如图 7-1)，据 All Property Management 统计,2015 年 90% 的美国的托管公司提供租金收取、租客审查、市场营销、维护服务和财务报告服务。随着公司规模的扩大,公司所能提供的服务越多,管理规模在 100 套以下的托管公司大约能提供 8 项服务,管理规模在 500 套以上的公司能提供 10 项左右服务。

图 7-1 美国房屋托管公司服务清单

资料来源:链家研究院整理。

2.日本

无论是托管还是包租模式,日本的房屋管理公司均承担如表 7-2 中的常规业务,包括收缴房租、卫生清洁、解约服务等。此外,还有附加业务可由业主自由选择。日本房屋管理公司业务模式比较灵活,业主既可以将房屋的租赁和租后管理事务全部交由资产管理公司打理,也可以选择将部分事务交由房屋托管公司打理(如图 7-2)。

表 7-2 日本房屋管理公司管理内容和分类

常规业务	
押金的收取与返还	向入住者收取押金,向退租者返还清算后的押金
解约	计算保证金退还金额,复原房屋
清扫	建筑物内的卫生打扫,周边的清扫,除草和绿植
建筑物、设备、土地管理	定期巡回检查、保管和维修
房租收取	房租、房屋费的收取,房屋费的代交
租约更新	到期租约更新,租约条款的更新
入住人员管理	入住退租引导,房租督促,长期无人居住情况检查,不正当行为的监督,防火防灾,钥匙保管,应急情况

续表

常规业务	
附加业务(可选)	
房租保证	房屋新建后和经营过程中出现闲置时损失的代付,房租出现滞纳时的垫付。有时,合同里会规定新建成时和退租后的保护期条款,即在保护期内无须垫付房租
服务业务	财产保险中介、律师会计介绍、生活用品贩卖

资料来源:链家研究院整理。

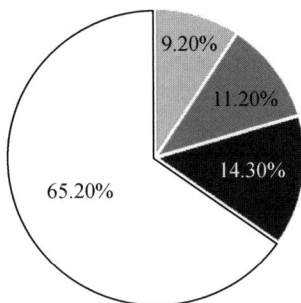

图 7-2　日本房屋管理公司的业务结构

资料来源:链家研究院整理。

(三)收费模式

1.美国

美国的房屋托管公司虽然提供租赁经纪服务,但该项服务需要向业主单独计费,并不包括在房屋的管理费中。托管公司帮助业主首次获取租客,通常会收取半个月或一个月的租金作为回报。这部分费用主要用于房屋宣传和推广,招揽顾客。如果业主自己招揽租客,托管公司会收取一定的行政费用。房屋到期后续租或展期,公司会对业主收取展期费,一般是一个月房租的 25%。如果租赁按月延长,典型公司会收取 150 美元的行政服务费(如表 7-3)。

对于房屋的管理费,收费模式有百分比模式、固定模式和其他收费模式三种(见图 7-3)。美国大概有 72％的资产管理公司采用百分比收费模式。在百分比模式下,公司每月从租客的房租中提取 8％～10％的比例作为管理费(如表 7-3)。

图 7-3　管理费不同收费模式占比图

资料来源:链家研究院整理。

表 7-3　美国资产管理公司收费模式(百分比模式下)

项　　目	收费标准
房屋租赁	1 个月租金
管理费用	通常月租金 8％～10％
展期费	1/4 个月租金
租户申请费、在线支付费等	不详

资料来源:链家研究院整理。

2.日本

相比之下,日本的房屋管理服务中包含了租赁经纪服务。因而业主无须为招租而额外支付费用。在托管模式下,业主仅需每月付给房屋托管公司 4％～8％的服务费,房屋管理公司将完成招租及租后管理的相应事务。在包租模式下,房屋管理公司从租户处收取租金,然后从中拿出大部分支付给业主作为当月租金,余留的部分即为公司收入,该部分通常为租户所缴纳租金的 10％～20％(如图 7-4)。

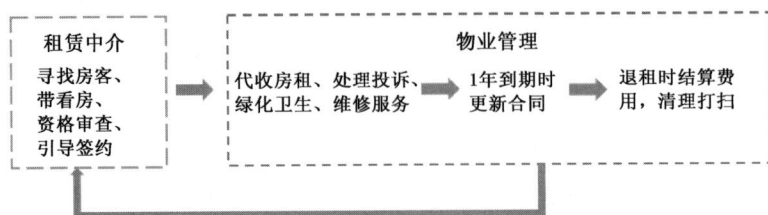

图 7-4　日本租赁中介业务与房屋管理业务的闭环链条

资料来源：大东建托年报，链家研究院整理。

二、行业空间

(一)美国

　　根据美国人口调查局数据，2015 年美国约有 4 400 万套出租房屋，在租赁的房屋中约有 22％的房屋由托管公司进行管理，行业内有 70％的托管公司采用百分比模式收费，通用的费率为月租金的 8％～10％。目前，美国租金的中位数水平为 900 美元左右。同时，美国的房租租约一般为 1 年，到期会衍生出新的租赁需求，托管公司会有一个月或半个月租金的经纪佣金收入，在一年内不换房的情况下，托管公司会有 1/4 个月租金的展期费收入，据此我们测算，美国房屋托管行业的目前收入规模超过 100 亿美元。

(二)日本

　　日本房东中将自家房产交由房屋管理公司进行统一管理的比例近80％，总规模超过 735 万户，如果加上 440 万户的宿舍和公营住宅则规模更大。按照约 4％的房屋托管费计算，日本每年产生的管理费收入约为

5 000亿日元;按10％的包租房差收入计算,管理费收入超过10 000亿日元。两项合计收入规模在15 000亿日元,合计人民币900多亿元。

三、行业发展动因

美国的房屋托管行业起源于20世纪30年代,至今已经有80余年的历史。日本的房屋管理行业发展也十分成熟,代表性公司的房屋管理规模已经非常大,且远远超过美国。寻找托管行业产生与发展的内在动因,可以发现,它的出现深受社会经济条件的影响,综合而言,以下因素是相对重要的:

第一,拥有房屋数量的增加及管理复杂度的提升催生了房屋托管行业。根据美国DoorGrow统计,当业主对于房屋的拥有量低于4套的时候,一般都倾向于自己持有;多于4套时,随着管理复杂度的提升,一般倾向于寻找托管公司进行管理。同样,在日本,有统计显示,超高层住宅的平均户数为291户,集合住宅的大型化和高档化使得房屋管理变得困难,一般需要委托专业的管理公司进行管理。房屋管理的复杂度还表现在跨区域管理上,在美国,除了机构客户外,个人业主进行托管的缘由大多是因为房屋与工作地方不在一起,导致无法对房屋进行管理,因而需要专业的人员代他们处理租赁和租后管理的日常工作。在华盛顿由于该原因进行托管的比例占70％。

第二,经济下行周期通常会加速房屋托管行业的发展。美国经济周期下行时,社会上出现大量的失业人口,人们的财富急剧减少,大量的房屋止赎,房子集中于金融机构和政府手中,这些房子需要专业的人员进行管理,金融机构和政府一般会组建自己的托管公司或者将房屋管理工作委托给第三方托管公司。以2008年前后的金融危机为例,在经济危机期间美国房屋止赎的数量由2006年的100万套上涨到2009年的280万套,衍生出房屋的托管需求。

第三,人口老龄化产生出对房屋管理的依赖。据统计,日本60岁以上的房东占房东总人数的60%,50岁至60岁的房东约为23%,严重的老龄化使得房东对繁杂的管理房屋事务有心无力。

第四,政策驱动。随着社会的发展,人们持有房屋不仅是为了解决居住问题,而且作为一种资产配置,为自己带来潜在的资产收益,因此业主会更多地关注房屋的经营。政府有关房地产的政策通常会对房屋持有者的收入水平产生影响,业主通过公司的专业化管理来实现房屋的保值增值,对房屋托管的需求会增加。

四、行业竞争格局及现状分析

无论美日,房屋管理行业都呈现出比较分散的特征,但在美国该行业更倾向于发育成为一个独立的、精细化的行业,而日本大的房屋管理公司一般集建筑与托管运营职能于一体。

(一)美国

美国的房屋托管行业和房产经纪行业一样,相对来说比较分散,行业内有超过40%的公司管理规模小于50套。行业内不存在寡头公司,根据美国NMHC(国家多户住宅协会)前50名业主和前50名管理公司持有房屋量,我们测算出行业内排名第一的公司Greystar Real Estate Partners持有的第三方托管房屋的数量为353 442套,约占美国在租住宅数量的0.82%(表7-4)。行业内前10名的准入门槛仅为59 264套,从2009年到2014年行业的集中度一直处于比较稳定的状态(图7-5)。

表 7-4　2015 年美国 TOP10 第三方房屋托管数量

排名	管理公司	管理户数（套）	占租赁房屋的比重（%）
第 1 位	Greystar Real Estate Partners，LLC	353 442	0.82
第 2 位	Pinnacle	131 790	0.31
第 3 位	Lincoln Property Company	115 711	0.27
第 4 位	Winn Companies	96 955	0.23
第 5 位	FPI Management，Inc.	76 500	0.18
第 6 位	AvalonBay Communities，Inc.	72 564	0.17
第 7 位	Apartment Management Consultants，LLC	71 483	0.17
第 8 位	Bell Partners Inc.	66202	0.15
第 9 位	BH Management Services，LLC	62 040	0.14
第 10 位	Edward Rose Building Enterprise	59 264	0.14

资料来源：链家研究院整理。

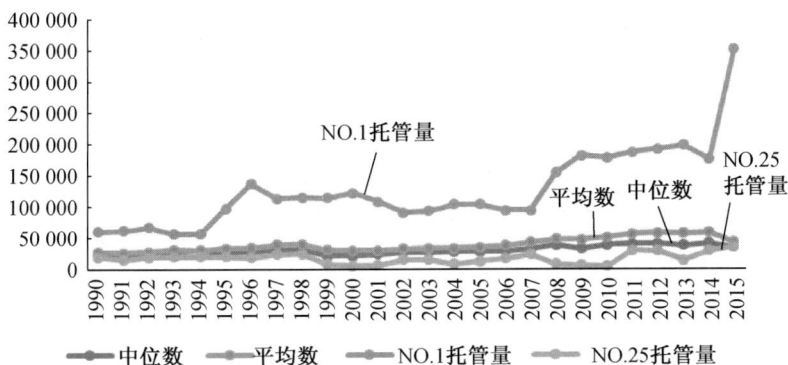

图 7-5　房屋托管行业集中度

资料来源：NMHC。

行业比较分散的另一个表现是行业内夫妻店居多，单家公司管理规模小。据 NARPM 调查，行业内 64.61％的公司为家族企业，且超过 66％的公司雇员数量少于 9 人。年收入在 20 万美元以下的公司占比 40.53％，管理房间数量在 50 套以下的占比为 45.87％，1 000 套以上的不足 0.97％。

美国的房屋托管行业呈现出半职业化的特征。该行业无须太高的学历和专业背景即可进入,但是由于目前托管行业越发专业化和综合化,行业从业人员的学历水平高于全国平均水平。从业人员进入该行业后从最初的常驻经理上升到物业经理,最后经过 IREM(国际资产管理协会,美国国家房地产协会的分支机构)严格的培训、考试和认证可成为注册物管经理(CPM)。此外,该行业从业人员还具有高龄化、高流动性和高薪酬的特点。40 岁以上的从业人员占比超过 82.9%,40.5% 的从业人员从业年限在 2 年以内,行业平均薪酬 45 561 美元/年。

(二)日本

日本的房屋管理行业已有超过 50 年的历史,管理业务体系、法律制度、人才培养和行业的社会认知都较成熟。日本房屋托管行业的竞争格局也呈现出分散的特征,全国登记备案的资产管理公司超过 6 000 家,其中多数规模很小、经营范围局限于本地,也有少数不受地域限制的大型公司。据统计,日本排名前 5 的资产管理公司管理房屋比例为 23.8%,排名第一的大东建托占比 7.36%(如表 7-5)。

表 7-5　日本前 10 位资产管理公司

排名	管理公司	管理户数(套)	占租赁房屋总量比重(%)
第 1 位	大东建托	864 678	7.36
第 2 位	Leopalace21	554 948	4.72
第 3 位	积水住宅	545 757	4.64
第 4 位	大和房屋	428 597	3.65
第 5 位	Startsgroup	400 047	3.40
第 6 位	ABLE	230 189	1.96
第 7 位	Housemate	189 992	1.62
第 8 位	东建公司	188 423	1.60
第 9 位	Mini-tech	172 912	1.47
第 10 位	学生情报中心	87 700	0.75

资料来源:链家研究院整理。

日本大型的房屋管理公司一般都为业主提供从土地规划到房屋运营的一整套服务。大东建托的业务模式为：业主提供土地和建设资金，由大东建托提供前期金融服务、设计施工，建成后转租给大东建托经营管理，整个过程业主非常轻松并且可以获得稳定的现金流。运营期间每5年与业主协商重新调整一次房租。房屋建设与房屋管理相辅相成，前期的房屋建设成为后期房屋管理的客源入口，后期的房屋管理完善了产业链，为房东提供了极大的方便。事实上管理户数排名前列的房屋管理公司诸如大东建托、Leopalace21、积水住宅等几乎都采用该种模式，只是各家在服务重心上有所区分。

五、行业发展趋势

中国式包租是资产管理的一种微利模式。在该模式下公司前期需要付出较大的拿房成本和装修成本，最后净利润几乎为零。该模式是在卖方市场的条件下托管企业为了争夺房源而采取的一种策略，帮助业主最大限度地减少租赁中产生的空置和租客纠纷风险，降低了处理租赁日常事务所花费的时间和精力损耗。未来，随着中国城镇化进程的加快，存量房屋数量的不断增加，租赁市场供需矛盾的缓解，资产管理行业影响力不断增加，公司品牌效应、规模效应不断积累，轻资产管理模式将成为行业发展的一个方向。

根据美国经验，房屋托管在发展的过程中会出现由规模不经济到规模经济的过渡。信息化程度的提高是解决人员沟通低效率和机构臃肿的有效手段，美国已经出现了类似RealPage的物业托管软件集成平台，该平台不仅为使用RealPage公司软件的客户提供了端口，也为使用其他第三方物业托管软件的客户提供平台上的软件增值服务，弥补第三方软件的功能不足，而我国到目前为止尚未形成一个统一的平台，多数小资产管理企业依然使用最原始的Excel表等单点解决方案，大的公寓企业一般自己研发管理系统,需要投入大量的人力物力进行维护。未来,企业对利润的需求将会促进行业信息化程度的提升。

中国市场化的租赁和公寓运营尚处于早期阶段,行业内企业服务水平参差不齐。相较美国较成熟的市场,中国企业鲜少为租客提供法律和财务方面的服务。此外,行业内不存在任何的职业资格认证,也缺乏专业的培训和继续教育机构,这导致行业从业人员整体素质还处于较低水平。对比而言,虽然美国的房屋托管行业已经呈现半职业化的特征,但是依然不能满足 REITs 等机构客户的需求,造成了近年来市场份额不断对持有运营机构替代的现象。未来,随着行业的发展,只有满足客户需求的企业才能在优胜劣汰中生存下来。

第八章

租赁信息平台

导读

 • 互联网得以在租赁领域应用的根本原因在于租赁行业每时每刻都在产生海量的信息,业主和租客需要一个低成本的信息平台进行信息的传播和搜寻,减少匹配过程的人力、物力成本消耗。互联网的出现改变了信息展示和搜索的方式,成为向实体中介门店引流的工具。

 • 行业的发展,竞争的加剧,对于效率和利润的追求促使互联网信息服务行业不断向专业化和精细化方向发展。行业经历了从综合分类信息公司到专业房产信息公司再到专一租赁信息公司的成长路径。然而该行业到目前为止并没有完美解决持续优化的高成本和低成本下的客户体验差两种模式间的矛盾。

 • 美国和日本专一的互联网租赁信息龙头公司估值都将超过百亿美元。中国的市场空间高于美国和日本,流量转化率也高于美国对标公司,预计未来,中国租赁信息服务行业的龙头公司体量会超过美国和日本龙头公司。

今天,在住房租赁领域,互联网发挥着越来越重要的作用,它的出现解决了海量信息搜索和匹配的难题,改变了房源信息的展示和搜索方式。互联网在租赁领域的发展经历了综合—专业—专一三个阶段。目前,短租领域已经出现了 Airbnb 这样估值高达 300 亿美元的独角兽,未来无论中国、美国,还是日本,长租领域的行业独角兽估值都必将超过百亿美元。

一、互联网改变了什么

互联网的出现改变了信息展示和搜索的方式。根据美国公寓租赁信息龙头公司 Apartments 与 Google 联合研究,美国人在搜寻公寓租房时,72%的人会首先求助互联网,仅 10%和 5%的人仍在采用传统的报纸和纸质公寓指引形式。这一现象也出现在日本。乐天在日本对 1 000 名 20～40 岁的年轻人的调查显示,虽然房产中介公司门店仍然是获取租赁信息的首要途径,但是首选互联网的比例已经和其非常接近。纸媒在信息传播中的作用已经远远落后于互联网(如图 8-1)。

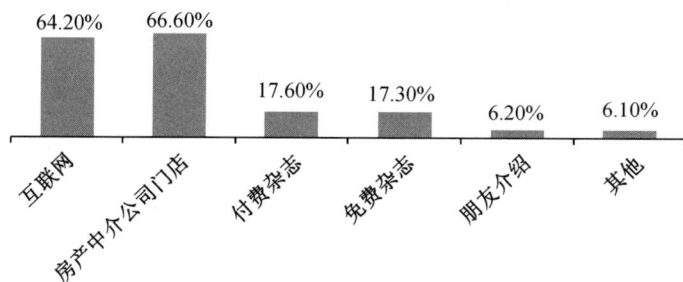

图 8-1 日本年轻人获取租房信息途径

资料来源:乐天调查问卷,链家研究院整理。

互联网的成交转化率较高,向实体店引流效果显著。美国有 2/3 的人通过在线搜索成功找到租赁公寓(如图 8-2)。在日本,根据 2014 年不动产信息网站从业者联络协议会(RSC)的调查问卷,67.5%的租房者在通过网站搜索房源后会和中介公司联络,前往咨询的比例高达 80.6%,最终有75.8％的客户成功租到房子(如图8-3)。

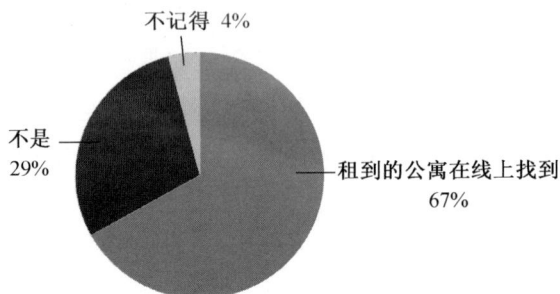

图 8-2　美国公寓租客线上找到房源的比例

资料来源：Apartments，Google，链家研究院整理。

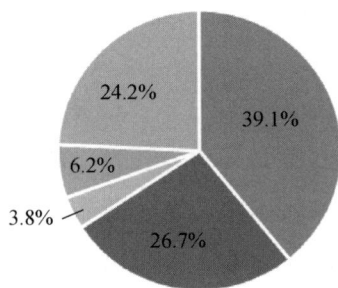

- 和咨询的中介签下了咨询的房子39.1%
- 和咨询的中介签下了其他的房子26.7%
- 和其他的中介签下了咨询的房子3.8%
- 和其他的中介签下了其他的房子6.2%
- 没有签约24.2%

图 8-3　在日本租客前往门店咨询后签约情况

资料来源：RSC「不動産情報サイト利用者意識アンケート」调查结果，链家研究院整理。

最为重要的是，在住房租赁搜索领域，移动互联网搜索时代已经来临。2015 年 1 月，全美租赁公寓搜索流量49％来自台式电脑和平板电脑，51％来自智能手机。无独有偶，在日本 2014 年，20～30 岁年龄段的人群中，使用智能手机搜索的比例为 72.9％，首次高于使用 PC 搜索比例（70.1％）。

二、互联网租赁信息平台公司的发展动因

与房屋买卖交易不同,住宅租赁过程很简单,且对资金安全的要求相对较低。对房东和租客而言,租赁经纪人除了带客服务外,基本无价值。此外,由于租赁市场没有和二手房交易市场相同的独家代理制度,因而任何机构或个人都无法对房源信息形成垄断。

但住宅租赁行业又是一个"信息高度密集"的领域:每时每刻都有海量信息产生;特定房源和客源在市场上存续的时间短,大量信息会因为过时而变得冗余、虚假;房源和客源极度分散;成功交易前拟合匹配的次数多。如果没有一个信息平台将租赁房源信息有序、高效地集散,房东和租客相互搜寻的时间会很长、成本也很高。由此,行业痛点产生:住宅租赁市场需要一个类似 MLS① 且使用成本很低的互联网信息平台。

在此背景下,美国第一代互联网信息公司 Craigslist 于 1995 年诞生,深刻改变了美国住宅租赁市场的信息生产、传播和匹配方式。

三、互联网租赁信息平台公司的发展逻辑

管中窥豹,可见一斑。我们以美国为例,研究互联网信息平台公司的发展历程。以时间轴来看,美国的互联网租赁信息平台公司(以下均指长租领域)发展已经历 3 个阶段:第一阶段是综合分类信息公司,代表企业是 Craigslist,主要提供住宅租赁分类查询;第二阶段是专业房产信息公司,代表企业是 Zillow,主营业务以二手房交易为主、住宅租赁为辅;第三

---

① MLS 即 multiple listing service(多重上市服务),由本地经纪人理事会创建,是一个服务于本地经纪人的平台。经纪人成为 MLS 的会员后,将房源信息汇集到 MLS 的统一数据库,会员实现信息共享。

阶段是创业型的专一租赁信息公司,代表企业有 RentPath、Apartments,专一于住宅租赁的信息搜寻和匹配成交。不同类型的公司在互联网行业赖以生存的流量与客户体验的竞争中各有取舍(如图 8-4)。

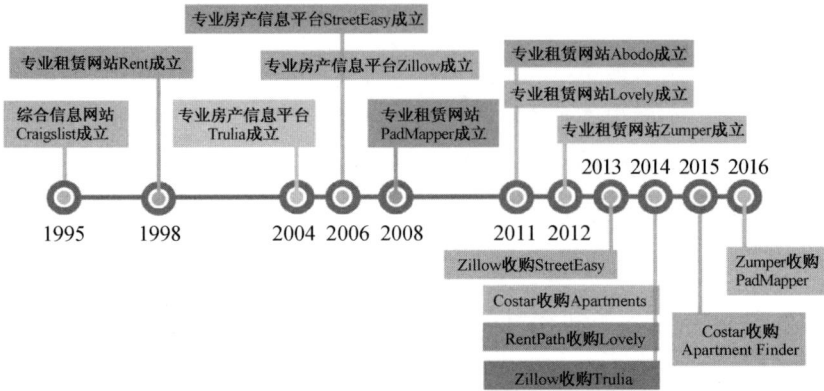

图 8-4　美国互联网租赁信息公司的诞生和兼并

资料来源:链家研究院整理。

第一阶段:以 Craigslist 为代表的综合分类信息公司。

Craigslist 成立于 1995 年,属于大型的综合分类信息网站,是中国 58 同城网、赶集网等分类网站的鼻祖。网站涵盖求职招聘、房屋租赁买卖、二手产品交易、家政服务、地区活动指南等 80 个大类,无交易功能。

自创建以来,网站一直保持非常简单的纯文字链接界面。因为门类齐全、免费(只针对少数业务收取费用)以及庞大的流量形成了显著网络效应优势,是美国人最爱光顾的网站之一。但是公司一直拒绝提升功能、优化客户体验,导致网站信息匹配的低效率和无法满足客户多维信息需求,一直饱受诟病。目前公司员工只有 40 人,年营业收入 3.81 亿美元,利润却高达 3.04 亿美元!

第二阶段:以 Zillow 为代表的专业房产信息公司。

Zillow 创建于 2006 年,是一家提供免费房地产信息分类垂直搜索的网站,主要提供购房、估价、租赁、抵押贷款等服务,现已成为美国专业房产信息领域的龙头企业。相比 Craigslist,Zillow 选择持续优化网站来保持行业内竞争力。Zillow 不仅界面非常友好,方便搜索,同时对每套房源都有详细的文字介绍、图片展示和地图展现。此外,网站还有租金估计系统 Rent Zestimate,方便租客对房子的租金水平进行横向和纵向比较。通过房价和租金估值以及房源展示来链接消费者和房产领域的专业人士或广告商,收取信息展示费是 Zillow 的主要盈利模式。

Zillow 的优化行为必然需要企业雇佣大量的开发及维护人员,人员成本居高不下。这让 Zillow 一直处于亏损或微盈利的状态。因而,从一定程度上讲,Zillow 至今也没有完美解决信息膨胀和客户体验优化之间的冲突。

第三阶段:以 RentPath 为代表的专一租赁信息公司。

RentPath 是一家领先的垂直搜索租赁信息公司,核心业务是帮助消费者寻找待租的公寓和住宅,旗下拥有 Apartment Guide.com,Rent.com,Rentals.com,Lovely,Rentalhouses.com 5 个专一的租赁网站。这5 个网站深耕于不同的细分市场:Apartment Guide 专注公寓,Rentals 专注独户住宅,Rent 面向首次租房群体,Rentalhouses 为意向租客和物业托管公司、经纪人、投资者撮合成交提供资源,Lovely 专长 C2C 的匹配成交。垂直搜索租赁信息的代表还有 Apartments。

相比 Zillow,RentPath、Apartments 等专一租赁网站的出现更易于将客户流量形成漏斗效应。Zillow 上租户流量的导入,大部分是二手房成交板块的客户。但是二手房成交用户和租户是相对独立的客户群体,两者交集并不显著。同时,在客户体验优化上,对于租客来讲,Apartments 的用户体验要好于 Zillow。

从 Zillow 的角度,做租赁更多是为了吸引流量导入,然后再以一定比例转换为二手房成交用户和广告收入。Zillow 其实没有持续改进租赁板块技术和用户体验的动力,至少租赁板块的改进不会超过二手房板块。而对 Apartments 来说,租赁是其主业,因而它提供比 Zillow 更综合的租赁房源信息(如真实上架信息,包括餐馆、夜生活、社区历史、学校和其他重要内容等邻里深度信息),更直观的展示(如视频和三维虚拟看房),更简洁的界面,更广泛的展示渠道。此外,Apartments 还提供创新搜索工具 Polygon TM Search 和 Plan Commute,前者允许租户在地图上任意画一个区域进行精准搜索,后者允许租客以某点为中心进行区域搜索。

当一个行业的细分领域体量足以支撑专注于这一领域的企业做大的时候,必然会独立成一个新行业。而且,这个专一的新企业必然会在这个领域超过原来兼职做这个领域的传统企业。就像在 Airbnb 取得成功后,短租的人就很少再想到 Zillow。Apartments 和 RentPath 出现以后人们也不认为 Zillow 是专业的租赁信息网站。

四、中国租赁信息平台公司能否出现独角兽

互联网租赁信息行业是一个正在爆发的"火山口",行业存在机会毋庸置疑,细分专一化是大概率事件。在短租领域,已经产生 Airbnb 这样估值高达 300 亿美元的独角兽;在长租领域,美国的 RentPath、Apartments 和日本的 SUUMO 等领先公司正在快速崛起,很可能就是该领域明天的独角兽。

美国未来专一互联网租赁信息龙头公司的估值可达百亿美元。假设行业龙头的市场渗透率为 2/3(参考 Zillow),综合考虑美国业主、租户的数量和换房周期,假设月度独立访客数量可达 3 300 万。以 Apartments 目前 950 万流量规模计算,还有 3 倍的倍增空间。按线性增长估算,公司营业收入可达 6.3 亿美元。参照 Zillow 2016 年 8 月 6.52 的 EV/Revenues(市值/营业收入)比值,未来美国专一互联网租赁信息龙头公司的估值有望达到 40 亿美元。历史上,Zillow 的 EV/Revenues 接近过 17,现在短租领域交易型互联网信息公司 Airbnb 的 EV/Revenues 接近 20。按 17~20 估算的话,未来美国专一互联网租赁信息龙头公司的估值可达107 亿~126 亿美元。

日本专一互联网租赁信息龙头公司估值已超美国。日本 Recruit 旗下的 SUUMO 是日本排名第一的房屋租赁垂直网站。2014 年营业收入

866 亿日元,较 2013 年增长 10.1%,同样参照 Zillow 2016 年 8 月 6.52 的 EV/Revenues 比值,该公司的估值已经超过 50 亿美元,若 EV/Revenues 达到 17～20,该公司的估值可达 130 亿～150 亿美元。

对比国外,中国的互联网信息行业的市场空间要大于美国和日本。根据中国互联网络信息中心发布第 39 次《中国互联网络发展状况统计报告》,截至 2016 年 1 月,中国网民数量达到 7.31 亿,相当于美国人口的 2.28 倍,日本人口的 5.75 倍,预计到 2025 年中国的租赁人口将达到 2.3 亿人,是美国的 2 倍、日本的 4.3 倍,同时从互联网技术和生态完善性不亚于美国和日本的角度判断,中国住房租赁信息领域的市场空间更大,盈利模式更多样,更适合专一细分化发展。

从流量转化率上看,我国公司远高于美国对标公司。在综合信息分类领域,58 同城是 Craigslist 的 11 倍;在专业房产信息领域,链家网和搜房网分别是 Zillow 的 73 倍和 29 倍。

更大的市场空间和更高的货币转化率意味着中国租赁信息领域的"独角兽"体量会比美国更大。假如有国内公司选择在住房租赁信息细分领域深耕,并能赢得流量和体验优势,就有可能做到比美国和日本同类公司规模更大、成长更快。如果中国行业独角兽是类似 RentPath/Apartments 的展示型公司,假定流量货币化率也接近,那么中国行业独角兽的估值可达 2.5×40＝100 亿美元。如果中国行业独角兽兼具展示和交易功能,那么流量货币化率少则几倍于美国同类公司,多则十几倍。保守估测,假设中国行业独角兽流量货币化率是美国同类公司的 4 倍,那么估值可达 400 亿美元。

目前,中国已经出现了互联网租赁信息服务公司:(1)中国的 58 同城与美国的 Craigslist 相似,均为本国最大的综合型分类信息公司;(2)搜房网、链家网、我爱我家官网和中原地产网与 Zillow 类似,均为垂直型专业房产信息公司;(3)中国的嗨住类似 RentPath 和 Apartments,都是创业型的专一细分住房租赁信息公司。未来,每一类公司都有可能成长为专一细分租赁信息领域的行业龙头。

第九章

租赁金融

导读

• 金融作为租赁市场中的行业基础设施,使得房屋资产更具有流动性,也使得租房消费更容易、更便捷、更有保障。租赁金融根据其服务对象及形式,可分为资产证券化及场景金融。

• 资产证券化的核心在于将缺少流动性的房地产转换为高流动的证券资产,为租赁运营公司提供灵活的创新融资手段。

• 其中,资产证券化工具以美日住宅 REITs 为例,表明住宅 REITs 占据 REITs 行业重要地位,推动了租赁市场的规模化、专业化、机构化运营,加速了租赁运营行业整体规模与效率的提升。而美日住宅 REITs 的发展历程也进一步表明,以房地产市场的下行为契机,政府立法驱动、税收优惠及金融创新是住宅 REITs 发展的三大驱动因素。

• 场景金融是指围绕租赁环节,服务于各参与主体资金或风险需求的金融产品。围绕交易主体产生的场景金融包括:面向租户的消费金融与租户保险,面向业主、运营公司和租户的征信,渗透于各运营环节的产业金融及其他金融衍生产品。

• 场景金融的地区差异及分化显著,行业规模相对小而分散。因此,本书以租赁场景金融较为发达的美国为例,介绍面向租户的租户财产保险、面向业主及运营公司的租赁征信、面向业主的租赁保证保险、平滑租赁与交易的租赁期权。

粗略地讲,租赁金融分两类:资产证券化和依托于租赁交易的场景金融(如图9-1)。

资产证券化的核心在于将缺少流动性的资产转变为高流动的证券资产,为租赁运营公司提供灵活的创新融资手段。现阶段美国的资产证券化包括公寓REITs、独户REITs及独户抵押贷款证券化等。

场景金融是指围绕租赁环节,服务于各参与主体资金或风险需求的金融产品。租赁交易链主要涉及业主、租客、公寓运营商、供应商,他们既可能是资金需求方也可能是资金供给方。围绕交易主体产生的场景金融包括:面向租户的消费金融与租户保险,面向业主、运营公司和租户的征信,渗透于各运营环节的产业金融及其他金融衍生产品。

总体来看,资产证券化规模庞大,是持有运营管理公司的重要融资手段,是推进租赁市场房源机构化持有、培育专业化运营机构的重要因素,而租赁场景金融普遍规模较小,渗透率低,且不同国家市场产品差异化极大。

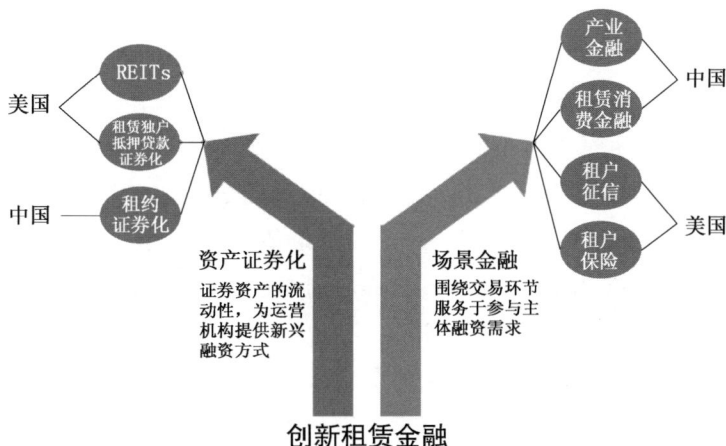

图 9-1 租赁金融分类

资料来源:链家研究院整理。

一、平衡规模与效率的住宅 REITs

美国拥有全球最大的 REITs 市场，以公寓 REITs 为代表的住宅 REITs 在全球范围内无疑为其中的佼佼者。日本住宅 REITs 则受制于日本市场狭小、商业地产回报率更高、人口老龄化、住宅市场长期比较低迷等因素而缓慢发展。因此，本书将着重介绍美国公寓 REITs。

（一）公寓 REITs：规模与效率的平衡

自 20 世纪 90 年代以来，美国 REITs 的发展风起云涌，备受个人投资者的青睐。REITs 既是投资者的低门槛房地产投资工具，也是美国公寓市场快速发展的重要推动力。目前我国公寓类 REITs 刚刚起步，前景尚不确定。通过梳理和研究美国 REITs 的发展路径，可以为我国 REITs 公司发展提供借鉴。

1.公寓 REITs 的基本图景

住宅 REITs 是美国租赁行业重要的机构参与者。2016 年 9 月，美国 23 家住宅 REITs 总市值 1 307 亿美元，远远超过住宅开发商总市值 407 亿美元。公寓 REITs 孕育出 3 家百亿级市值公司，最高的是 AVB，市值达 244 亿美元；AHM（American Homes 4 Rent）以 52.8 亿美元成为市值最大的独户租赁住宅 REITs 公司。

进一步观察，公寓 REITs 持有房间超过 64 万套，占美国租赁公寓数量的 3%，租金 GMV 约 80 亿美元。机构持有独户租赁住宅约 16 万栋，租金 GMV 约 23 亿美元，仅占美国独户租赁市场的 1%～2%。由于近年独户 REITs 兼并加剧，目前仅 4 家上市独户 REITs，房屋持有量 92 307 栋，市场占比不足 1%（如图 9-2）。

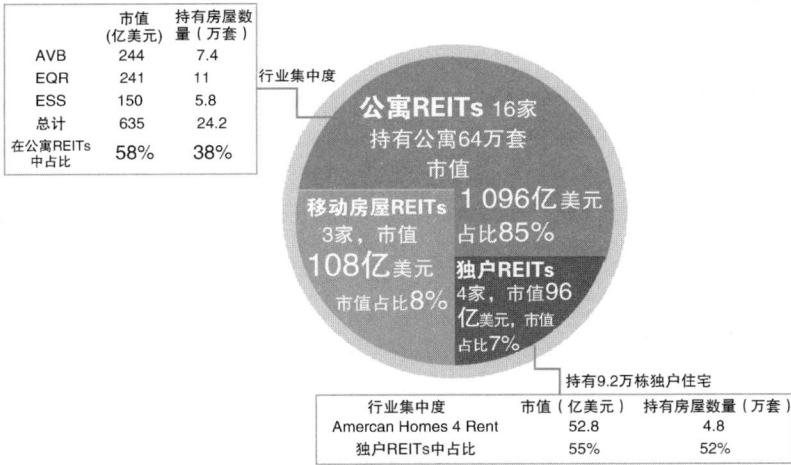

	市值 (亿美元)	持有房屋数 量（万套）
AVB	244	7.4
EQR	241	11
ESS	150	5.8
总计	635	24.2
在公寓REITs 中占比	58%	38%

公寓REITs 16家
持有公寓64万套
市值

移动房屋REITs
3家，市值

108亿美元
市值占比8%

1 096亿美元
占比85%

独户REITs
4家，市值96
亿美元，市值
占比7%

持有9.2万栋独户住宅

行业集中度	市值（亿美元）	持有房屋数量（万套）
Amercan Homes 4 Rent	52.8	4.8
独户REITs中占比	55%	52%

图 9-2　美国住宅 REITs 市值占比与行业集中度

资料来源：公司公开资料，NAREIT，链家研究院整理。

公寓 REITs、独户 REITs 和移动房屋 REITs 组成的住宅 REITs 占
美国 REITs 市值的 13.42%，其中公寓 REITs 市值占 11%，可见公寓
REITs 在住宅 REITs 中的重要地位（如图 9-3）。

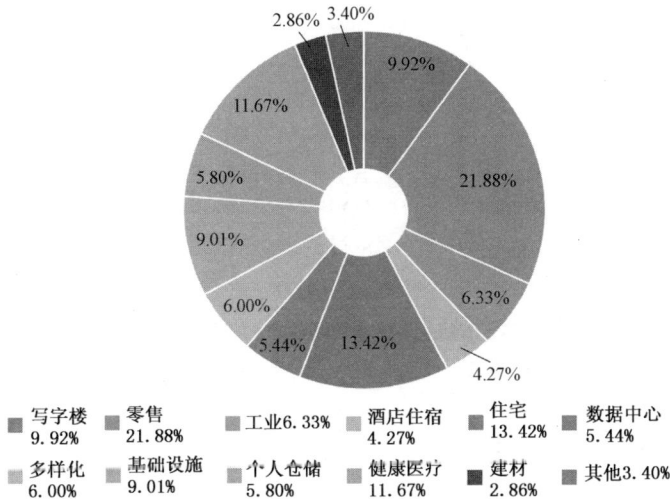

写字楼
9.92%

零售
21.88%

工业6.33%

酒店住宿
4.27%

住宅
13.42%

数据中心
5.44%

多样化
6.00%

基础设施
9.01%

个人仓储
5.80%

健康医疗
11.67%

建材
2.86%

其他3.40%

图 9-3　美国公寓 REITs 的市值占比

资料来源：NAREIT，链家研究院整理。

美国住宅 REITs 回报率较高,强于美国 10 年国债和标准普尔指数。1994—2015 年间,住宅 REITs 年均回报率 14.13%,而同期美国 10 年国债年均回报率 4.31%,标准普尔 500 指数回报率也仅为 8.66%(如图 9-4、图 9-5)。

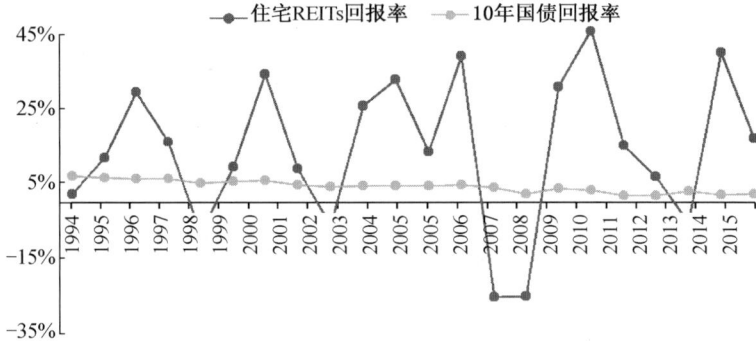

图 9-4　美国住宅 REITs 回报率和 10 年国债回报率比较

资料来源:链家研究院整理。

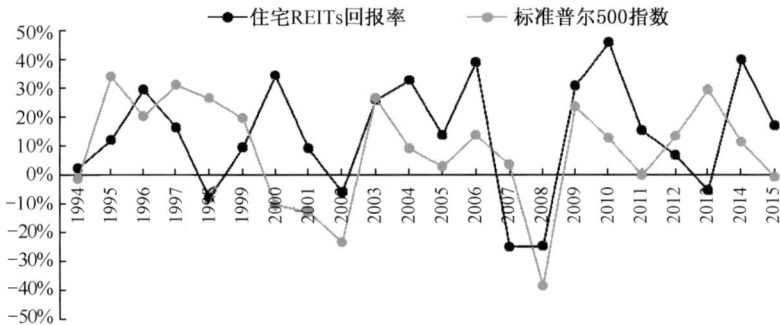

图 9-5　美国住宅 REITs 回报率和标准普尔 500 指数回报率比较

资料来源:链家研究院整理。

日本 REITs 市值规模占全球 5%,目前拥有 56 只上市 REITs,市值规模 1.1 兆亿日元。但日本住宅 REITs 的市值规模则小很多,仅为 1.2 万亿日元,折合人民币 735 亿元,占日本 REITs 市值 17%,位于第三,但仅 8 只 REITs 专注于住宅持有,持有房屋数量约 7.5 万套,而且分布极为集中,50% 位于东京都市圈。不同于美国住宅 REITs 拥有内部投资与管理决策权,日本 REITs 大多采用外部管理,交由专业化物业管理公司进行日常租赁运营。最高市值公司 Advance Residence,市值约 3 935 亿日元,即 240 亿元人民币,持有房屋 1.8 万套(如图 9-6)。

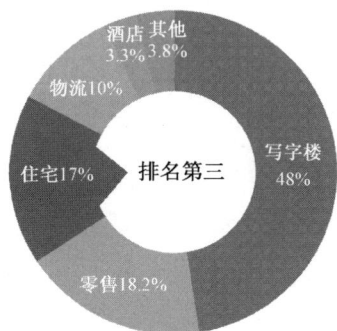

图 9-6　2016 年日本住宅 REITs 的市值占比

资料来源:J-REIT,链家研究院整理。

日本住宅 REITs 收益率同样表现出众,相较于日本 10 年国债 2000—2015 年平均利息收益率仅有 1.4%,日本住宅 REITs 利息能够维持在 3.5%～4%之间;横向来看,相较于其他物业资产,住宅 REITs 回报率高于写字楼 REITs,2014 年后的表现甚至优于物流与零售 REITs(如图 9-7)。

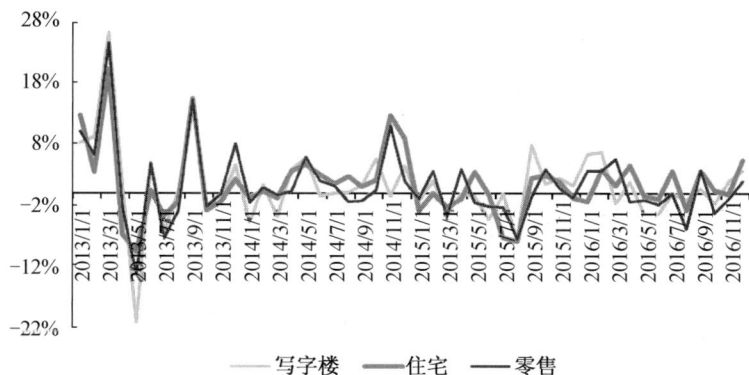

图 9-7　日本住宅 REITs 指数月度回报率与写字楼、零售比较

资料来源:ARES,链家研究院整理。

2.公寓 REITs 是行业的"加速器"

美国公寓 REITs 的发展为公寓行业注入新的发展动力,加速了租赁住宅机构持有趋势,提高了租赁管理效率,深刻改变了租赁行业格局。具体而言:

第一,加速了机构化持有趋势。公寓 REITs 兴起后 20 年间,机构化持有公寓占比从 6.7% 上升到 18%(如图 9-8)。主要原因在于公寓 REITs 是一种具有较高回报率的新型投资方式,吸引了保险和保守型基金的大量资金流入,推动租赁公寓逐步从个人向机构集中。

1991年　　　　　　　　　　　2012年

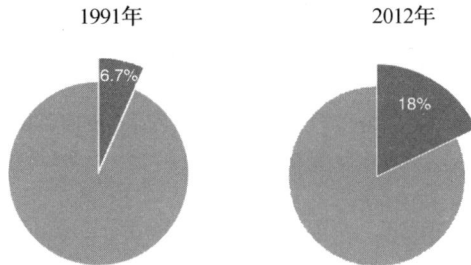

图 9-8　美国公寓租赁房屋的机构持有比重

资料来源:链家研究院整理。

第二,培育了专业化的投资管理团队。专业化的投资管理团队是公寓 REITs 发展的底层支撑,其重要性有两点:其一,管理团队多年的市场经验积累,有助于培养对市场精准、敏锐的判断。典型 REITs 公司的投资回报率增长都得益于合理的战略布局、对市场的精准判断和高效率的运营管理。其二,内部管控能力。REITs 公司有较强的经营管控能力,规模靠前的 REITs 公司甚至为其他持有机构提供房屋资产管理服务,为租赁行业输出专业管理能力。

第三,提升了行业运营效率,促进规模与效率的平衡。REITs 的内部增长主要依托于专业化管理团队对市场时机与区域的准确判断、投资策略制定、专业化运营管理、获取租金增加、租客升级、物业装修翻新,以及出售再投资的溢价收益。外部增长则依托于并购、开发和扩张,以及寻求非租金收益。REITs 内外结合的逻辑提供了内部管理效率和外部扩张效率双提升的路径(如图 9-9)。

| 内部增长 | ➕ | 外部增长 | ＝ | 效率优化价值提升 |

- 租金率增长
- 可变成本控制
- 租客升级
- 物业翻新
- 出售和再投资

- 收购
- 开发和扩张
- 非租金收入来源

图 9-9　美国 REITs 效率提升的逻辑

资料来源:链家研究院整理。

公寓 REITs 通常采用"统一采购""统一营销""标准化物业"的方式,有效地降低可控成本。以 EQR 为例,通过对家具、家电统一采购,采用网络培训最大化员工价值,提升员工的专业服务水平和物业批量管理能力,使管理费率逐步下降。

在美国,公寓运营具有显著的规模效应(如表 9-1)。随着房屋管理数量增加,投入产出效率会不断上升。

表 9-1　美国公寓行业的规模效应

规　模	单位工资收益(美元)	单位工资净收益(美元)	单位员工管理房屋数量	员工工资占单位收益比值(%)	员工工资占单位净收入比值(%)
少于 100 单元	7.94	4.27	32.8	12.60	23.40
100～199 单元	8.32	4.74	37.8	12.00	21.70
200～299 单元	9.37	5.66	41.8	10.70	17.70
300～399 单元	9.8	6	45.9	10.20	16.70
400～499 单元	10.01	6.17	46.7	10	16.20
500 单元及以上	10.14	6.25	48.7	9.90	16

资料来源:美国公寓协会,链家研究院整理。

（二）美国公寓 REITs：内在的驱动力是什么

通过梳理美国住宅 REITs 的发展历程，不难发现，住宅 REITs 是多种社会因素的综合产物，成长和发展需要严苛的制度环境。REITs 虽产生于 20 世纪 60 年代，但真正的大发展始于 20 世纪 90 年代，背后的核心驱动力在于立法、税收改革和金融创新，后者的每一次变革都会引发 REITs 数量和市值的深刻变化。日本 REITs 则是以房地产泡沫破灭为背景，旨在帮助银行解决不良债权、开发商优化资产负债表及振兴房地产市场。

1.制度立法，催生新主体

"二战"后，美国经济腾飞，房地产市场繁荣，但 1958 年经济负增长，大量新建房屋无法消化。因此，1960 年美国国会制定房地产投资信托法案并修改相关税收内容，标志着美国房地产投资信托制度的建立，并诞生 REITs 公司这一新的实体。REITs 享有公司层面的税收减免，避免了公司与投资者的双重征税，但当时立法限制 REITs 公司必须为权益型、物业必须外部管理且公司损失不能抵减个人投资者所得税。REITs 以盘活存量资产、房地产投资收益惠及个人为目标而诞生，因此天然具有主体层面税收减免特性（如图 9-10）。

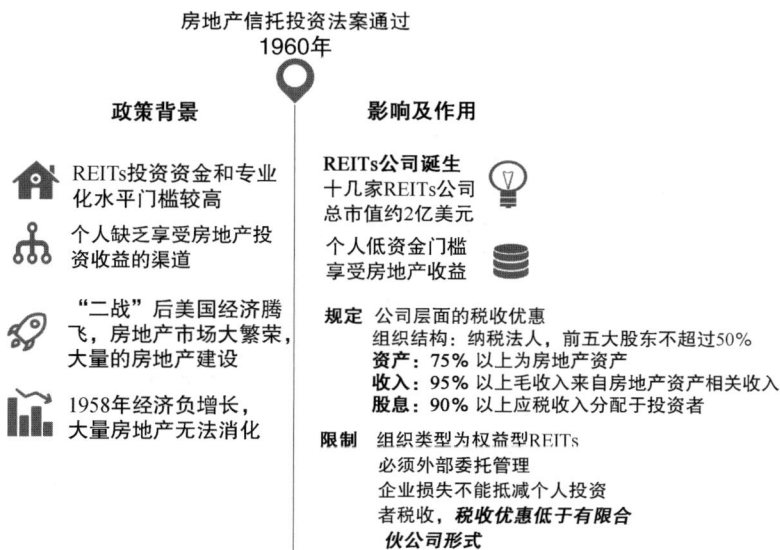

图 9-10　美国 REITs 诞生的背景和作用

资料来源：链家研究院整理。

2.税法改革，获取内部管理权力

外部管理盲目地追求规模和提高杠杆率，使得 REITs 长期表现不佳，而且 REITs 在亏损抵扣个人投资者所得的避税效果上远不如合伙型企业。1986 年的税收改革法案则大大削弱了合伙型企业账面亏损抵减利润避税的优势，增强了 REITs 企业与合伙型企业的竞争优势，并允许 REITs 公司进行内部管理，参与物业出租、管理、维修等核心业务（如图 9-11）。内部管理解决了外部管理委托代理问题下被托管方单纯追求规模数量增长、缺乏专业运营管理及投资策略的问题，改变了外部管理长期表现不佳的状况。

税收改革法案
1986年

政策背景	作用及意义

政策背景

1967年抵押型REITs出现
得益于利率管制与货币脱媒而
快速发展

外部管理表现不佳
高负债率,偿债压力大
高估开发回报,盲目开发

REITs出现谷底
资产规模1974年204亿美元
下降至1980年70亿美元

合伙企业避税优势
账面亏损抵扣投资者所得税
REITs却不能为投资者避税

限制内部管理

作用及意义

REITs获取内部管理权
专业化投资决策
解决委托代理问题
注重管理效率与改善住
房品质
降低杠杆率

削弱合伙企业避税优势
增强R EITs与合伙企业的竞
争优势

税收优惠力度加大

直线折旧、放开被动收入
的界定

REITs数量和规模增长

由1985年82只REITs、市值规模76亿
美元增长为1987年110只REITs、市
值规模97亿美元

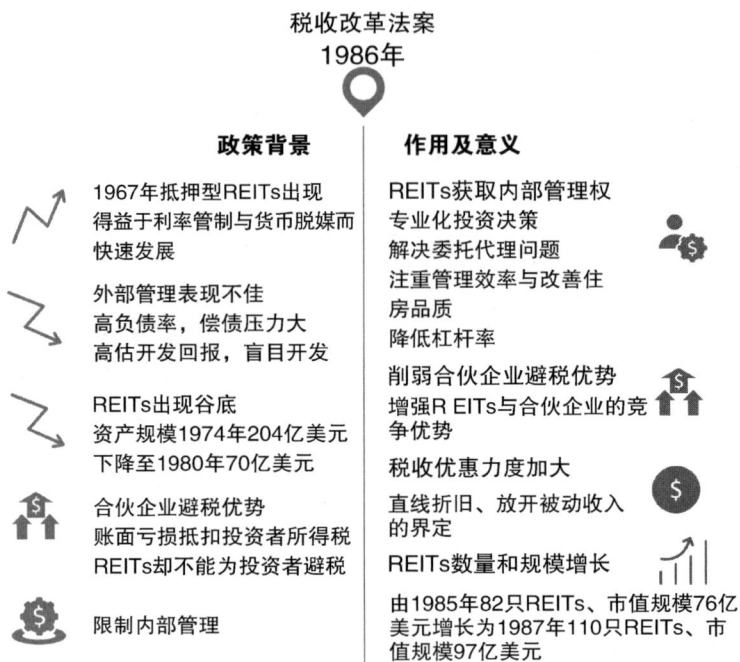

图 9-11 1986 年美国税收改革对 REITs 的影响

资料来源:链家研究院整理。

3.金融创新与政策鼓励,IPO 浪潮袭来

1992 年 Up-REITs 出现。区别于传统 REITs 直接持有并委托管理的模式,Up-REITs 可实现物业所有权换经营权的操作,即物业持有机构将物业所有权换取 REITs 的合伙型管理企业经营权(OP),从而将 OP 转换为相应的 REITs 份额,可以有效规避物业转让和收购的税收成本。Up-REITs 显著的避税效应促成 REITs 规模迅速扩张。随后 REITs 进一步创新,诞生了 Down-REITs,允许 REITs 拥有多个经营性合伙企业,使物业嫁接更具灵活性,极大地降低了收并购税收成本、提高了收并购效率。在此期间,物业持有者、房地产开发商纷纷转型采用 Up-REITs、Down-REITs 上市,REITs 数量快速增加,由 1991 年 119 只增长至 1993 年 189 只、1994 年的 226 只(如图 9-12)。

REITs的结构创新与放松养老金投资限制
1992—1993年

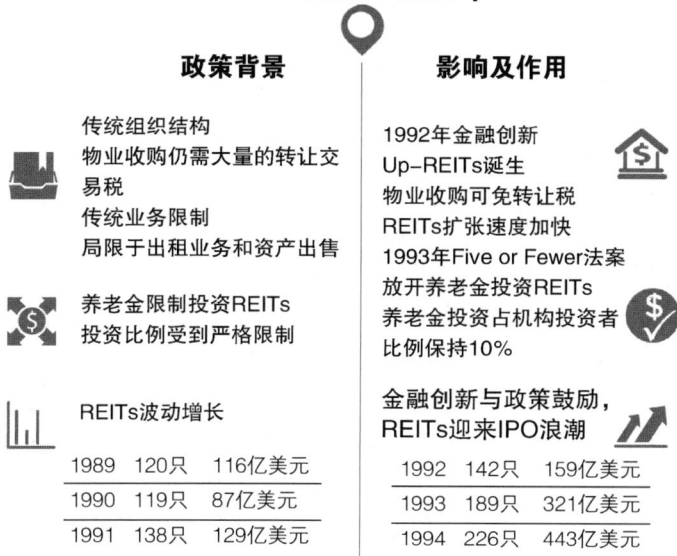

政策背景

传统组织结构
物业收购仍需大量的转让交易税
传统业务限制
局限于出租业务和资产出售

养老金限制投资REITs
投资比例受到严格限制

REITs波动增长

1989	120只	116亿美元
1990	119只	87亿美元
1991	138只	129亿美元

影响及作用

1992年金融创新
Up-REITs诞生
物业收购可免转让税
REITs扩张速度加快
1993年Five or Fewer法案
放开养老金投资REITs
养老金投资占机构投资者
比例保持10%

金融创新与政策鼓励，
REITs迎来IPO浪潮

1992	142只	159亿美元
1993	189只	321亿美元
1994	226只	443亿美元

图 9-12　1992—1993 年美国金融创新鼓励政策带来的变革

资料来源：链家研究院整理。

此前，养老金对 REITs 的投资比例受到严格限制。1993 年，美国 Five or Fewer 法案放开养老金投资 REITs 的限制，使得 REITs 机构投资者增加，上市募集资金来源更稳定、更庞大。显著表现是 1992 年养老金 REITs 权益投资 976 亿美元，1998 年迅速增长至 1 448 亿美元，此后养老基金一直都是 REITs 机构的重要投资者，占比近 10％。

1993—1994 年的 REITs IPO 浪潮体现了金融创新与政策鼓励的推动作用，上市 REITs 数量由 1992 年的 142 只增长至 1994 年的 226 只。

4.业务拓展，增加收入来源

1998 年商业地产泡沫破灭后，1999 年美国通过 RMA 法案，即 REITs 现代化法案，促进行业复苏，放开 REITs 仅限于出租和资产出售的业务限制，允许 REITs 公司 100％ 持有正常纳税子公司（TR），为承租人提供出租以外的服务。此后，REITs 公司扩展了出租与资产处置业务以外的业务，丰富了收入来源。

但次贷危机重创了美国 REITs，特别是住宅 REITs，导致 REITs 市值和投资回报率快速下滑。2007 年，政府通过 RIDEA 条款，放松了 REITs 资产与物业购买、出售的灵活性，使得 REITs 能够灵活依据公司策略处置资产。同时该法案给予海外投资税收优惠，拓宽 REITs 海外资金来源，美国 REITs 因此获得欧洲、亚洲多国养老金、对冲基金等机构投资者的青睐。RIDEA 条款加速了 REITs 复苏，2009 年起 REITs 市值开始反弹，在 2014 年突破 9 000 亿美元（如图 9-13）。

总体而言，政府立法、税收优惠和金融创新共同成就了美国 REITs 的繁荣。

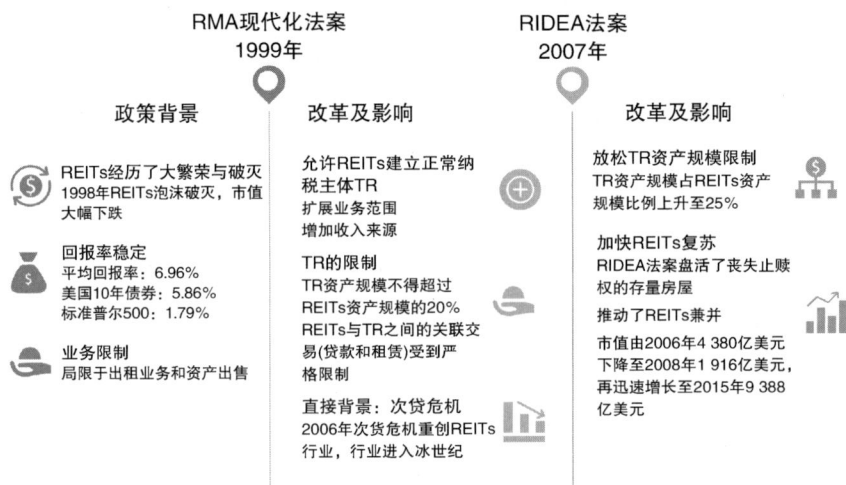

RMA现代化法案
1999年

RIDEA法案
2007年

政策背景

REITs经历了大繁荣与破灭
1998年REITs泡沫破灭，市值大幅下跌

回报率稳定
平均回报率：6.96%
美国10年债券：5.86%
标准普尔500：1.79%

业务限制
局限于出租业务和资产出售

改革及影响

允许REITs建立正常纳税主体TR
扩展业务范围
增加收入来源

TR的限制
TR资产规模不得超过REITs资产规模的20%
REITs与TR之间的关联交易(贷款和租赁)受到严格限制

直接背景：次贷危机
2006年次贷危机重创REITs行业，行业进入冰世纪

改革及影响

放松TR资产规模限制
TR资产规模占REITs资产规模比例上升至25%

加快REITs复苏
RIDEA法案盘活了丧失止赎权的存量房屋
推动了REITs兼并

市值由2006年4 380亿美元下降至2008年1 916亿美元，再迅速增长至2015年9 388亿美元

图 9-13　1999 年以来美国税收和立法改革带来的变化

资料来源：链家研究院整理。

日本住宅 REITs 产生于 20 世纪 90 年代房地产泡沫之后，旨在帮助银行灵活处理不良债权、房地产开发商拓宽融资渠道、振兴房地产市场。不同于美国 REITs 税收驱动 REITs，日本采用专项立法驱动 REITs。2000 年 5 月，日本将《证券投资法暨证券投资信托法》更正为《投资法人暨投资信托法》，并与之相配合，将《特定目的公司法》改为《资产流动化法》，正式确立了日本 REITs 制度。2001 年 REITs 上市系统在东京证券交易所搭建，2003 年 J-REITs 指数构建并发布。此后 J-REITs 进入快速发展通道，成为亚洲最成熟的 REITs 市场，截至 2016 年 11 月，市值规模约

1.16兆亿日元(7 038亿人民币),56只上市REITs。由此可见,J-REITs是振兴房地产行业内在需求与政府立法驱动的结果(如图9-14)。

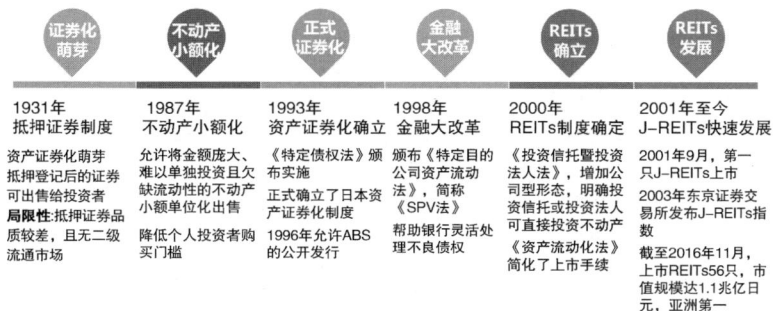

证券化萌芽	不动产小额化	正式证券化	金融大改革	REITs确立	REITs发展
1931年抵押证券制度	1987年不动产小额化	1993年资产证券化确立	1998年金融大改革	2000年REITs制度确定	2001年至今快速发展
资产证券化萌芽抵押登记后的证券可出售给投资者**局限性**:抵押证券品质较差,且无二级流通市场	允许将金额庞大、难以单独投资且欠缺流动性的不动产小额单位化出售降低个人投资者购买门槛	《特定债权法》颁布实施正式确立了日本资产证券化制度1996年允许ABS的公开发行	颁布《特定目的公司资产流动法》,简称《SPV法》帮助银行灵活处理不良债权	《投资信托暨投资法人法》,增加公司型形态,明确投资信托或投资法人可直接投资不动产《资产流动化法》简化了上市手续	2001年9月,第一只J-REITs上市2003年东京证券交易所发布J-REITs指数截至2016年11月,上市REITs56只,市值规模达1.1兆亿日元,亚洲第一

图9-14　日本资产证券化发展历程

资料来源:链家研究院整理。

(三)中国公寓 REITs:障碍与出路

纵观国内,住房租赁市场正在起航,万亿级市场亟待开发,但住宅REITs成长却缺乏核心要素。从外部限制看,底层法律制度缺失、金融市场不完善、投资运营团队缺乏、投资者对REITs认识不足等因素都制约着REITs的发展。而REITs发展最根本的阻力在于盈利能力。目前,中国核心城市的住房租金收益率不足3%,跟美国核心城市相比,差距甚大。

具体瓶颈包括:①针对REITs的专门立法和税收优惠政策仍未落实,持有机构面临着高额税收成本和持有机构、投资者双重征税的难题;②金融市场不完善,REITs一级市场上市机制和二级市场流通机制尚未建立;③REITs的投资管理具有高门槛特征,不仅需要对外部市场环境的精准判断和策略制定,还需要对内运营的有效掌控;④租赁市场需求旺盛的一、二线城市,房源供不应求,区域位置良好的优质住宅房源更是稀缺,机构持有需要避免与家庭购房需求形成直接的竞争关系;⑤投资者方面,国内投资者特别是个人投资者对REITs风险及收益机制不甚了解,仍需加强学习和培训。

总而言之,当前国内无风险利率定价接近2%,住宅REITs在扣除运营成本后,2%~3%的低租金回报率也使持有机构及投资者普遍缺乏热情(如图 9-15)。

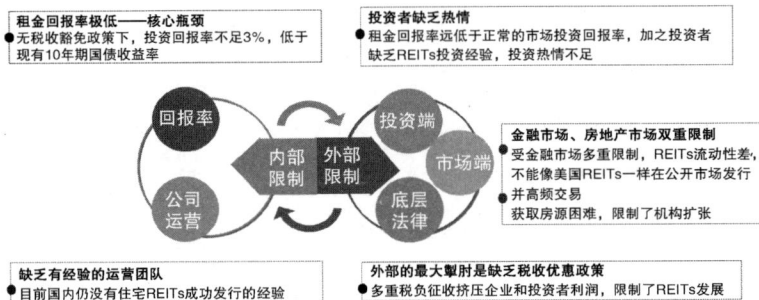

图 9-15　我国 REITs 的发展限制

资料来源:链家研究院整理。

考虑到目前我国发展住宅 REITs 的重重障碍,国外现有 REITs 模式短期内难以复制。权益型 REITs 要求良好的投资和运营能力,但鉴于我国现阶段获取物业渠道少、成本高和租金回报率不足的问题,公寓运营商通过自建或购置等市场化房源渠道均难以赚取稳定的高额回报。我国 REITs 企业未来可能的出路:一是借鉴 PPP 模式,将现有公租房嫁接至住宅 REITs。政府以公租房换取 REITs 份额,并交由专业运营管理机构日常管理,用以盘活公租房,扩大租赁房源供给,提高租房品质;二是加大厂房和商业物业改建为租赁物业的政策支持力度,通过住宅 REITs 对非住宅类房产进行改造,实现较高的租金回报率(如图 9-16)。

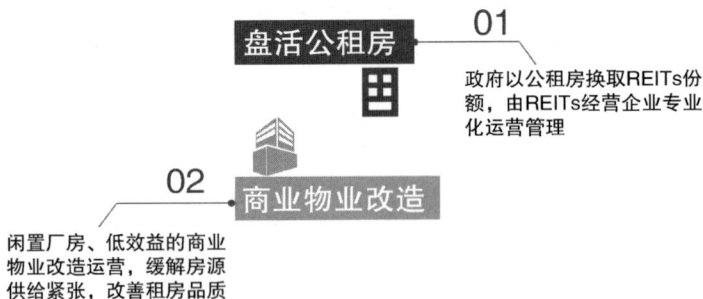

图 9-16　我国 REITs 的潜在出路

资料来源:链家研究院整理。

二、租赁场景金融

场景金融是指围绕租赁环节、服务于各参与主体资金或风险需求的金融产品。在美国,围绕租赁的场景金融包括面向租户的租户财产保险,面向业主及运营公司的租赁征信,面向业主的租赁保证保险,平滑租赁与交易的租赁期权。其中,租户保险行业较为成熟,市场规模较大,其他场景金融产品仍处于初步发展阶段。所以说,美国具有发达的场景金融体系,也构成本书主要介绍的内容。

(一)租户财产保险

租户保险作为美国住宅保险的一个分支,长期面临渗透率低、行业保费规模小、增长缓慢的局面。但随着近年美国租赁市场的发展、租户投保意识的提升,行业规模有所增长。相较于普通财产保险,租户保险行业具有集中度高、索赔频率低、索赔强度低、成本结构简单的特征。

1.租户财产保险

租户保险(renter insurance 或 tenant insurance)是一类为租户屋内个人财产损失风险提供保障的财产与责任综合保险,仅限于火宅、盗窃等特定因素,属于美国住户保险①的 HO-4 保单(如图 9-17)。因此,租户保险承保范围不涉及房屋自身损害的赔偿,也不含水灾、泥石流、地震等自然风险,租户人为故意破坏行为,政府抵押行为,战争(如图 9-18)。

---

① 美国保监会分类,住宅保险分为火灾保险、业主保险、公寓保险、租户保险,而业主保险、公寓保险及租户保险统称为住户保险(home owner insurance)。

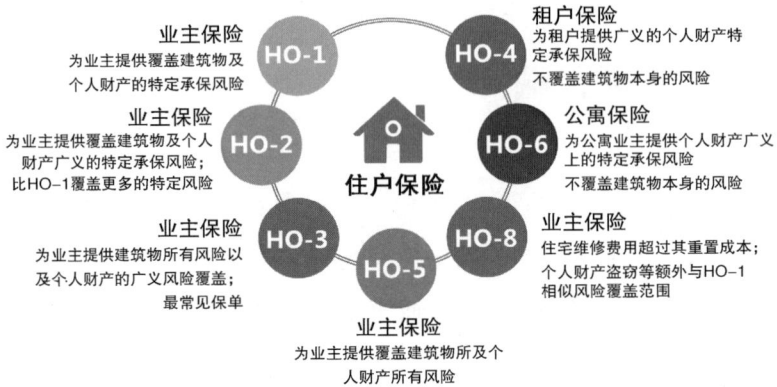

图 9-17　住户保险分类及内容

资料来源：链家研究院整理。

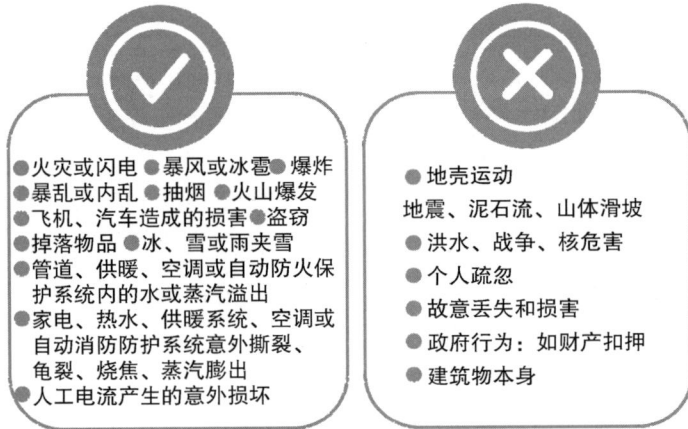

图 9-18　租户保险的保险范围

资料来源：链家研究院整理。

2.租户保险行业现状

（1）稳定增长的保费规模

租户保险是美国住户保险市场的组成部分，但保费占比不足 5％。影响保费规模的因素为保单规模与保险费用，而保单规模则由租赁市场规模和保险渗透率决定（如图 9-19）。

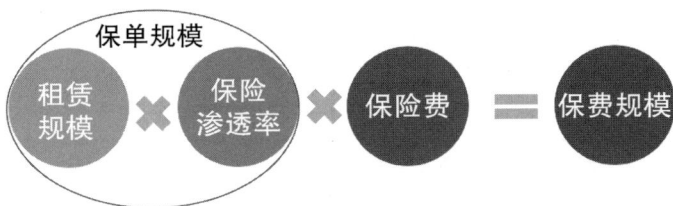

图 9-19　租户保险规模测算模型

资料来源:链家研究院整理

由于租户对个人财产价值认识偏低,租户保险渗透率长期较低。不过近年美国租户保险渗透率整体呈现上升趋势,由 2011 年的 29%增长至 2015 年的 40%,但相较于业主保险 95%的渗透率,租户保险渗透率仍然有上升空间(如图 9-20)。

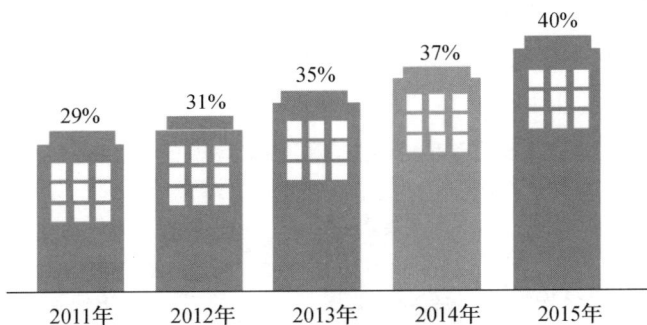

图 9-20　美国租户保险 2011—2015 年市场渗透率变化

资料来源:链家研究院整理。

相较于业主保费持续快速增长,租户保险保费相对稳定。2000 年至 2013 年,租户保费从每年 175 美元增长至 188 美元,14 年累计增长7.4%,而业主保险费用则实现 1 倍的增长,从 508 美元增长至 1 096 美元(如图 9-21)。

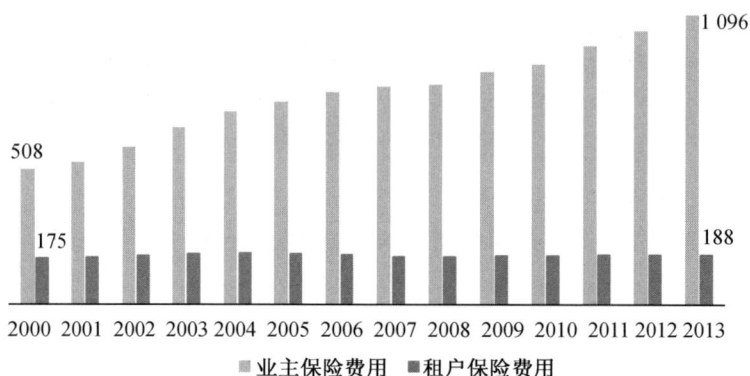

图 9-21　美国业主财产保险费用与租户保险费用(单位:美元)

资料来源:链家研究院整理。

因此,以 2015 年美国租赁市场 4 200 万套房屋租赁、40％租户渗透率及 188 美元/年的保费计算,租户保险保费规模约 32 亿美元。与此相对,以 7 000 万业主自住[①]、95％的渗透率及 1 096 美元/年的保费计算,业主保险保费规模达 728.84 亿美元,约是租户保险规模的 20 倍(如图 9-22)。

图 9-22　2015 年不同市场保费规模比较

资料来源:链家研究院整理。

回顾历史,2012 年住宅保险保费规模为 705.8 亿美元,而业主保险保费规模为 648.28 亿美元,占比 91.85％,租户保险仅 22.25 亿美元,占比 3.15％;2013 年住宅保险总规模为 751.48 亿美元,租户保险 23.36 亿美元,占比 3.1％(如图 9-23)。

---

① 扣除 167 万套移动房屋。

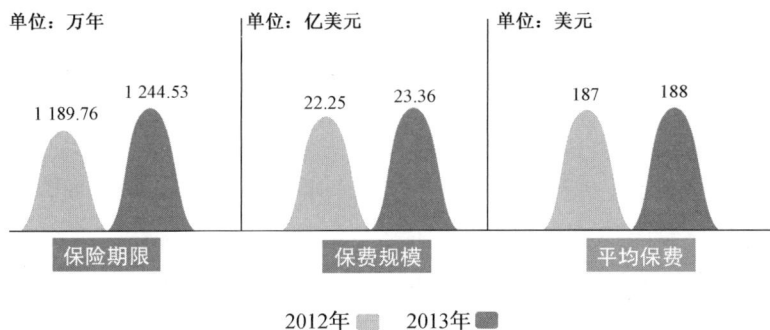

単位:万年　　単位:亿美元　　単位:美元

1 189.76　　1 244.53　　22.25　　23.36　　187　　188

保险期限　　保费规模　　平均保费

2012年　　2013年

图 9-23　租户保险 2012—2013 年市场比较

资料来源:美国保监会,链家研究院整理。

(2)小而集中的行业

保险行业是一个集中度较高的市场。在财产保险行业中,2015 年前十大保险公司市场份额为 46%,子行业住户保险前十大保险公司市场份额达 61.4%,集中度则更高。财产保险大型公司与住宅保险公司高度重合,如,住宅保险市场前十大保险公司中的 7 家同时也位列财产保险市场前十大公司(如图 9-24)。

通常,大型财产保险公司业务多元,存在显著的协同效应,租户保险一般可与汽车保险等其他财产保险打包销售。由此推测,租户保险细分市场集中度接近住宅保险市场集中度,前十大公司市场份额接近 60%。

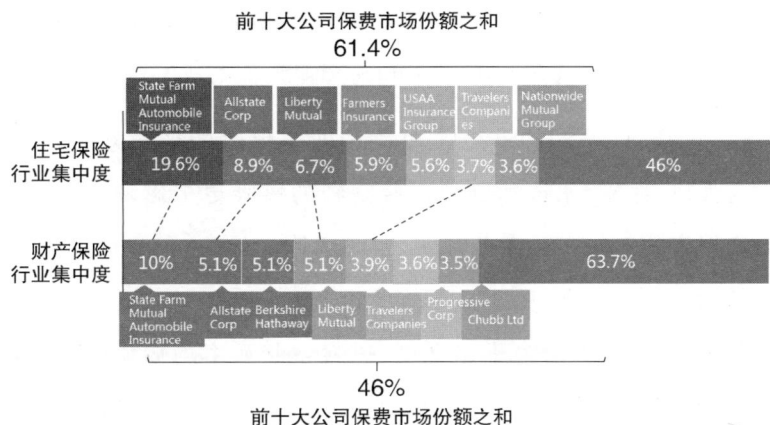

前十大公司保费市场份额之和
61.4%

	State Farm Mutual Automobile Insurance	Allstate Corp	Liberty Mutual	Farmers Insurance	USAA Insurance Group	Travelers Companies	Nationwide Mutual Group	
住宅保险行业集中度	19.6%	8.9%	6.7%	5.9%	5.6%	3.7%	3.6%	46%
财产保险行业集中度	10%	5.1%	5.1%	5.1%	3.9%	3.6%	3.5%	63.7%
	State Farm Mutual Automobile Insurance	Allstate Corp	Berkshire Hathaway	Liberty Mutual	Travelers Companies	Progressive Corp	Chubb Ltd	

46%
前十大公司保费市场份额之和

图 9-24　2015 年美国财产保险及住宅保险市场的集中度

资料来源:链家研究院整理。

（3）索赔强度与索赔频率双低的行业市场

由于租户市场作为住宅保险行业份额较小的子市场，无法拥有全面的数据。因此，我们假设可透过住宅保险大致窥探租户保险运营状况。

索赔强度方面，2010—2015 年美国业主保险平均索赔额度最大为火灾、闪电等导致的损失，其次为房屋主体结构及财产的损害（见图 9-25）。这意味着，索赔强度较大的风险多与房屋结构相关，而租户保险往往不涉及该部分的赔偿。所以说，租户保险索赔强度普遍较低。

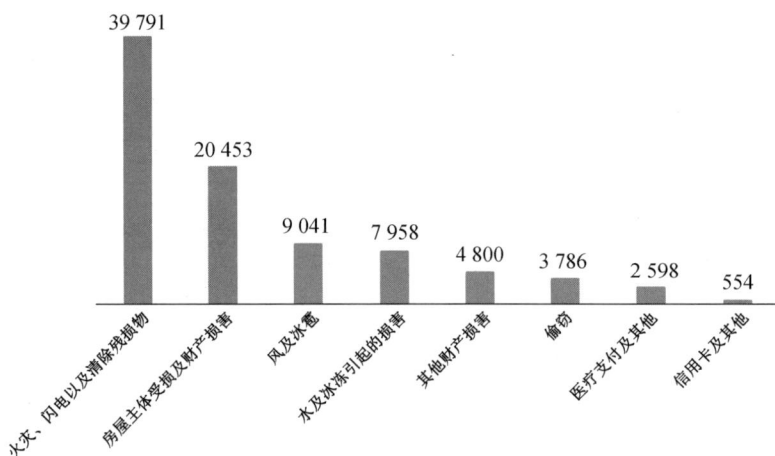

图 9-25　2010—2015 年美国业主保险索赔强度分类的平均赔付额度（单位：美元）

资料来源：Insurance Information Institute，链家研究院整理。

索赔频率方面，[①]2010—2015 年美国业主保险的平均索赔频率较高的依次为大风、冰雹、水或冰冻。这些高频的风险更多影响房屋结构，房屋内财产损害相对较少。由此判断，相对于业主保险，租户保险索赔频率仍然偏低（如图 9-26、图 9-27）。

由此可见，租户保险为索赔强度、风险索赔频率均偏低的市场，也就解释了租户保险费用长期处于低值水平的原因。

––––––––––––––––

①　索赔频率由 100 年房屋承保年限为基础计算得到，表示在特定年份，申请索赔的房屋比例。

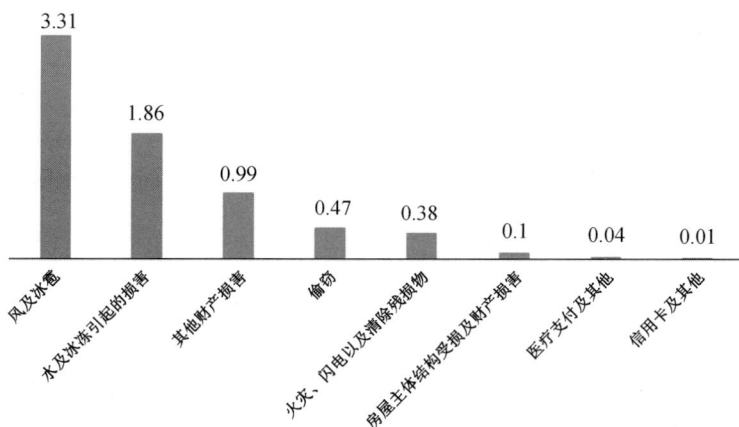

图 9-26　2010—2015 年租户保险索赔频率风险分类(单位:%)

资料来源:Insurance Information Institute,链家研究院整理。

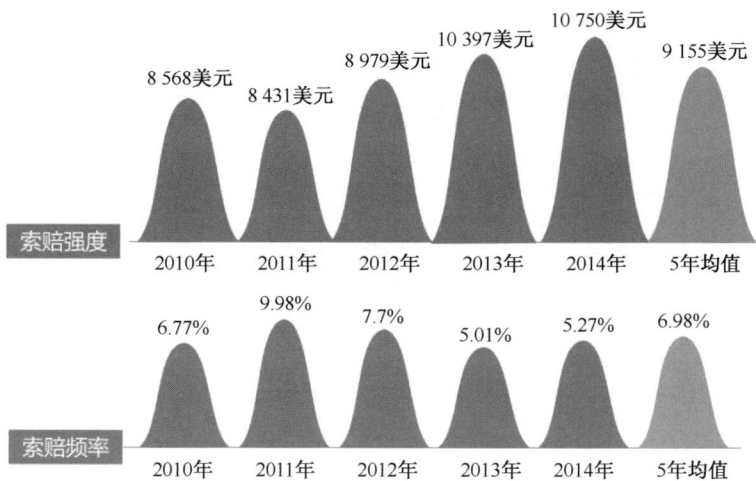

图 9-27　2010—2015 年财产保险及租户保险赔付率变化

资料来源:Insurance Information Institute,链家研究院整理

(二)其他场景金融产品

1.租赁征信

租赁征信,是在个人信用信息维度上增加租金支付历史,其价值在于

提高个人房东、托管公司和运营公司对缺乏信用记录租户筛选决策的有效性。

（1）租户征信的模型

美国三大征信局之一的 Experian，旗下 RentBureau 专注于租户支付历史数据的整合，通过接入物业管理软件自动化获取公寓运营商、托管公司租户租金及其公共事业支付历史。因此数据的局限性在于个人业主部分租户租金支付数据是难以获取的（如图 9-28）。

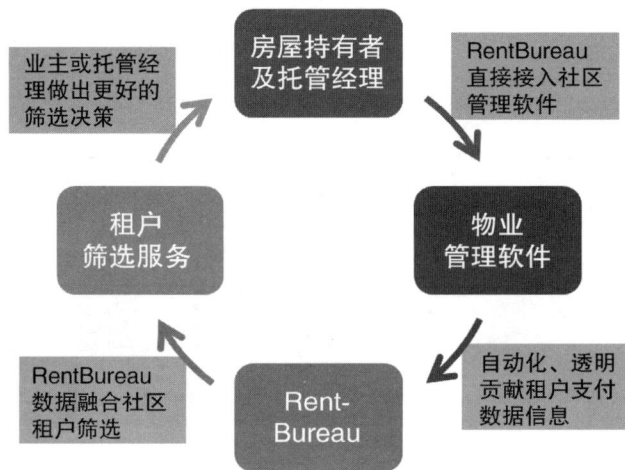

图 9-28　租赁征信模型

资料来源：Experian 官网，链家研究院整理。

（2）租户征信的价值

租户征信对于已有完整信用记录的租户，提高了信用信息的精细度和维度，而对于缺乏银行卡或贷款记录或信用存在瑕疵的个人，租户信用记录将有助于其建立或恢复信用记录。因此，RentBureau 租金支付记录主要为公租房低收入、信用记录不完整或有瑕疵的租户记录。美国近 2 万套政府补贴租房数据显示，租户征信提升了相关租户 11％ 的筛选通过率，英国则帮助公共住房租户电子身份审核通过率从 39％ 提升至 87％（如图 9-29）。

图 9-29　租户征信的价值

资料来源：链家研究院整理。

（3）发展趋势

租赁征信的核心价值在于提高租户特别是缺乏信用记录租户的筛选决策有效性，是对传统征信的补充。美国地区未来需拓宽数据来源渠道，覆盖个人房东的租户租金支付记录。对于征信刚起步的中国，租赁历史记录将对完善我国个人信用征信系统具有重要意义。第三方支付机构与品牌公寓的合作可视为我国租赁征信的发展趋势。

2.租赁保证保险

（1）租赁保证保险定义

租赁保证保险（rent guarantee insurance）是一项将房东未来可能承受的租户违约风险转移到第三方机构的保险。在租赁合同期间，当承租人发生违约时，第三方保险公司给予房东相应的补偿（如图 9-30）。现阶段市场上有适用于 6 或 12 个月租赁期限的两类保险，保费约 250 美元/年。

风险发生时，保险公司依据协议向投保人支付赔偿费用，通常包括租户应缴租金、诉讼费用、房间空置补偿及免费律师咨询业务等（如图 9-31）。

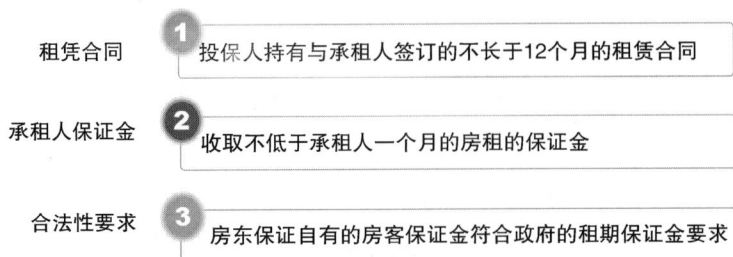

图 9-30　投保资格要求

资料来源:链家研究院整理。

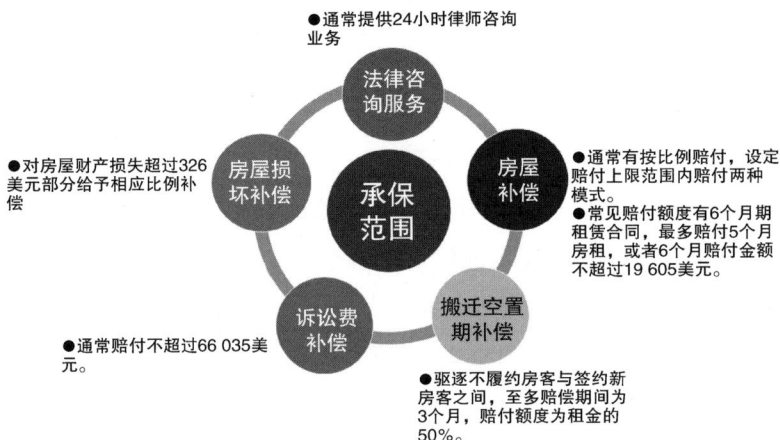

图 9-31　租赁保证保险承保范围

资料来源:链家研究院整理。

(2)发展背景

此前,市场提供的保险主要保护承租人的权益及财产损失,对承租人的违约风险并未进行合理的规避。美国平均每年有 220 万件房东与租户的纠纷,以 3 700 万套租赁房屋计算,约 6%的租赁房屋产生了纠纷,为租赁保证保险提供了成长的土壤。相较于英国租赁保证险 20 多年的发展历程,美国租赁市场则起源于 2011 年后英国租赁保险公司向美国的业务拓展。

(3)现阶段市场规模极小

美国房东在房屋租赁前期对房客进行严格的信用审查,信用筛选极大地降低了承租人违约风险,且美国社会极强的信用意识、灵活的租约周期、信用卡发达等因素,租户违约风险极小,导致租赁保证险在美国发展极为缓慢(如图9-32)。加之现实中,承租人往往是遭受风险损失的一方,有经验的房东极少选择保证保险。因此,现阶段,租赁保证保险渗透率极低,市场规模小。

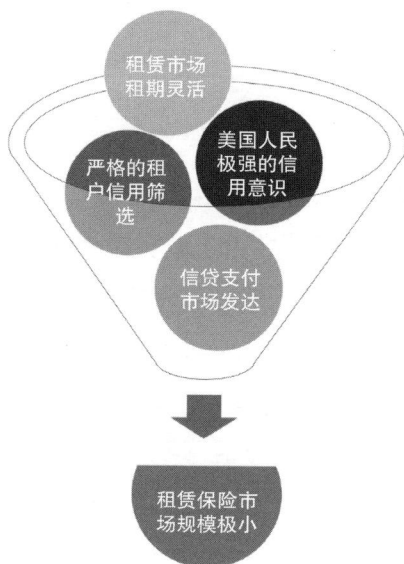

图 9-32 美国租赁保险市场发展的约束因素

资料来源:链家研究院整理。

3.租赁期权

美国租赁期权发展起源于20世纪60年代零售行业,在90年代得以快速发展并扩展至房产部门,为低收入或财务困境人群提供提前使用的权利。本书讨论的租赁期权以房屋租赁开始以房屋交易结束,具有销售及租赁的双重属性,平滑了租赁与购买行为转换间的摩擦。

(1)租赁期权及其结构

租赁期权(lease option 或者 own to rent)应用于潜在购房人员短期内资金不足或信用评分不高、贷款额度低或信用记录有污点无法获得贷款等场景。一般操作为潜在购房人员向业主支付期权费用和租金,获得在租赁期限结束时以既定价格购买房屋的选择权,租赁期限一般 1~3 年。在租赁期权的合同中,业主既是期权卖方也是房屋的卖方,潜在购房者则同为期权的买方与房屋的买方(承租方)。

租赁期权一般由期权费、期权期限、标的资产、行权价、租金、业主责任六个要素组成,均由业主与潜在购房者(租户)协商决定(如图9-33)。

图 9-33　租赁期权结构及六要素

资料来源:链家研究院整理。

①期权费与期权期限:期权费即未来购买权利的定价,一般为购买价的$1\%\sim5\%$,也可能是$1\sim2$个月租金,租户放弃行权时,期权费是不予退还的。期权期限则为该期权协议的存续时间,即签订生效至执行的时间。

②标的资产:业主的房屋为该合同的标的资产,买方行权时最终交割的资产。

③行权价:指房屋最后的购买价,签约时或租约结束时由业主与租户双方协商决定。

④租金:租金由两部分组成,一部分是市场合理租金,另一部分是超出市场租金的租金溢价。租金溢价,又可称为租金信用(rent credit),一般可抵扣未来行权时的购买价。如,3年租期,市场租金1 000美元,实际租金1 200美元,那么可抵扣购买的部分为$200\times36=7\,200$美元。

⑤业主责任:租赁期间,租户需承担大部分业主的责任,支付房屋的

维修费用、物业费、不动产税、财产保险。不过关于维护费用可与业主协商部分支付。

（2）租赁期权的优势与不足

租赁期权得以发展的重要原因在于，短期内不具备购房资金但具有购房意愿的人群，通过租赁期权只需租金与期权费即可获得房屋的使用权。

对于期权的买方（潜在购房者）而言，租赁期权能够提前锁定理想的房屋及其价格，短期内不需要支付大额的首付款，缓解资金压力。此外，作为长期租客，比较了解房屋属性，购房时贷款申请具有一定的优势，可获得 8 000 美元的税收豁免。

对于业主而言，房屋交易没有经纪人佣金费用及其他费用，租赁期间内具有高于市场租金的稳定现金流，且无须房屋维护、不动产税缴纳的后顾之忧，还可递延资本利得税，而且租户放弃行使购买权利时，期权费及溢价部分无须退还。

租赁期权对于业主而言，不足之处在于被期权严格约束，不同于期权买方（潜在购房者）具有行权或放弃的权利，业主只有被动接受的义务。因此，若协商的行权价格远低于市场价格，业主将失去获得房屋更多增值收益的机会（如图 9-34）。

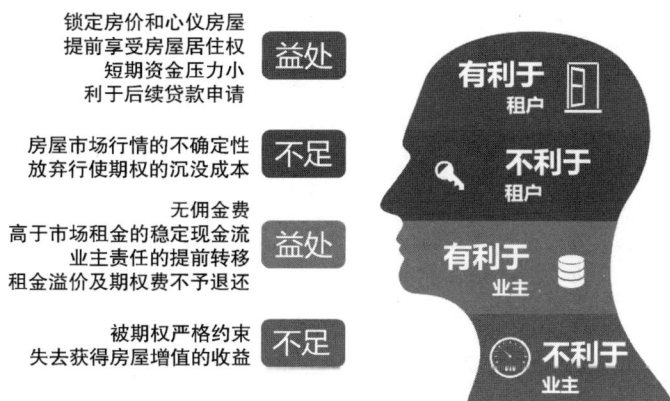

图 9-34　租赁期权优势与不足

资料来源：链家研究院整理。

第十章

租赁衍生服务行业

导读

• 租赁衍生服务行业覆盖范围广，渗透于租赁行业全链条。围绕租房的多个场景，潜在的服务点众多而分散，既包括房源端的装修、翻新、改造服务，也包括租后的管理、保洁、维修等服务；整合公寓与租客多种服务的综合性服务平台也逐渐成为趋势。

• 衍生服务的价值在于让租房场景更加完善、生态更加丰富。通常的经验是：在"竖着走"的行业，第三方服务必须依托于交易场景才具备价值；在"横着走"的行业，第三方服务则有可能独立成细分品类，成为生态体系的重要一环，从而呈现更大的价值，甚至有可能从中"跑出"大公司。

• 租赁衍生服务行业天然的线下服务属性决定了行业格局长期以来极其分散，参与主体多为区域性小型企业，鲜有大型跨区域服务企业。

• SaaS 软件平台可以为公寓方提供订制化服务获取收入，还可以依靠平台入口与数据，吸引装修、搬家、保洁、保姆、金融等长尾服务商进入，逐渐成为连接租赁衍生行业各细分公司的核心。

房屋租赁是一个多层次需求、多参与主体的市场。产业链中,以租客与公寓企业为服务对象的租赁衍生服务行业在提高租住品质、提高租赁运营效率中发挥了重要的作用。租赁衍生服务行业覆盖范围广,渗透租赁行业全链条,既包括房源端的装修、翻新、粉刷、改造服务,也包括租后管理、保洁、维修等服务,同时还包括为公寓企业优化决策、提高运营效率以及帮助租户了解租赁市场咨询的数据咨询服务。此外,互联网时代,连接公寓、社区、第三方生活服务公司与租客的综合性网络服务平台也逐渐成为趋势。

尽管衍生服务行业涵盖多个垂直化行业,但租赁衍生服务行业天然的线下服务属性决定了行业格局长期以来极其分散,参与主体多为区域性小型企业,鲜有大型跨区域服务企业。

衍生服务的价值在于让租房场景更加完善、生态更加丰富。通常的经验是:在"竖着走"的行业,第三方服务必须依托于交易场景才具备价值;在"横着走"的行业,第三方服务则有可能独立成细分品类,成为生态体系的重要一环,从而呈现更大的价值,甚至有可能从中"跑出"大公司。因而,典型"横着走"的美国租赁生态孵化出多个细分的租赁衍生服务行业,而其他国家租赁市场衍生行业品类相对较少,或由行业内主导企业内化衍生服务企业职能,或部分行业尚未发育成型。

通过对房屋租赁衍生行业公司的梳理,大致可以分为下面几类(如图10-1):

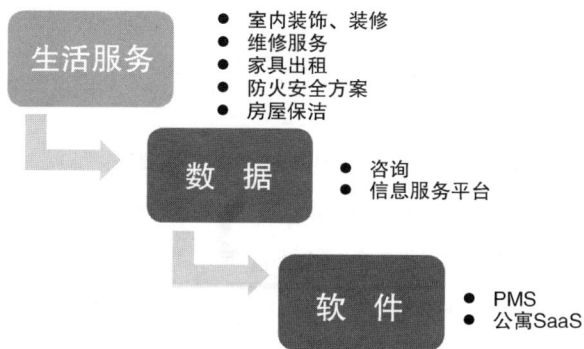

生活服务
- 室内装饰、装修
- 维修服务
- 家具出租
- 防火安全方案
- 房屋保洁

数据
- 咨询
- 信息服务平台

软件
- PMS
- 公寓SaaS

图 10-1　租赁衍生服务的行业构成

资料来源:链家研究院整理。

一、生活服务行业

围绕居住的生活服务行业虽不为租赁而生,但为提高租赁品质做出了重要贡献。通常来说,生活服务行业极强的线下属性使得行业极其分散,参与企业大多规模较小。但租赁生活服务行业总体市场规模可观,创业点多,涉及租赁活动全流程,服务点众多而分散,前期从房源端的装修、翻新、改造服务,再到租赁中搬家,租后的管理、维修、保洁等服务,有的企业还针对不同的租户需求提供了比如自助洗狗机等特色服务。

(一)室内装饰、装修

室内装饰、装修涉及房屋的每个角落,它的质量与风格在很大程度上影响了租客对房屋的印象,公寓商不仅需要在入住前对室内进行精致的设计、施工,还可能在入住后对房屋进行不断地修饰。

在家居生活中,物品的存放和取用,占据了生活内容的较大部分。储物空间在室内设计中因其琐碎而且在生活中密不示人的地位,常被笼统的家具储存所替代。随着人们住房条件的进一步改善,家庭中的储物空间也越来越受重视,对储存空间个性化要求也越来越高,由此衍生出储存空间设计与安装服务。

以 California Closets 为例,其作为北美最大的客户设计与安装储物间和服务提供商,起源于市场出现客户定制存储分类的需求,品牌主要专注提供房屋存储空间的解决方案,包括任何类型的住房和办公室或者车库等。如今还发展出了展厅业务和零售商业务。公司目前有 86 个分支机构,已经安装超过 5 万项工程。

地板在房屋装修中是非常重要的一部分,地板选用得当与否,关乎房子整体的格调和气质,除去美观等视觉因素,地板的品质好坏则关系着人们的生活质量，专业的地板装修公司可以为公寓商和租户很好地解决这一问题。

Floor Coverings International 提供了房屋的地板设计、选择和安装的整套服务方案。首先，公司会派出专家进行免费的家居设计咨询，客户的设计助理将在移动展厅内的数千个地板中精心选择地板系列，并测量客户的实际房屋空间，帮助客户选择完美的地板解决方案。然后根据方案审核与估算费用，如果客户同意该方案，接下来公司负责地板的运输并安装。

房屋基础装修以后，墙壁粉刷是很重要的一个环节。公寓企业会设计若干种室内风格供租户选择，有些有个性的租户还喜欢用各类彩色油漆粉饰，油漆粉刷的好坏直接影响房屋墙壁的美观度。对室内空间越来越高的要求使得房屋粉刷这项工作更专业化，由此给专注房屋粉刷的公司更大的市场空间。

CertaPro Painters 始于 1991 年创立的 FirstService Brands 高级管理品牌，如今已经成为北美最大的住房粉刷合作商，在北美遍布 345 个分支机构。公司核心市场在高档住宅和商业物业的装修，已经完成超过 8 万项工程。

(二)维修服务

通常，公寓企业只雇佣少数几个负责简单维修的工人，大型或专业的维修通常选择与专门的维修公司合作，因此维修服务在租赁衍生服务行业中较早产生，且服务频率较高。另外，美国很多人住独立房屋，小区日常管理交由 HOA(业主委员会)决定，缺乏专业物业管理公司进行维护及维修，因此在美国维修服务公司非常具有市场，连接租户与维修工人的平台也非常具有潜力。

TenantCloud 是一家面向租户、房东与维修服务商的美国云服务公司，它提供的服务可以使三方的需求很好地对接，租户可以在线支付租金，提交租赁申请，发送维修请求；房东可以接受在线付款，筛选申请人，自动开具发票;维修服务商每月花费一定金额美元不仅可以参与不限次数的维修项目竞标,还可以扩大知名度,拓展业务。

(三)家具出租

家具租赁公司通常为房地产开发商和销售经理人、公寓企业提供样板房和高档家具出租。在美国租房时,公寓商为每一种户型提供了样板间供租户参考,通过家具租赁,美化房屋,容易让人产生即刻拎包入住的强烈愿望。但目前中国公寓企业家具以规模化采购为主,家具租赁服务企业还未形成较大规模。

美国代表性的家具出租公司有 ARF,CORT,BFR,它们多为综合性家具服务商,服务的对象包括个人住宅、公寓、办公楼、大型活动等,这些家具租赁公司拥有专业的团队为客户提供订制化的方案,能够满足不同客户多样化的需求。

(四)防火安全方案

租赁公寓与一般的居住建筑不同,在同等面积上人员密度要大于一般的居住面积。居住的人员多,用火用电的火灾隐患大,人员的疏散比较困难,由此对公寓的防火设施提出了更高的要求,需要更专业的防火安全方案。

Century Fire Protection 是美国东南地区一家专业住宅防火安全公司,它设计、制造、安装和维护完整的消防系统,还为用户提供安全检查与防火培训。本地化的销售与维护使公司成为美国东南地区防火安全方案的领导者。

(五)房屋保洁

保洁服务频率最高,在公寓日常运营中占据非常重要的位置。保洁服务不仅可以为租户提供一个更舒适、更清洁的居住环境,还能够延长建筑物的使用寿命。保洁服务日益趋向于专业化与主动性,对保洁服务的要求也越来越高,因此专业保洁团队受到各个公寓企业与租户的青睐。

College Pro Window Cleaning 是一家由学生参与的住宅玻璃清洁服务的美国企业,1971 年由学生创立,目的是给学生提供一个偿还助学贷款的途径,并且能够在毕业前拥有职业经验。公司每年大约为 25 000 套房间提供服务,拥有分支机构 566 家,由于主要雇员为学生,所以公司服务属于季节性外包。

二、数据与咨询

个人租户、房产经纪商、房产主等群体对租赁数据有着强烈的需求,房屋租赁咨询服务商与专业类信息平台为客户提供的市场咨询服务包括顾客对商业房地产资料库的线上存取、关于比价的销售资讯、租约资讯、房客资讯、物产待售数据集成和行业新闻等。

美国 CoStar 集团公司创立于 1987 年,总部位于华盛顿,是美国行业第一的商业不动产产业咨询服务商,主要在美国、加拿大、英国、法国、西班牙提供房地产市场咨询服务。CoStar 为经纪商、房产主、房产开发企业和其他商业地产专业人士提供的服务涵盖所有的商业物业类型,包括办公、工业、零售、土地混合使用、酒店和多户住宅等,目前市值 66 亿美元。

三、软件服务平台

公寓租赁业务涉及一系列步骤,从房源收集及评估到签订租借合同,从对房源进行重新设计及装修到线上线下的营销与推广,再到公寓日常的物业服务、租客管理等全流程,步骤烦琐,工作量巨大。为解决上述问题,一些大型公寓品牌组织人员开发定制了 PMS(客房管理系统),而目前更多的公寓企业选择公寓租赁业务管理 SaaS 系统。目前美国的公寓租赁业务管理 SaaS 系统已经非常成熟,完善的 SaaS 系统帮助公寓管理公司逐步规范化管理、精细化运营、平台化销售,已经逐步成为公寓运营的标配。

根据美国人口普查局调查数据,2013 年美国共有 4 400 万个租赁单元,租赁住房市场的总体规模每年超过 4 350 亿美元。若依据每一套独栋住宅每单元年收费 140 美元,一个传统公寓住宅每单元一年能够产生 370 美元,学生和高级公寓市场每单元年收费 690 美元,保障性住房每套年收费 160 美元,则估计软件管理市场规模大概为 98 亿美元,属于服务衍生行业的翘楚,但行业格局仍然是极度分散。此外,据相关研究,租赁房管理软件 2017—2020 年复合增长率为 6.77%。

RealPage 是一家专注于美国租赁市场独户或多户租赁业务和物业管理的定制化软件公司,帮助托管公司或运营公司实现营销、租金定价、租户筛选、租赁、核算、采购等业务流程管理。公司于 2010 年上市,目前市值 26 亿美元。

Entrata 公司是一家公寓服务软件商,不仅服务于物业,提供更便捷的管理方案与推广营销,还服务于社区住户的信息交流,例如报修、包裹通知、社区活动等。目前,这种社区服务平台在美国公寓社区中非常普及(如图 10-2)。

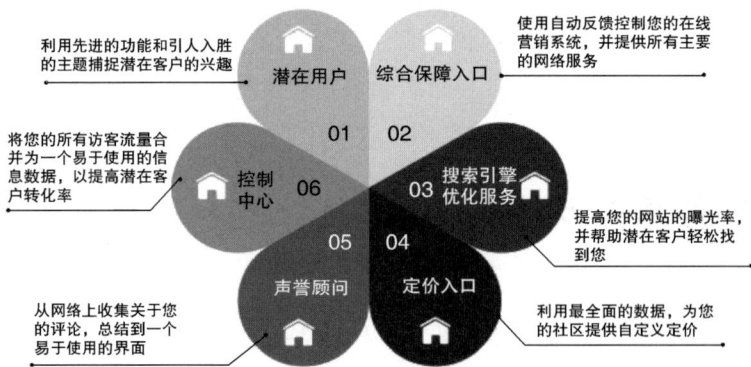

图 10-2 Entrata 针对企业的市场推广方案

资料来源:链家研究院整理。

通过 SaaS 平台，公寓可实现品牌营销、房源录入、房间展示、租户查询与统计、员工管理等，目前部分平台已经与交易端打通，公寓还可以利用平台数据调整出租价格、组织促销活动，并根据用户偏好优化出租公寓产品，为不同需求的用户推出细分的品牌公寓；租客可以在平台根据地段、价格、品牌风格等条件搜索房源，还可以在线支付租金，发送租赁申请，提交维修请求；更多业主通过公开化、市场化的平台会更安心地把房源交由管理规范、有较高知名度的公寓公司管理。

SaaS 平台公司可以为公寓方提供订制化服务获取收入，还可以依靠平台入口与数据，吸引装修、搬家、保洁、保姆、金融等长尾服务商进入。SaaS 服务平台逐渐成为连接租赁衍生行业各细分公司的核心。

第十一章

从起步到起飞的青年公寓

导读

• 我国的长租公寓兴起于 2010 年前后,行业经过六七年的发展,大量资本涌入之后进入沉淀期。投资者及公寓企业开始对行业现有运营模式下投入高、回收期长、利润率低等问题进行思考,各公寓企业专注于夯实运营基础、提高管理效率,以求在行业竞争中获胜。

• 长租公寓能够发展的根本原因在于现有的租赁市场不能满足消费升级大背景下"80 后""90 后"对于租赁房屋品质的需求。同时,房地产存量时代的到来,房地产市场的主赛道由创造增量转变为盘活存量,资产管理和运营能力越发重要。公寓行业的发展成为大势所趋。互联网的应用使得整个租赁的过程变得更便捷,助推了长租公寓行业的发展。

• 行业在发展的过程中,随着不同背景竞争者的加入,运营模式由最初的包租模式衍生出加盟、地产基金、产业基金合作等模式。行业围绕着对"内"提升企业的运营能力和运营管理效率,对"外"进行品牌和运营能力的输出,丰富收入来源,最后借助金融实现产业链的延伸。

• 租赁市场是目前唯一具有政策红利的市场,未来关于长租公寓行业的法律基础会日趋完善,优惠政策有望出台。除了寄托于政策的红利,长租公寓行业想要改变微利的现状可以借鉴美日经验,从"重"走向持有运营,从"轻"走向托管。

一、发展历程及动因

从 2010 年开始,公寓市场上开始出现多家面向大众定位的长租公寓经营者,此后几年的时间里,长租公寓快速发展。截至 2016 年底,我国公寓行业规模较大的企业超 1 000 家,公寓运营房屋数量约 200 万间,租金总规模 1 万亿元,长租公寓的年租金规模约 410 亿元。

(一)发展历程

1.萌芽期:2010—2012 年

国内早就出现以服务高端市场为主的品牌公寓企业,如雅诗阁、辉盛、优帕克等。但直到 2010 年,市场上才开始出现面向青年人群的中端或中低端定位的服务式长租公寓,典型代表为魔方公寓。

在 2010—2012 年间,多家长租公寓品牌出现,包括集中式公寓的未来域、You+,分散式公寓领域的自如、青客、优客逸家等。从时间轴上来讲,它们是服务式青年长租公寓领域的先导者,相比后来的企业,它们以更敏锐的嗅觉发现了这个领域的机会并落地启动业务。

2.起步期:2013—2014 年

由于租赁市场广阔的发展空间,长租公寓市场被看好,这一阶段的表现为,长租公寓开始得到资本市场的关注。

2013 年起,服务式青年长租公寓开始得到资本市场的关注。2013 年初,优客逸家获得了源度创投 300 万元天使轮投资,9 月又获得了君联资本 400 万美元 A 轮投资,青客也相继获得纽信创投 400 多万元天使轮和达晨 4 000万元 A 轮投资,此外还有新派公寓获得赛富 1.6 亿元总投资(含购买物业),魔方获得华平 3 000 万美元投资。

在资本市场的关注、互联网+、租赁需求升级等多个因素共同的推动下,2014 年更多青年长租公寓品牌涌现。该时期崛起的长租公寓按背景大致分为三类:其一是与资本市场有着天然联系的蘑菇公寓、寓见;其二是具有互联网基因的小螺趣租、可遇;其三是依托酒店资源而生的城家、铂涛。不同领域的创业者凭借不同的优势,开始进入长租公寓领域(如表11-1)。

表 11-1　2013—2014 年成立的长租公寓品牌(部分)

品　牌	成立时间	成立城市
蘑菇公寓	2014 年	上海
寓见	2014 年 3 月	上海
城家公寓	2014 年	上海
窝趣公寓	2014 年 11 月	广州
漫果公寓	2014 年 3 月	杭州
蜗居	2014 年	杭州
小螺趣租	2014 年 11 月	深圳
可遇	2014 年 6 月	武汉
贝客	2013 年 11 月	南京
函数公寓	2013 年 12 月	北京
Warm＋公寓	2014 年 12 月	深圳
微家公寓	2014 年 9 月	深圳
水滴公寓	2014 年 5 月	上海

数据来源:链家研究院整理。

2014 年长租公寓领域的投资也格外火热(如表 11-2)。

表 11-2　2014 年部分公寓融资情况

公寓品牌	融资金额	投资方
蘑菇公寓	3 000 万美元	IDG 资本、平安创投
	2 500 万美元	海通开元、IDG 资本、平安创投
分散式 寓见	数百万人民币	险峰、华兴等
	数百万美元	顺为资本、联创策源
优客逸家	2 200 万美元	经纬创投
集中式 未来域	数千万人民币	中君泰
协纵公寓	数千万人民币	同信证券
青年汇	数千万人民币	—
YOU＋	近亿元人民币	顺为资本、联创策源

数据来源:链家研究院。

3.起跑期:2015—2016 年

2014 年底,雷军旗下的顺为投资为 YOU＋青年社区进行融资,在名人效应下,引起了社会的广泛关注,也让长租公寓处于风口浪尖。2015 年以来,长租公寓市场有较为明显的扩张,品牌公寓也加速布局,比拼规模,竞争有所加剧。

一方面,房地产开发商介入公寓。动作最多、介入最深的当属万科,万科云城米公寓、万科驿、泊寓纷纷落地(如表 11-3)。而旭辉、绿城、保利、龙湖等开发商也展示出了对公寓的极大兴趣,相继推出公寓项目。同时,房地产中介类机构参与到公寓行业。除了爱上租正式起航外,还包括武汉世纪宏图启动芒果公寓,大型中介机构我爱我家也在 2015 年 7 月发布相寓品牌,将 25 万间原房屋托管房源参与公寓业务。上市公司世联行,在 2015 年投资晟曜行公寓后,在 2016 年正式发布公告,将募集资金转投长租公寓。

表 11-3 布局长租公寓的房地产开发商不完全统计

企业名称	公寓名称	创办时间
万科地产	泊寓	2014 年
招商蛇口	壹栈、壹间、壹棠	2013—2016 年
保利地产	UOKO 公寓	2015 年
绿城服务	绿城优客	2015 年
金地集团	自在遇	2016 年
龙湖地产	冠寓	2016 年
旭辉集团	领寓、旭派公寓	2016 年

资料来源:链家研究院整理。

另一方面,更多的资本参与进来,并且投资行为出现新的变化。第一,在投资额度上,领先企业开始获得较大规模的新一轮融资,集中式规模最大的魔方公寓相继获得 2 亿美元与 3 亿美元的投资。第二,在股权融资方式上,除了传统的天使、VC、PE 融资外,股权众筹融资方式也开始采用。2015 年 5 月水滴公寓完成近 3 000 万元的众筹,并通过中证众筹平台走正规流程。第三,投资主体发生变化。风险投资逐渐退出,而产业资本开始大规模投资,并且投资规模较大,占据主导地位。公寓运营商正在由重变轻,通过自身运营能力获取与低成本资金合作的机会。2015—2016 年长租公寓企业的融资不完全统计如表 11-4 所示。

表 11-4 2015—2016 年长租公寓企业的融资不完全统计

长租公寓企业	融资详情
优客逸家	2016 年获得数千万元投资,投资方是华瑞银行
爱上租	2016 年获得 1.01 亿元 A 轮投资,投资方为巨鲸资本
青客	2015 年获得 1.8 亿元 B 轮投资,投资方是赛富基金、纽信创投
寓见公寓	2015 年获得 B 轮投资,投资方为联创策源
YOU+	2015 年获得 3 000 万元 B 轮投资,投资方为时代地产、联创永宣

续表

长租公寓企业	融资详情
魔方公寓	2015 年获得 2 亿美元 B 轮投资,投资方是美国华平集团 2016 年获得 3 亿美元 C 轮投资,投资方是中航信托、华平集团
蘑菇公寓	2015 年获得 3 000 万美元 B＋轮投资,投资方是 KTB 投资、IDG 资本、平安创投、海通开元
新派公寓	2016 年获得数千万元 B 轮投资,投资方是华住酒店集团
安心公寓	2015 年获得 7 000 万元 A＋轮投资,投资方是中城投资、嘉御基金
函数公寓	2015 年 1 月获得数百万元天使轮投资,投资方是泰有投资 2015 年 8 月获得 950 万元 Pre-A 轮投资,投资方是和君资本、泰有投资
Color 公寓	2015 年 3 月获得数百万元天使轮投资,投资方是正轩投资 2015 年 12 月获得 1 600 万元 A 轮投资,投资方是深圳力合创投、星汉资本
Warm＋公寓	2015 年 5 月获得数百万元天使轮投资,投资方是微光创投 2015 年 9 月获得数千万元 Pre-A 轮投资,投资方是东方富海
包租婆	2016 年获得 2 000 万元 Pre-A 轮投资
蛋壳公寓	2015 年 1 月获得数百万元天使轮投资 2015 年 5 月获得数千万元 A 轮投资
可遇公寓	2015 年获得 1 000 万元天使轮投资,投资方是顺为基金、光谷创业咖啡
UCNEST 优辰公寓	2015 年获得 620 万元天使轮投资,投资方是险峰华兴、光源资本、戈壁投资
摩码公寓	2016 年获得 500 万元天使轮投资
贝客公寓	2015 年获得 2 000 万元 Pre-A 轮投资
水滴公寓	2015 年获得 5 000 万元 A 轮投资

资料来源:链家研究院整理。

4.沉淀期:2017 年开始

2017 年中国公寓行业资产证券化迈出了重要一步,"魔方公寓信托受益权资产支持专项计划"设立,募集资金金额为 3.5 亿元,这是中国首单公寓行业资产证券化产品。从公寓融资上来看,2017 年开年也有少量公寓进行融资,比如扎根郑州的魔飞公寓获得建业东英千万级别投资,但是相较于 2015 年资本的大量进入,2016 年之后投资机构开始变得谨慎,主要对已成规模的公寓进行 B 轮及后期阶段投资,新成立的品牌公寓数量下降明显。融资数量的明显下降也反映出公寓行业已经过了激流勇进的阶段,行业门槛在不断提高。从这一点来看,对于各个公寓企业来说,2017 年开始可能是扎实做好运营、提升服务水平的沉淀时期,练好内功为今后的稳步扩张做足准备。

(二)发展动因

我国长租公寓市场近几年来蓬勃发展,它的兴起是多因素共同促进的结果,也是在消费水平不断升级过程中出现的必然趋势。

1.传统租赁市场乱象丛生,缺乏有品质的租住产品

传统租赁市场中,租房体验极差。首先,在以居间和租赁代理为主的业务模式下,存在信息不透明、服务水平低下等行业不规范的问题。其次,租赁房屋的品质差,家具家电设施陈旧。房东,或者是代理公司并不提供服务和管理,往往还会出现群租的情况,存在很多安全隐患。总体而言,传统租赁市场中行业的参与者按照以往的经营模式提供服务,没有动力也并无意图改变,整个租赁市场缺少一种有品质、有安全保障、价格又被大众接受的租房产品。

2.消费需求的升级

随着新一代年轻群体毕业工作,进入租房状态,也带来了新的居住需求。越来越多的“90 后”成为租房的主力客群,他们对于住房的偏好和要求,以及消费观,都明显不同于“70 后”和“80 后”,更加追求良好的生活品质,并愿意为此而买单。

消费群体的迭代,使租赁需求已经不能由传统的租房市场满足。

3.存量时代的到来

我国房地产市场在持续了 10 余年的繁荣后,由黄金时代走向白银时代。一线城市和部分二线城市,已经过渡到了以二手房市场为主的存量

时代,未来更多的城市也将迈入其中。

这种变化下,房地产市场由创造增量、开发主导,转变为盘活存量,以存量房的流通和运营为主。对于公寓运营企业来讲,面临的是无限量的潜在供给规模的增长。对于持有物业的开发商来说,未来销售性的收入占比将有所下降,产生出资产管理的强烈需求。对于公寓经营者来说,经营公寓是顺应大趋势,面临巨大的机会。公寓市场的蓝海吸引了越来越多的参与者。

4.互联网的助推

我国公寓行业起步较晚,但由于移动互联网浪潮的出现,促使长租公寓市场的规模出现快速的增长,整个行业的发展速度也远远超过以前的美国、日本等市场成熟的国家。

一是互联网带来的消费行为的改变,网上找房的租客越来越多。借助互联网上房源的发布,以及渠道的筛选,公寓经营者也可以相对精准和便捷地获取到客户,同时降低获客成本,提高效率。

二是通过互联网,让网上看房、约定、签约、交租金都成为可能,流程上方便快捷。同时借助于平台的使用,能够提升管理效率,扩大管理半径。

二、行业运营现状

(一)规模及城市分布

1.百亿规模的市场

截至 2016 年底,我国公寓行业规模较大的企业超 1 000 家,公寓运营房屋数量约 200 万间,租赁市场年租金规模约 1 万亿元,但长租公寓的年租金规模约 410 亿元(如图 11-1),品牌公寓的市场渗透率约 4%,相较于美国 30%、日本 83%的机构化渗透率,我国目前专业租赁运营机构化渗透率较低,未来仍有上升空间。

我国前十大公寓企业持有房屋数量约 52 万间,在全国租赁房屋中占比约0.5%,而美国占比为7%,日本是31%左右,对比国际水平,我国大型公寓管理企业仍有市场空间。

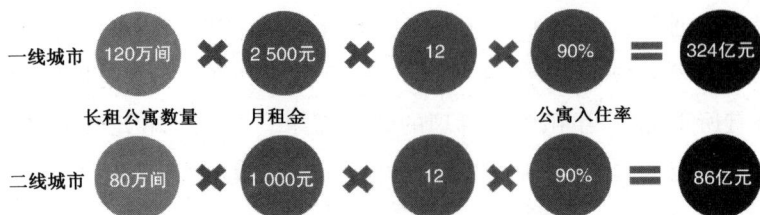

图11-1 一二线城市长租公寓租金规模

资料来源:链家研究院整理。

2.一线城市为主战场

由于租赁需求集中,市场空间大,品牌公寓的成立及拓展区域均集中在一线和热门的二线城市。其中一线城市公寓数量占比约60%,约120万间,租金规模约324亿元。二线及其他城市以杭州、南京、苏州及西安为代表,公寓数量占比约40%,运营公寓数量约80万间,年租金规模约86亿元(如图11-2)。

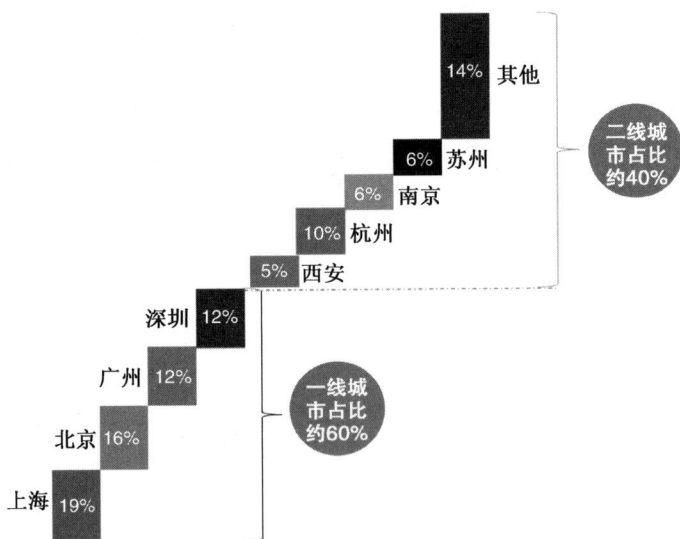

图11-2 一、二线城市长租公寓公司分布

资料来源:链家研究院整理。

2015 年以后,公寓行业衍生出信息平台及管理系统企业,为公寓企业提供互联网支持。不同经营模式下的行业参与者在区域分布上整体呈现沿一、二线城市布局的一致性特征(如图 11-3)。

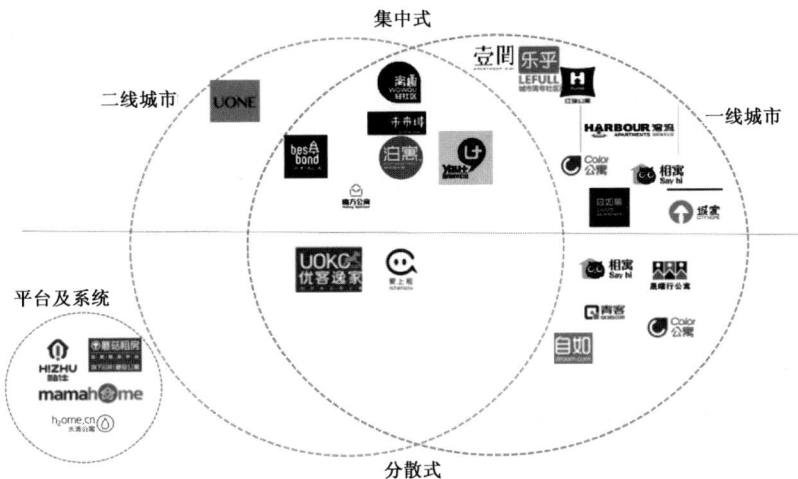

图 11-3　不同业态公寓企业区域分布

资料来源:链家研究院整理。

(二)经营模式

依照物业集中程度,公寓主要包括集中式和分散式两种业态。集中式公寓房源通常集中于同一物业,其通常由商业物业及厂房改建后用于运营,管理效率更高。而分散式公寓房源较为分散,物业通常来源于分散于各小区的业主。两者在运营模式上差异化明显,分散式公寓运营商或者集中式公寓运营商向另一领域渗透不可避免地存在一定障碍。

因此,尽管不同物业形态存在差异,但经营模式具有一致性。我国公寓行业经过 7 年的发展,形成了以包租为主,托管、加盟及持有等多种经营模式并存的局面(如图 11-4、图 11-5)。

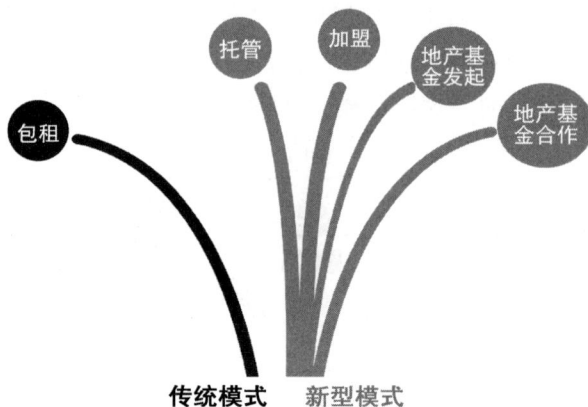

图 11-4　公寓经营模式

资料来源：链家研究院整理。

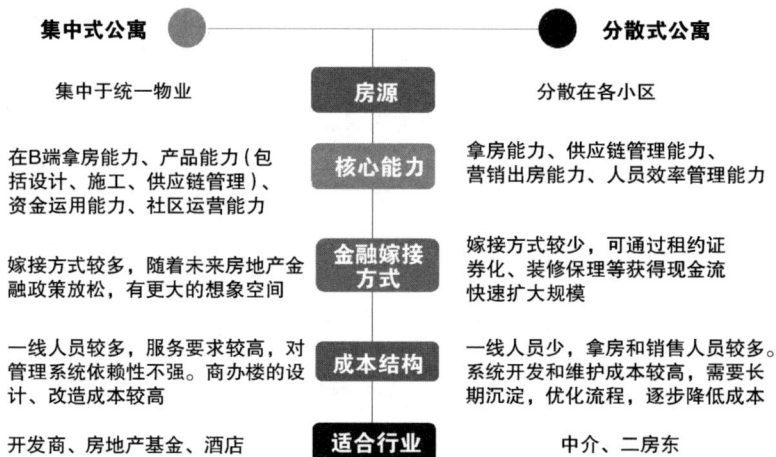

图 11-5　集中式公寓与分散式公寓区别

资料来源：链家研究院整理。

1.传统包租模式

包租模式是指以租赁方式获取物业，对物业进行配置出租，并为租户提供相应的租后服务的公寓运营模式。传统包租模式下，物业从获取到投入运营主要经历：收房、配置、招租及租后管理四个环节（如图 11-6）。

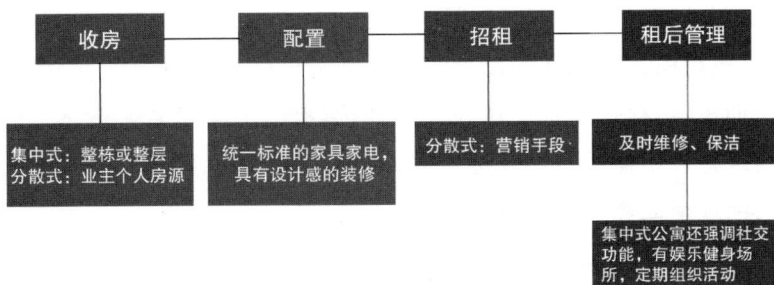

图 11-6 包租模式下的核心业务模式

资料来源：链家研究院整理。

受制于前期资金投入的压力及我国房地产金融体系的不完善，包租模式是市场的主流模式。目前该领域的参与者以中介公司、二房东转型及创业公司居多。

传统包租模式下，我国公寓产品同质化严重，装修风格定位及公寓理念大同小异。该模式的难点在于物业获取、招租及租后服务管理。

物业位置选取受地理、交通、产业园及环境等多重因素影响，优质物业是保证后续招租及运营管理顺畅的基础因素，招租及租后管理能力是保证公寓稳定现金流的决定因素。传统模式下的集中式公寓在租后服务环节对能力要求不高，突破点在于物业获取及招租环节，优质物业的天然稀缺性决定该模式下集中式物业不可能无节制地快速扩张。而分散式公寓对其物业获取能力提出较高的要求，也是分散式公寓的竞争壁垒所在，以自如、爱上租、红璞及相寓为代表的中介公司依托于其与业主及租户间的先天优势。此外，中介公司有着较强的密集型产业人效管理及房产领域销售能力，迅速成长为行业的翘楚。

传统包租模式下，无论是集中式公寓还是分散式公寓都面临着资金难题，传统模式下公寓本身就承担了空置期租金成本压力，装修过程的不确定性及扩张融资渠道受限使得资金问题成为传统模式下的另一核心问题。表现如下：

（1）包租模式下的微利行业。包租模式下，房租及装修成本占比高达85％，租金溢价能力极为有限，难以出现规模效应。此外，包租模式下无法获取物业增值带来的利润,利润极为微薄。

(2)包租模式下存在极高的不确定风险。包租模式下公寓运营商垫付空置期租金,存在空置期风险。此外,装修时大量的资金投入(集中式公寓表现更为明显),若出现装修超预算、工期延长、招租不顺,则企业遭受很大的现金流和经营亏损风险。

(3)融资方式受限。虽然有些品牌公寓获得风险投资,能够加快房源的拓展,但借助有限的股权融资,即使再加上较多的债权性质金融工具的使用,仍然不能满足自身扩张的需要。

2.新型运营模式

随着公寓运营者经验的积累,一些企业主动或者被动地探索出或"轻"或"重"的运营模式,常见的新型运营模式包括更"轻"的托管、加盟模式,借助金融力量的更"重"的持有运营模式。

(1)托管模式

托管是指品牌公寓负责运营管理和出租,但并不持有房源。房源由业主自持,也可以是机构通过租赁拥有批量的房源,然后交给运营商来管理。在成本上,运营管理方不需要承受租金的压力,同时配置和装修的成本也可相应地分担出去。

中国现在并无类似美国的真正意义的托管模式,且类托管模式主要集中于集中式公寓,典型企业有未来域、UONE、乐乎等。一般来讲,公寓运营方会对装修设计完全掌控或具有较强的建议权,对租后服务则完全掌控。对于分散式公寓,由于一线城市租赁市场是典型的卖方市场,小业主对托管方式的接受度不高,目前行业内代表主要有自如。

(2)加盟模式

加盟模式即加盟商出资,甚至自带房源,公寓运营方输出自己的品牌及运营体系。加盟模式的推行需要极强的品牌影响力,扎实的运营实力,同时还需要有加盟体系管理经验。酒店背景的公寓对加盟模式较为熟悉也更有意愿尝试,但截至目前,尚未有通过加盟房源迅速增长的案例,究其原因,长租公寓的加盟存在自身的困境:

首先,长租公寓尚未在租客中形成真正的品牌,品牌对加盟商的吸引力较弱。其次,长租公寓覆盖周边几公里的租客,难以像酒店一样通过会员优惠,为加盟商带来增量客源。再次,长租公寓管理比酒店简单,不需要依赖复杂的操作系统输出,总部为加盟商提供的系统支持有限。最后,租客对公寓的标准化程度要求低,加盟商对总部提供的产品设计和供应链需求不强。因此,长租公寓加盟商的黏性可能不像酒店那么强。

目前城家公寓约有30%的运营物业是加盟店,窝趣5家门店中有3家为加盟模式,2016年贝客也开启加盟模式。

(3)发起房地产基金模式

发起房地产基金模式,即公寓运营方本身即为投资长租公寓的地产基金合伙人,本身兼备基金的管理和公寓运营两项职能,这与美国的股权类REITs公司的运作方式近似。作为公寓运营方收取固定的品牌管理费和超额收益分成,按照约定,有时也会由基金承担基本的项目经营成本和总部管理成本,作为基金管理方收取基金的管理费用和整体的收益分成。通过房地产基金进入长租公寓的案例尚不多,湾流是其中较为典型的一个。

发起房地产基金的优势在于能够迅速募集资金,在初期扩大规模,劣势在于需承担资金份额分成的义务,大部分收益最终回归LP,并且由于其高杠杆特征,结构的稳定性也较差,如果向投资方承诺最低收益,在盈利不佳的情况下容易滋生风险。

(4)产业基金合作模式

产业基金合作模式是指公寓运营商与产业基金合作开发物业,产业基金提供装修、前期房租等一次性投入,公寓运营商具体负责物业的设计施工和长期运营。与发起房地产基金模式类似,一般产业基金按照管理的房间数量向公寓运营方支付固定管理费和超额收益分成,不同的是,公寓运营方通常不参与投资方的基金管理。

公寓运营方与产业基金之间通常是一种比较松散的战略合作关系,合作的方式也更为灵活多样,根据物业的类型和品质,可以是参与项目公司股权,也可以是通过向物业持有方提供债权、形成三方合作等多种方式。公寓企业与产业基金合作的方式仍在不断地探索和创新中,未来产业基金参与长租的方式一定会更加多元化(如图 11-7)。

| 托管 | 加盟 | 地产基金发起 | 地产基金合作 |

类托管模式企业:未来域、乐乎、自如

优势:降低资金压力,利用品牌及管理输出变现。

劣势:一、二线卖方市场下,业主参与度不高,获取物业有限。

典型企业:城家、窝趣、贝客

优势:降低资金压力,利用品牌及管理输出变现。

劣势:品牌对加盟商吸引能力较弱,会员效应不明显,难以依靠加盟获得快速扩张。

典型企业:湾流、新派

优势:在扩大规模初期能快速募集资金。

劣势:需承担以资金份额分成的义务,大部分收益归LP,结构稳定性较差,盈利不佳情况下易滋生风险。

尚无代表性企业

优势:在扩大规模初期能快速募集资金。且合作方式更为灵活。

劣势:外部管理下可能带来效率折损。

图 11-7 各新型模式优劣势对比

资料来源:链家研究院整理。

作为新兴业态,起步阶段的重资产化,是积累经验、建立标准、树立品牌的过程,而随着行业发展,则必然会轻资产化。可以预想,基于产品与服务标准化、运营体系成熟化,除了以上几种模式外,未来必将出现更有生命力的轻资产化模式。

(三)行业竞争

随着金融、开发商、酒店等背景的多家参与方入场,品牌公寓发展至上千家,GMV 增速维持在 50% 以上。由于参与者数量快速上升,以及成本结构限制了企业规模扩张,行业呈现出相对分散的竞争格局。

1.趋于分散的行业

2016 年底,我国共有公寓企业 1 000 多家,前十位管理公寓数量约 52 万间,在品牌公寓中的比重约为 26%。除前十位企业外,其他参与者平均管理房间数量不足 1 500 间,行业总体呈现小而散的特征。

从国际成熟市场的经验看,市场竞争格局也通常呈现出相对分散的状态。

美国公寓市场的集中化程度非常低。虽然美国的公寓行业的整体

GMV 达到了 2 497 亿美元，但是其龙头企业 Greystar 的 GMV 占比仅为 2.08%，前十位企业的合计 GMV 占比约 7%，前十位企业行业集中度约 26.67%（如图 11-8）。

然而，日本是一个反例，它的行业集中度相对高很多。日本租房市场规模约为 8 000 亿人民币，其中大东建托管理的房间数量排名第一，在整个托管市场中的占比为 7.36%，而日本前十名企业所管理房间数量合计占比也仅为 31.17%，由此看来，大东建托市占率非常之高了（如图 11-9）。对比而言，2016 年底，中国最大的企业也只有 30 万间，是大东建托规模的 30%。

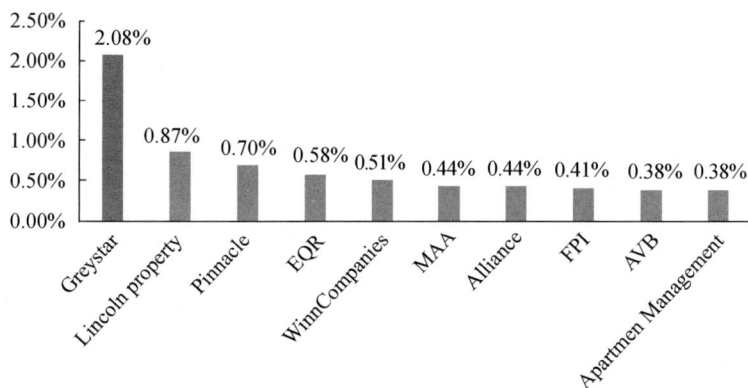

图 11-8　美国前十位资产管理公司房间数量全国占比

资料来源：链家研究院整理。

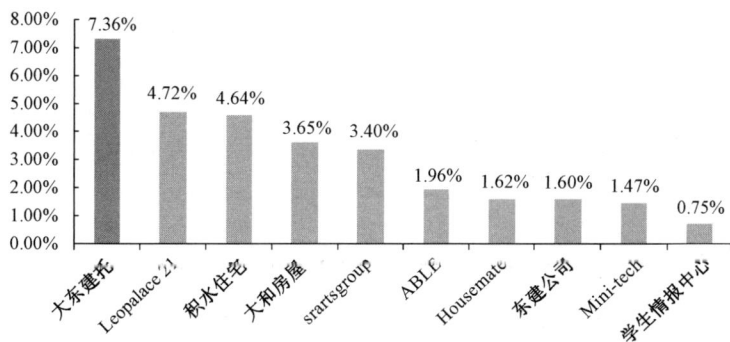

图 11-9　日本前十位资产管理公司房间数量全国占比

资料来源：链家研究院整理。

2.来自不同行业背景的参与者表现

随着房产市场赛道切换,房地产各细分行业及周边可渗透行业纷纷进军公寓市场。从公寓运营商的基因上区分,主要参与者包括:酒店、开发商、地产基金、中介和一般创业者。它们分别从不同的角度理解公寓,从产品设计到运营管理,从商业模型到远期战略都各不相同(如表11-5)。

表11-5　不同参与者企业规模及模式

公司	发起城市	规模	公寓模式	发展模式	创始人CEO
房屋中介					
自如	北京	30万间	合租＋集中式	直营	熊林
相寓	北京	15万间	合租＋集中式	直营	刘洋
爱上租	杭州	1.6万间	合租＋集中式	直营	童浩
地产代理					
红璞	深圳	2.6万间左右	集中＋集散式	直营	甘伟
UONE	厦门	1万间左右	集中式＋合租	直营	丘运贤
个人创业					
乐乎	北京	1万间左右	集中式	直营＋委托管理	罗意
优客逸家	成都	1万间左右	合租＋集中式	直营	刘翔
青客	上海	接近4万间	合租＋集中式	直营	金光杰
寓见	上海	1万多间	合租＋集散式	直营	程远
You＋	广州	4 000间左右	集中式	直营＋加盟	刘洋
Color	深圳	900间	合租	直营	熊强
魔飞	郑州	2 000多间	合租	直营	刘达
未来域	南京	约3.5万间	集中式	直营＋委托管理	王宇
贝客	南京	营业2 000间,在建2 000间	集中式	直营	魏子石
可遇	武汉	数千间	集中式	直营	佘福元
酒店					
窝趣	广州	运营5家,在建4家	集中式	直营＋加盟	刘辉
城家	上海	7 000间左右	集中式	直营＋加盟	张玉平
魔方	上海	3万间	集中式	直营＋加盟	柳佳

续表

公司	发起城市	规模	公寓模式	发展模式	创始人CEO
中富旅居	上海	乐家400间，乐璟1 500间	分散整租＋集中式＋平台	直营＋加盟	
地产开发					
万科泊寓	深圳	—	集中式	直营	张继文
壹间公寓	深圳	1.18万套	集中式	直营	
Warm＋	深圳	1 000间	集中式	直营	刘智
微领地	上海	签约2万间	集中式	直营	周君强
水滴	上海		合租	直营＋加盟	冯玉光
地产基金					
湾流	上海	运营1 000间，在建5 000间	集中式	直营	林友加

资料来源：链家研究院整理。

（1）酒店

酒店行业对长租公寓的参与是最为广泛的，典型代表有：华住集团的城家公寓、铂涛集团的窝趣轻社区、如家集团的逗号公寓、住友集团的漫果公寓，以及魔方公寓的主要管理层也都来自华住集团。

酒店行业大举进军长租公寓领域，一方面是公寓与酒店同属居住类产品，物业形态上较为接近，其在房源获取、装修设计、供应链、房间管理等方面优势凸显，大量资源可以复用。

另一方面，酒店和长租公寓行业存在大量不匹配因素，完全从酒店的角度管理公寓存在多重误区：

其一，交易频次不同。酒店客户流动大、周转率高，需要通过与OTA（在线旅游服务商）合作或自建销售网络保证销售能力；长租公寓租客稳定、租期长，无须长期曝光，因此对销售和客房管理系统（PMS）的依赖程度也较弱。

其二，成交方式不同。酒店客户不经看房直接下单的比例非常高，而长租公寓本地性强，成交通常需要多次线下带看，并在带看的过程中向客户介绍房屋、环境、交通等多个要素，才能获得成交。

其三，标准化程度不同。长租公寓受到选址、市场、客户类型等多方因素影响，在定价、配置、装修、服务等方面标准化程度较低。

其四，获客方式不同。主流经济型酒店的入住客户中有 20% 左右是会员，积分、优惠等活动对客户具有很强的吸引力。

（2）开发商

近年来，开发商向长租公寓行业的进军引起了市场的广泛关注，被认为是从开发新建到存量物业运营的重大转型尝试。开发商参与公寓行业通常有三种模式：持有运营、传统包租模式、与公寓运营商合作。现阶段以后两种模式为主，采取持有运营的开发商寥寥无几，且目的主要是去库存而非长期运营。

在长租领域，开发商的优势主要是资金和品牌，与其他公寓企业一样都难以解决房源供给的问题，自建并持有物业成本较高、风险高度集中，寻找存量社会物业租赁经营难以发挥优势。

从长远来看，在未来金融、土地政策有所调整之下，开发商若能从增量角度提供租赁房源供给将会直接改造公寓价值链，降低人房比，直接减少存量物业改造成本，从而大大改善企业成本结构。

（3）地产基金

地产基金是国内长租公寓的新进入者，而在国外产业资本通过权益类 REITs、私募基金等方式介入长租领域运营已经非常成熟。传统公寓运营商主要利用追求高风险、高收益的股权资金扩大规模，长期来看这与长租公寓低风险、低回报的收益模型不相匹配。房地产基金在获得资本支持上则更具灵活性，在长租领域，或作为公寓运营商并交叉参与基金运营（例如湾流），或与传统运营商（如乐乎、UONE 等）合作，仅作为投资方承担管理费并与公寓管理方分享收益。基金参与投资也有多种方式，除直接入股项目子公司外，还可向业主提供部分债权融资。受限于我国金融政策，目前基金切入公寓路径有限，融资规模受限，故地产基金参与者仅寥寥几家。

（4）二手房中介及新房代理

二手房中介及新房代理在分散式公寓表现可圈可点，自如友家、美丽屋、红璞公寓等中介代理背景企业短短几年迅速成长为公寓行业的领军企业。

对于分散式公寓,中介/代理公司的强项:一是人力密集型产业的人效管理,二是房产领域的销售管理能力。这与分散式公寓的能力需求比较匹配,尤其是与二手房中介相结合,在拿房、出房成本上都比没有门店和经纪人的竞争者具有竞争力。从数据上看,自如友家(分散式)平均出租率达到96%以上,红璞公寓(集中式)一个月出租率通常都在80%以上,两个月基本满租,销售能力明显高于同类竞品。

对于集中式公寓,相比产品、服务及房源拓展,销售能力的重要性更弱一些,这使得中介/代理行业在集中式领域的优势不如分散式那么明显,自如友家、相寓等分散式公寓企业向集中式的进军都难以像分散式那样一帆风顺。

(5)一般创业者

这里将不具备以上任一类型企业作为后援的公寓从业者称为一般创业者,他们中的一些来自互联网,试图通过互联网技术提升效率乃至改变行业,一些是传统二房东转型或作为业主重新改造经营所持有的物业,还有来自建筑设计、房地产、金融等行业的从业者,他们带着不同角度的理解进入行业,其中一些获得了资本的支持。

股权投资对公寓行业的支持难以长期持续,不具备强大背景的公寓创业者如果追求规模的扩张,必须借助于更加适合公寓行业特征的资本。创业公司在天然资源方面不具备优势,需要长期的积淀和持续的投入(如图11-10)。

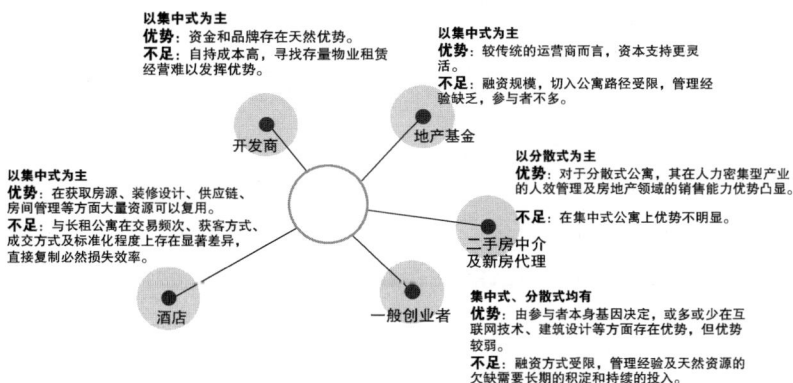

图 11-10　各类基因公寓参与者的优势及不足

资料来源:链家研究院整理。

(四)产业链分析

长租公寓行业具有产业链长、服务内容多、周期长的特点。整个长租公寓产业链涉及房源开发、设计、装修、配置、获客、租后管理等多个环节。公寓日常的服务除提供适宜居住的房屋及保证租客的人身安全外,还包括维修、保洁、快递收发、社交活动等多种服务。从房源开发到初次获客的时间周期由于公寓类型的不同而有显著差异,分散式公寓一般为一个月以内,集中式公寓的时间跨度可达半年。长租公寓产业链的长度决定了整个行业涉及众多的业主、供应商和客户,需要精细化的管理和把控,才能实现上下游联动,促进行业的快速发展(如图11-11)。

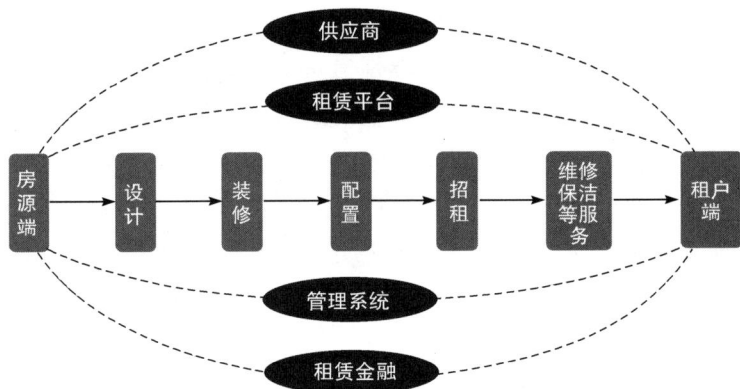

图 11-11 公寓行业产业链

资料来源:链家研究院整理。

此外,房源获取环节对公寓企业议价谈判和估值定价的能力要求较高,房源租进和租出价格直接影响企业的运营利润和业主续约率的高低,进而影响企业发展的可持续性。

1.供应商

长租公寓行业的发展带动了租前装修、家电、家居供应商和租后维修、保洁等供应商的发展。长租公寓在装修、配置环节会采用适合租客习惯和人群特征的配件,一些家电、家居生产厂家开始将目光投入到公寓这一市场,如智能密码锁、整体卫浴品牌、床垫等商家。此外,一些家电厂家与规模较大的公寓合作推出了家电融资租赁业务,即家电厂家在公寓配置出租前为公寓企业免费配置洗衣机和烘干机,公寓出租后租客有偿使用洗衣机和烘干机的费用由公寓企业和家电厂商按一定比例分成。这一模式减少了公寓企业前期的运营投入,也为租客带来了更优质的租住体验,预计未来该种模式将在行业内逐渐普及。

与自建租后维修保洁团队相比,将维修保洁业务外包给第三方团队是行业内普遍的做法,尤其对于规模较小的公寓企业,维修保洁的外包是一种低成本的获取服务的方式。这在一定程度上带动了维修和保洁行业的发展。外包模式下通常会通过招投标、公司培训、服务质量反馈、业绩考核等方式进行管理。借鉴国外托管公司的管理模式,托管公司会对第三方服务供应商进行年度考核,对于不合格的供应商会及时进行更换。未来,在行业细分化发展的背景下,自建保洁维修团队且管理效率较高的公寓企业可以尝试将租后服务平台开放,让公寓企业和保洁、维修公司接入,成为连接整个公寓行业的租后服务平台。

2.租赁信息平台

租赁信息平台是公寓线上出房渠道的一种,目前影响力较大的是综合性信息平台——58同城利用流量优势,开辟品牌公寓频道。除了信息平台,公寓企业的出房渠道还包括自营官网、APP,以及线下广告(传单、社区小广告)、经纪人介绍客户和老带新几种,这些构成了与租赁信息平台的竞争。

从成本高低分析,通常情况下,通过经纪人获取客户的成本在300元/人次;58同城普通租赁的端口费1 100元/季,单客获客成本由于端口使用的频次不同而不同;官网和APP的获客成本主要由开发成本和后期人员薪酬福利决定,获客成本不低于60元/人次。小型公寓企业一般会选择线下广告或线上第三方端口的模式进行产品营销,两种方式的比例大致为50∶50,中型公寓企业预计线上和线下的比例为80∶20,大型公寓企业主要依靠官网和APP及线下经纪人,对信息平台依赖较小。

目前长租公寓市场还处于供小于求的阶段,但未来随着房源总量增加,待租房源的增多,平台类公司将获得更大的市场机会。

3.租赁金融

公寓租赁企业前期投入大、资金回笼慢、利润微薄的特性决定了其运营过程中需要金融产品的介入以改善现金流状况,维持企业良性运转。同时,对于租客和公寓企业来说,天然存在租客按月支付租金与公寓企业期望短期回流较多资金的矛盾,需要金融产品的介入以平滑矛盾。

目前来说,市场上出现的与公寓租赁相关的金融产品有三类:(1)租赁消费贷、租金分期,这类产品解决了租客按月支付租金,公寓端按年收回租金的矛盾,提高了公寓企业的资金周转率。目前京东白条已经和自如合作进行该方面的探索。(2)房租保理融资,品牌公寓运营方可以凭自己签订的租客长租协议,把未来一年的应收租金,通过融资提前收回。(3)供应链金融服务,主要针对家居家电甚至装修主材采购的应付账款,可以通过保理融资或融资租赁。

未来,随着行业的发展,对金融产品的需求会越来越多,金融产品的种类也将越来越丰富,将不仅局限于租金分期、房租保理,借鉴国际经验,REITs及资产证券化产品在公寓行业的渗透率也将提高(如图 11-12)。目前行业内的独角兽魔方金服已经推出了自己的资产证券化产品。

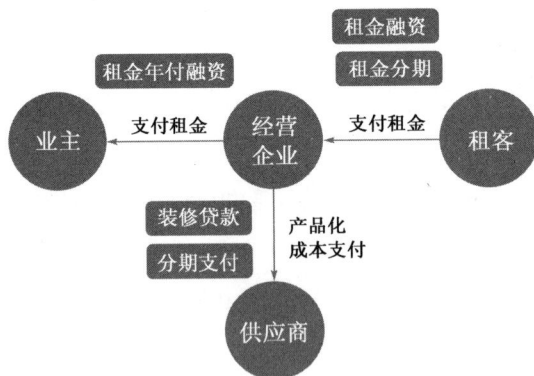

图 11-12 公寓融资方式

资料来源:链家研究院。

4.管理系统

随着房间数量的增多,公寓的经营必须进行精细化的管理。从租客的入住、续约和退租,到库存房源的管理,保洁维修服务的管控等,依靠 IT 系统,才能提高整体经营效率。并且对于很多公寓的经营者来说,自行开发成本过高。因此出现了专门服务于公寓领域的 SaaS 管理软件公司,如水滴管家、蘑菇等。但是对于大型公寓企业来说,市场现行系统无法满足其业务要求,因而更倾向于自建管理系统。我们预测,未来领先的公寓企业除了开放信息平台,还会开放管理系统和租后服务,同时嫁接进金融产品,发展成为整个行业服务平台,构建整个行业生态。

三、行业核心问题

(一)行业确认及合法化的问题

长租公寓属于近几年新兴的行业,一直面临着政策滞后导致的不确定性。

首先,长租公寓行业长期没有明确的行业归属,因而其经营的合法性和征税依据无从遵循,在一定程度上可能会遭遇执法的随意性。例如,"营改增"之前我国的公寓企业一直以全部租金收入缴纳增值税,但实际公寓获得的增值部分价值为客户支付的租金与公寓支付给业主的租金之差,这样的计税方式对于租金成本负担较重的公寓企业显失公平。尽管国务院 85 号文件的出台,正式将公寓行业定位为"生活服务业"。39 号文件对于税收的优惠,大大降低了经营机构的税负压力。但除了房地产中介机构外的其他机构,并没有明确具体优惠政策。

其次,目前租赁行业还没有真正的、有效的法律出台,政府监管、行业自律、业务标准等方面都处于真空地带。法律的缺位直接限制了行业的发展。例如,长租公寓行业一直困扰于高投入低回报率问题,在一定的条件下将房屋改造为"N+1"模式,既有利于增加供给,也能提高租金收入,符合市场的发展需要,相关部门应该结合市场实际需求给予政策上的支持。但从 39 号文件来看,仅处于指导性层面,对于关键性的"N+1"模式,并未明确给予肯定。目前北京主管部门对于"N+1"模式,处于默许状态,但并未有政策明确落地,仍存在一定的风险。

我们可以预见的是,未来相关的法律法规会逐渐健全,尤其是北京、上海租赁经营发展较快的城市,可能会率先出台地方性的法律法规。

(二)高租金成本下的规模不经济

公寓企业租金、装修等不可变成本主导的成本结构决定了现有包租模式下长租公寓规模效应难以实现。

包租模式中,无论是集中式或分散式公寓,房租在总成本中的占比都大于 60%(如图 11-13)。这意味着企业的可变成本较低,通过企业规模扩张带来的管理成本下降空间十分有限。

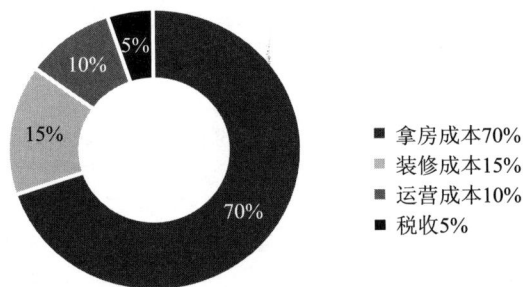

- 拿房成本70%
- 装修成本15%
- 运营成本10%
- 税收5%

图 11-13　分散式公寓的成本结构

资料来源:链家研究院整理。

对分散式公寓而言,随着管理的房源数量增加,服务半径扩大,从而导致管理层级增加,管理难度增大。从租前的带看、成交,到租后的保洁、维修都需要跨部门、跨团队、跨区域的协作配合,管理效率有下降的压力。当然,在突破一定规模并具备成熟的管理模式后,后台职能部门的管理成本存在摊薄的可能,供应链管理的成熟也可能降低成本、缩短工期,但是房租、装修配置与人工成本占比较大,限制了成本压缩的空间。

目前绝大多数分散式公寓规模停留在 3 万间以内,在这个范围内,随着管理房间数量的增加,员工数量的增长更快,一家管理几百间房源的二房东雇佣一两个人就可以完成所有的工作,而管理一两万套房源的分散式公寓企业,员工总数甚至超过五六百人,管理效率大幅下降,大公寓公司的人均产出远低于小公司(如图 11-14)。

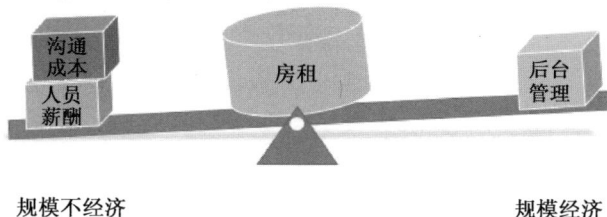

规模不经济　　　　　　　　　　　　　　规模经济

图 11-14　分散式公寓中的规模不经济

资料来源:链家研究院整理。

这种情况在美国的托管行业也出现过。当企业的服务半径扩大,人员增加,反而会导致毛利率下降。随着规模进一步变得更大,规模不经济现象缓解,企业毛利率才重新恢复到原有水平。在模式更重的分散式长租公寓领域,未来是否会出现规模经济效应,仍然具有未知性。图 11-15 为美国托管行业的规模不经济和规模经济。

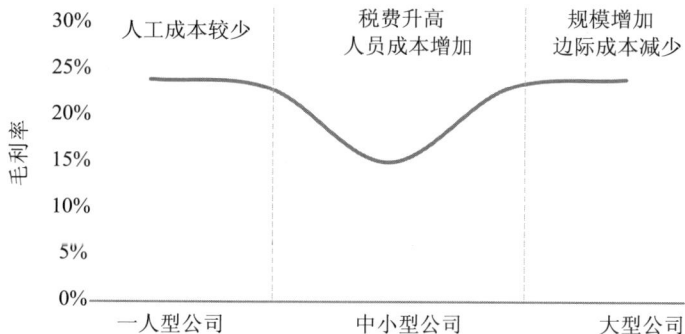

图 11-15　美国托管行业的规模不经济和规模经济

资料来源:链家研究院整理。

与分散式公寓有所不同,集中式公寓前期投入更重,运营难度更小,服务半径较短,使得管理成本的上升有限。理论上,集中式公寓具有突破管理瓶颈的可能,但受制于拿房困难和拿房成本较高,做大规模相对更难(如图 11-16)。

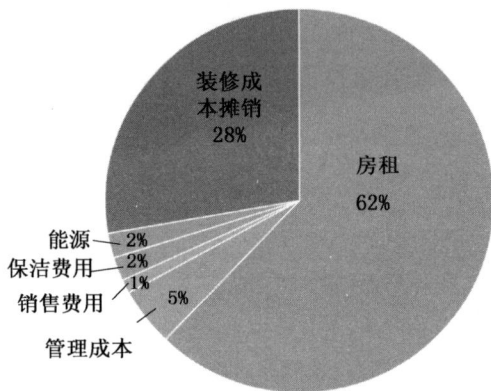

图 11-16　集中式公寓成本结构

资料来源:链家研究院整理,对部分项目的调研数据。

由于集中式公寓的改造难度更高,所以装修成本较高,占比达到28%。但是,随着行业经验积累和供应链管理的成熟,公寓方对装修公司的议价能力更强,固定成本可能会有所下降。

从管理成本而言,由于集中式公寓的带看、成交与租后服务主要集中在每栋楼的内部,无须复杂的人员调配管理;同时,由于集中式公寓对管理系统依赖较小,后台管理成本并不会随管理房源增加而出现明显膨胀。集中式公寓在突破规模的临界点后有可能出现成本结构的改变,但对于公寓运营方而言,扩张的难度主要在于整栋可租赁物业的稀缺。

(三)行业货币化率不高

租金水平、入住率、租期和续约率是影响行业货币化率的关键指标。目前公寓行业的货币化能力还处于较低水平,主要原因如下:

1.中国一线城市的租金水平和国际一线城市相比处于较低水平

中国一线城市以北京为例,根据调研数据,北京套均租金水平为5 182元/月,2015 年北京城镇单位就业人员平均工资为 111 390 元/年,折合9 282.5元/月,以户均1.7 个有收入的劳动力计算,北京的户均家庭租金收入负担比为 26.9％。对比国际一线都市,明显处于较低水平。此外,我国目前仍是中等收入水平国家,与美国、日本等高收入水平国家相比,人均收入仍有较大差距。2015 年,纽约市人均收入中位数为 33 078 美元/年,洛杉矶市的人均收入中位数为 28 761 美元/年,相同时期,北京城镇单位就业人员平均工资仅为 16 380.88 美元/年。更低的租金收入比和更低的收入水平,决定了中国一线城市的租金水平与国际一线城市相比处于低位,这是导致公寓企业货币化率较低的一个主要因素(如图 11-17)。

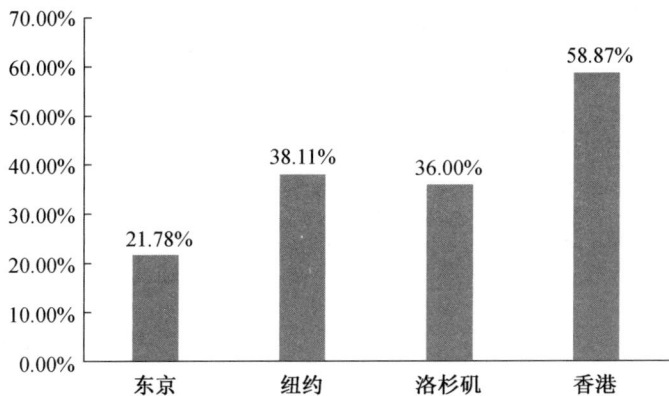

图 11-17　全球核心城市家庭房租收入比

资料来源:链家研究院整理。

2.租期较短

从租户端说,中国长租公寓的租期普遍为 6～8 个月,而美国公寓的平均租期在 1 年左右,日本租期在 1～5 年的约占 50％。频繁的租客更替给企业造成了两方面的成本增加:其一是获客成本,长租公寓的一次获客成本高达数百元,甚至过千元。其二是空置期损失。不言而喻,租客更替过程中房间的空置导致了企业租金收入进一步损失。

3.续约率低迷

从业主端来说,中国分散式公寓的合同期平均为 4 年,集中式公寓的合同期普遍不超过 15 年,到期后续约率普遍不超过 50％。日本在托管模式下不仅由业主承担装修费用,而且租期会长达 20～35 年(如图 11-18)。在中国包租的模式下,长租公寓企业承担了高昂的房屋改造装修成本,更短的合同期导致长租公寓企业装修成本的月均分摊压力较大,成本增加。

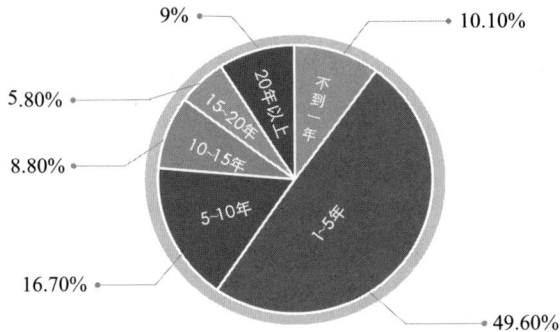

图 11-18　日本租客租赁年限分布

资料来源:链家研究院整理。

4.资金成本过高

除了高额的租金成本和装修费用,公寓企业还需要承受较高的资金成本、税收。由于中国公寓企业需要在前期一次性支付装修费用,形成大量的资金需求,相对更高的资金成本进一步挤压企业的利润空间。

对比日本行业,公寓企业主要通过两个方面来减少前期支出。一方面,采取更轻的经营模式,将装修费用转移到业主端。在日本的房屋管理中,即使由公寓方统一对房屋进行标准化装修,也是由业主付费。这种模式既减轻了公寓企业的前期成本,又免去了业主提前收回房源导致公寓方无法享受装修溢价的风险。另一方面,开发和建筑背景的公寓企业可运用产业链优势降低成本。对比建筑业务占比大的大东建托和占比小的Leopalace21,可以发现在对公寓进行前期装修时,大东建托的成本明显低于 Leopalace21,从而获得更多的利润(如图 11-19)。

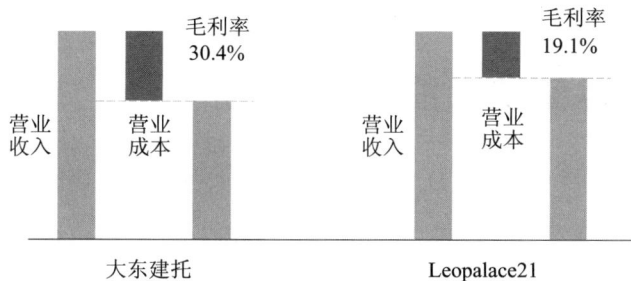

图 11-19　日本典型公寓企业前期建筑服务的毛利率

资料来源:链家研究院整理。

在美国,融资途径更加多元化。对于大型公寓企业而言,REITs 是重要的融资方式之一(如图 11-20)。虽然市场极度分散,但是排名前 8 的 REITs 公司掌握了市场中超过 4% 的资金,用以管理数量占比 2.6% 的公寓。REITs 对投资者具有吸引力,融资效率较高。

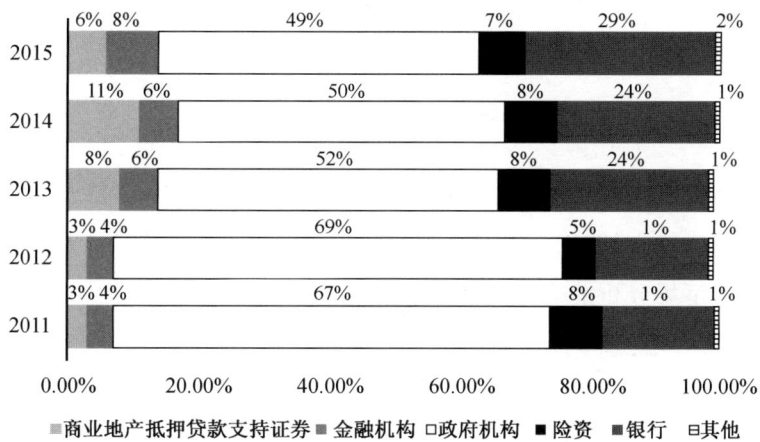

图 11-20　美国 2011—2015 年公寓抵押贷款发行各资方占比

资料来源:链家研究院整理。

四、公寓运营核心能力要求

2016年，开发商以持有姿态试水运营长租公寓，行业格局迎来了变化，公寓持有运营规模有所扩大。但从一定时期来看，国内公寓商业模式仍然难以脱离包租—装修配置—出租的主流模式。无论传统包租模式还是持有运营模式，公寓运营的不同阶段核心能力要求相近：第一阶段，提升公寓运营综合管理能力，打开品牌知名度；第二阶段，品牌与运营能力输出，轻资产业务增加收入来源；第三阶段，金融纵深化、资产证券化等金融工具降低融资成本，通过资本的收并购，渗入产业的上下游，纵向发展。尽管行业核心问题不完全由核心运营能力解决，但公寓企业只有提升其专业运营能力，才能更好地应对市场变化。

(一)提升公寓综合管理能力与运营效率

公寓运营能力是拿房、获客、产品服务品质管控、供应链管理及运营效率的综合能力，缺一不可。无论包租模式还是持有模式下，拿房能力体现为目标市场分析能力，准确判断目标市场，确定适宜的租金水平，有效获取目标区域优质物业，并能控制拿房成本。不过，对于持有模式，拿房能力有着更高的投资分析能力要求，需要准确评估物业未来升值潜力及当前估值水平。

获客能力则表现为如何在有限的时间内多渠道、低成本获取有效租户，降低房屋空置率。产品服务品质管控能力要求房屋装修改造和租后服务项目满足租户品质租赁的要求，保证产品与服务质量，提升租户满意度。供应链管理在于选择优质的装修团队及家电家居品牌供应商，保证装修工期，平衡房源质量与配置成本，在服务外包的情况下，还需加强维修保洁等生活服务商的筛选、服务响应、质量评选及淘汰机制。

公寓运营效率在于通过员工培训提升业务能力,业务流程的系统化、平台化、标准化提升前后台运营效率。以 EQR 为例。近年来,EQR 着力推动网络平台的在线租房服务,客户可以通过网络平台来筛选目标区域、目标价位内符合配置要求的房间,并网上预约看房时间,网络平台的预约看房使租赁部门的广告营销成本降低了 20% 以上。此外,公司每年会对入住满 30 天的新租户进行电子问卷调查,以了解他们的满意度和潜在的问题,并通过相关系统来追踪每处物业新租户的满意度和续约意愿,并根据这些在线收集的数据按月对每处物业进行评分和排名,以保持每处物业都能得到合适的管理,并监督一线员工的工作。同时,每个月公司还会根据最新数据更新模型变量,包括物业本身的出租率、续租率、供求关系、市场上竞争对手的定价水平、出租公寓的整体供求关系、房价收入比、租金月供比、房屋自有率、收入增长率、就业增长率、人口流动等因素,以生成下一阶段的续租租金水平(如图 11-21)。

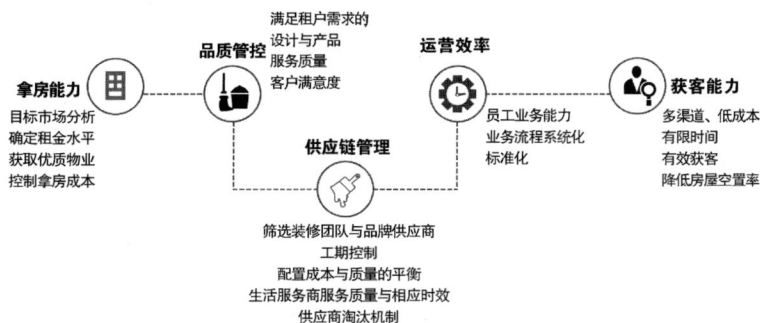

图 11-21　公寓运营管理能力要求

资料来源:链家研究院整理。

提升公寓综合运营管理能力,业内普遍认为,无法脱离"三步走战略":第一步,质量为王,保证产品及服务质量,提供品质租赁;第二步,以质量为基础,扩大规模,实现规模效应,进一步凸显规模价值;第三步,围绕租赁场景,打造租赁生态圈,通过整合资源,提供增值服务。

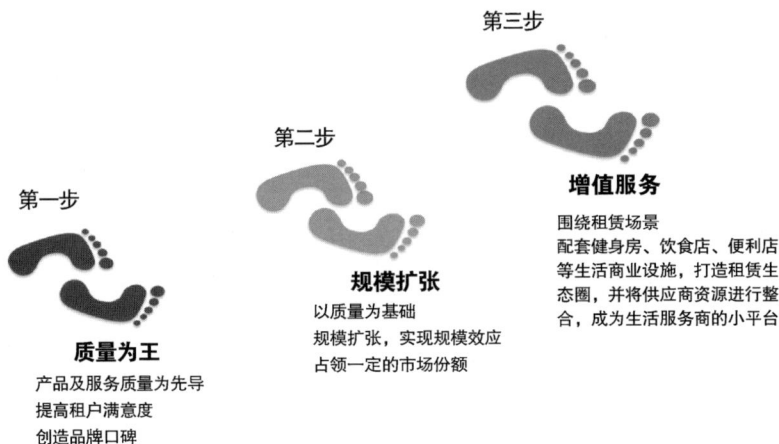

图 11-22 "三步走战略"

资料来源：链家研究院整理。

1.产品质量为王,赢取租户口碑

以"90后"为代表的一批青年白领租户群体,对居住品质和体验要求越来越高,以便捷及舒适性为主要需求。随着运动、青年、社交等一系列主题公寓的推广,公寓企业可通过品质差异化策略立足市场。品质为先导,居住的舒适与便捷为核心诉求,房屋改造注重舒适性,配备质量优良的家电、家居、空气净化器、饮水及管道设施,通过好的租住体验、用户口碑打开市场。

2.以质量为基础的规模扩张,带来规模经济及品牌认知度

规模经济作为衡量企业是否应当大规模扩张的重要理论基石。国际经验表明,公寓行业具有规模经济,随着公寓持有或管理公寓数量的增加,系统化、专业化水平日益提高,以及服务人员管理半径与管理效率显著提升,人员单位工资效益增加,即每单位的工资投入带来的收益随着规模增长显著增加。

但值得注意的是,包租模式下租金成本、装修成本等固定投入的高占比,导致规模经济临界点较高,也就意味着公寓行业降低运营成本占比的策略需诉诸规模的扩张。持有模式中,前期资产投资的沉淀则需要企业平衡规模扩张与资本投入,因而有着更高的资本运作的能力要求(如图11-23)。

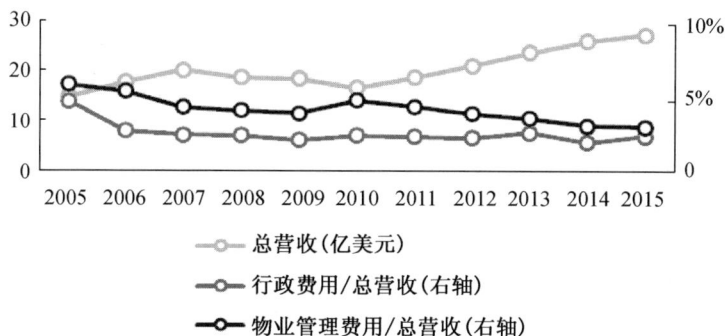

图 11-23 EQR 行政费用和物业管理费用相对于总营收占比

资料来源:链家研究院整理。

建立在质量为基础的规模扩张,不仅可以获取用户口碑,而且可以增强客户对品牌的黏性,实现品牌内租户的迁徙,避免由于租户工作迁移导致租户流失。规模的扩张,能够迅速占领市场份额,产生市场影响力与品牌认知度,使公司处于租赁市场有利的赛道位置。

扩大规模的价值还在于融资的便利性,品牌认知度、大体量租约更容易提高公司信用评级,提升企业的谈判能力,降低公司融资成本,增加融资渠道,又进一步助力公司规模扩张。

3.围绕场景打造线上线下租赁生态闭环

租赁生活服务行业的高度分散性,使得大型运营企业可以围绕租赁场景,整合供应商资源,以平台身份提供更多的交易场景。租户可以在该平台上选择合适的保洁、维修、购物、搬家等一系列生活服务商,提高租户的居住体验。

此外,线下集中式公寓企业可开放公共区域,引入咖啡厅、餐厅、便利店、健身房等休闲娱乐生活设施,便利租户生活的同时,获取附加价值,完成租赁生态圈的打造(如图11-24)。

EQR 公司还着力构建出租公寓社区内的"社交网络"平台,并在 2011 年与专车公司 Zipcar 达成战略合作,为小区居民提供更便捷的叫车服务及用车折扣。

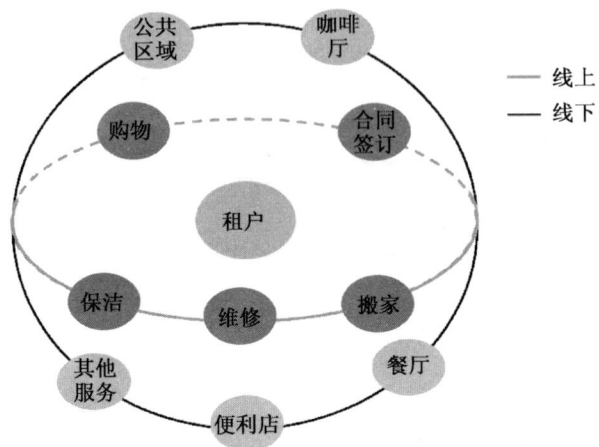

图 11-24　以租户为中心的线上线下租赁闭环

资料来源：链家研究院。

(二)品牌与运营能力输出，丰富收入来源

通过产品服务质量及市场规模树立品牌后，公寓运营商可考虑输出品牌影响力和运营能力，扩展托管及加盟等业务形态，扩大品牌规模与知名度的同时，接受机构房源(如房地产基金、其他开发商)的托管，丰富收入来源。

此外，业内小规模的公寓运营商，可通过加盟远洋旗下公寓获取品牌认知度的同时，为远洋公寓创造加盟费收入。

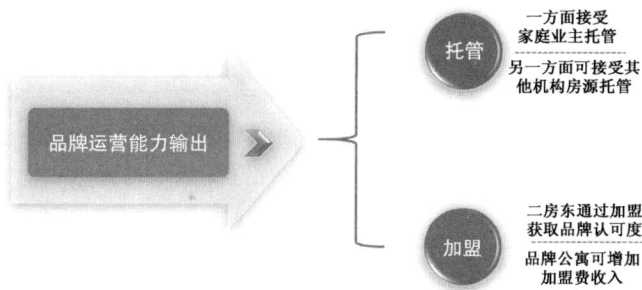

图 11-25　企业品牌运营能力输出

资料来源:链家研究院。

　　租赁市场具有超越经济周期的稳定性,特别是在经济下行期,公寓运营商能够获取稳定的现金流。美国金融危机后,主动租赁时代到来,租金水平不断上涨,市场规模进一步扩大,公寓运营企业的多家 REITs 市值大幅上升,市值由 2008 年的 1 916 亿美元升至 2015 年的 9 388 亿美元。因此,随着未来我国经济增速的放缓,公寓品牌影响力的扩大,托管加盟等新的业务线在增加业务收入的同时,还可在经济下行期间增强收入的稳定性。

　　这一点在日本也得到了验证。20 世纪 90 年代以来,日本整体经济下滑、不断震荡,大东建托作为租赁住宅资产管理行业龙头企业,自上市以来,股价总体持续上升。特别是金融危机后,股价继续大幅上升,市值突破万亿日元,房屋管理数量持续增长,充分显示出租赁住宅资产管理行业抵抗经济周期性的稳定性与成长性。从数据上看,2016 年大东建托的房屋管理量将接近 100 万套,市场占有率超过 7％,实现了逆周期增长。

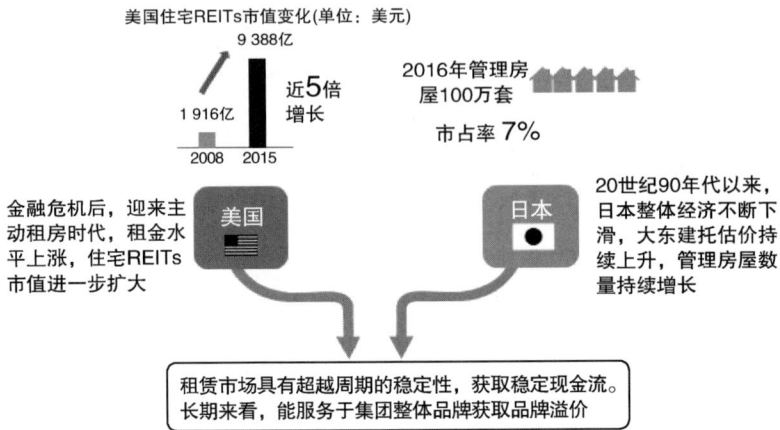

美国住宅REITs市值变化(单位：美元)

9 388亿

1 916亿

近5倍增长

2008 2015

2016年管理房屋100万套

市占率 7%

金融危机后，迎来主动租房时代，租金水平上涨，住宅REITs市值进一步扩大

美国

日本

20世纪90年代以来，日本整体经济不断下滑，大东建托估价持续上升，管理房屋数量持续增长

租赁市场具有超越周期的稳定性，获取稳定现金流。长期来看，能服务于集团整体品牌获取品牌溢价

图11-26　租赁市场具有超越经济周期的稳定性

资料来源：链家研究院。

(三)金融助力垂直化发展,产业链纵深延伸

金融与公寓相辅相成。一方面,公寓天然具有良好的且其他股权类、债券类金融产品都不具备的金融属性:第一,人们对于公寓是刚性需求,受宏观经济因素影响较小,系统性风险较小;第二,公寓拥有稳定的现金流回报,对于偏好稳定收益的投资者拥有足够的吸引力;第三,公寓的市场潜力足够大,我国租赁市场的规模达到万亿量级,目前长租公寓的渗透率不足1%,如果渗透率提升为10%,市场规模将超过千亿量级,这样大的市场给了金融产品嫁接和应用以足够的发挥空间;第四,公寓的底层资产权利清晰;第五,租金长期看涨,中国目前的租售比在1%～2%,美国的租售比即使金融危机后依然保持在6%左右,日本的净租金回报率可高达7%。从一线城市人口不断流入,二线城市城市化进程继续推进的角度看,未来中国一、二线城市的租金必将上涨,这也就意味着投资者的投资收益率未来会呈现上升趋势(如图11-27)。

图 11-27　公寓的金融属性

资料来源：链家研究院整理。

　　另一方面，金融是长租公寓企业做强做大，打造完整生态必不可少的条件。对于持有模式的公寓企业而言，金融更是不可或缺的，资产证券化等手段能够提高资产流动性、加快资金回收及加速规模扩张。日本经历过早期综合运营能力的提升，中期运营管理能力的输出阶段，长租公寓的规模会迎来快速的扩张。随着行业金融基础设施的搭建，资产证券化的常态化，借助金融力量，公寓企业可获取稳定的低成本的资金，并投资产业上下游企业，打造完整的商业闭环，丰富企业经营业态，同时提升企业的盈利能力和抗风险能力。如考虑通过股权投资的方式向上游扩展进入建筑和家装领域，或者向下游扩展并购公寓管理软件研发企业。

　　建筑公司出身的积水住宅是一个典型案例，其业务横跨建筑、装修、维修及房屋管理，市值 1.3 万亿日元。2014 年公司营收 1.9 万亿日元，其中 44％的收入来源于租赁住宅的建造和管理业务，房屋管理数量约 55 万套，成为租赁住宅资产管理行业第三大企业。

五、未来展望

　　未来若干年内，租赁市场仍然是唯一具有政策红利的领域。随着租赁立法及租赁政策的推进,作为保证房源供给、规范市场发展的重要手段,"N+1"的合租模式预计后续将实现更明确和更大范围的合法化;同时,引导租赁运营机构发展的政策细则待出台,使其承担起盘活存量房屋、提高租住品质的任务,并享有与其他参与主体同等的优惠政策。

利好政策以外,值得注意,对比美日,中国公寓企业的包租业务模式介于"重型"的持有运营和"轻型"的托管之间。这导致中国公寓企业既不能像日本一样由业主承担装修配置成本,也无法像美国一样持有产权并通过金融工具降低融资成本、增强房产流动性,获取增值收益。在中国"不重不轻"的模式下,公寓运营商向业主支付租金获得一段时期的使用权,但无法享受资产价格上涨的红利。大量资金支出和前期现金流压力迫使公寓运营商寻求高成本的融资渠道,严重挤压本已微薄的盈利空间。此外,随着公寓行业成长和一级资本市场降温,资本对长租公寓的要求必然逐步从追求规模转向追求利润。如果无法论证存在规模经济,规模与盈利都将难以实现。要改变中国公寓企业的现状,唯有从企业盈利模式入手。

(一)政策支持促进发展

1."N+1"合法化是趋势

继国务院 2016〔39〕号文件《关于加快培育和发展住房租赁市场的若干意见》后,"N+1"模式在我国房屋租赁市场规模最大的三座城市北京、上海、深圳开始迈向合法化进程。北京、上海的经验表明,"N+1"模式不仅有利于替代群租房,规范租赁市场秩序,还有利于盘活大户型住宅,提高租赁房屋供给、降低空置率。因此,未来规范化、合法化的"N+1"模式是规范租赁市场的有效手段。

2.机构优惠政策有望出台

专业化、规模化的租赁运营机构,是盘活存量物业、规范租赁市场的直接手段,也是发展租赁市场中的重要一环。然而,目前的租赁文件中,对于租赁运营机构的重视仍然不足,优惠力度仍然较弱。

但可预见的未来,首先将明确行业定义,对租赁运营行业进行更准确的行业划分,并出台有针对性的监管条例。其次,加大运营机构的优惠政策力度。各城市的政府还可考虑引入税收优惠、降低拿房成本等政策。

(二)经营模式发生变化

结合国外经验与国内现状,大致判断,未来中国公寓企业将走向两个方向:轻者越轻、重者越重。

1.轻者越轻

轻者越轻的路径有以下两条:

一是以托管代替包租。在美国和日本,分别有22%和20%的被管理房源通过托管而非包租的形式出租。托管与包租的区别在于:包租模式下,房屋管理方的营业收入来源于业主与租客的租金差,成本一般包括租住期间服务的人工费用和空置期损失,中国包租模式中还包括高昂的装修费用;而在托管模式下,托管企业收入来源于从租金中按固定比例(一般为4%~10%)抽取的服务费,业主获得租金上涨收益并承担空置损失。

在中国,托管业务产生的前提在于:(1)卖方市场转变为买方市场,房屋需要经过专业的管理才更加容易出租;(2)住房消费升级,租客愿意为更优质的服务买单;(3)租房产权更加集中于机构端,产生委托专业管理公司管理的需求。事实上,这些趋势正在逐渐出现,在一些二线城市已出现机构业主整栋公寓托管,公寓企业与业主共担风险、共享超额收益分成的新模式。

二是开放服务平台。在现有模式下,领先的公寓企业有可能开放成熟的管理系统、信息平台和租后服务,成为连接整个公寓行业的平台。日本的公寓运营商Leoplace 21开放了线下的销售门店网络,向加盟商开放本地的房屋管理和租后服务,根据管理房源数量和经纪成交单数向加盟商收取管理费用和成交佣金,同时向加盟商收取一定的特许经营费和培训费。对国内长租公寓企业而言,开放平台只能是一个探索,开放什么、如何开放、开放能够带来怎样的价值等问题依然没有明确的答案。但可以肯定的是,公寓行业的模式只有在不断试错中才能走出清晰的图景。

2.重者越重

重者越重意味着在土地与金融政策成熟后,将有更多的公寓运营商持有公寓产权。

持有物业的优势有以下三点:首先,在房地产上行周期,持有物业能够享受资产升值带来的溢价。例如,美国出售物业带来的投资回报是公寓 REITs 企业收入的重要组成部分。其次,公寓企业不受租期限制,装修成本能够通过更长的时间摊销,且装修溢价最终由持有方享受。最后,持有物业方享有更多的融资渠道和更低的融资成本,如抵押贷款、发行 REITs 等。

美国租赁房屋的 22% 为机构持有,REITs 持有的房屋数量占整个租赁市场的 3%。日本租赁市场中 17% 的房源由公司持有。现阶段,我国企业持有物业的主要障碍在于政策和金融工具。首先,土地政策不区分租赁住宅用地与商品房用地,企业购买土地后自行开发需要一次性缴纳高额出让金,资金压力较大。其次,我国缺乏有效的资金回笼方式。REITs 优惠政策尚未正式出台,市面上已挂牌发行的、为数不多的类 REITs 产品也未解决流动性、双重课税等核心问题。最后,租赁房屋的租金回报率甚至低于无风险利率。这导致企业即便能够通过 REITs 上市交易,寻求高回报率的住宅物业也相当有难度,所以持有的积极性很低。

未来土地、金融政策和宏观环境的变化将逐步引导一部分公寓企业走向更重的持有模式:首先,在租售并举的政策方向引导下,土地政策可能会更加灵活,以鼓励企业实现开发、持有、运营、服务一体化发展;其次,在去库存和盘活存量的主基调下,中国版 REITs 等金融工具可能择时推出。

公司篇

第十二章

聚焦核心城市的 EQR

导读

• EQR 是美国公寓 REITs 中的典型代表，其持有与管理房间数量、市值、营收规模、利润率等各方面在行业排名前列。

• EQR 的产品主要有以下四类：花园、中层或高层的公寓、一层的独立房、军事用房，品类齐全，面向多数美国人居住需求。经过多年的战略转移，公司多户型的产品开发覆盖全美核心区域。

• 近年 EQR 在资产的定位上做了很大的调整，逐步处理非核心市场资产，从低门槛市场转向高门槛市场，不断扩大核心市场份额。这也体现在地理位置的选择策略上，公司目前主要选择房价收入比高的地区，公寓布局主要在西海岸和东海岸的核心城市区域。

一、EQR 简介

EQR(Equity Residential Investment Trust)公司是美国一家房地产信托投资公司,成立于 1993 年,创始人 Sam Zell 起初与美林证券设立风险投资基金专门低价购买不良资产。公司经过 20 多年的发展,目前主营业务是购买、运营和管理多户住宅物业(multi-family residential properties),截至 2016 年,公司拥有 398 处公寓,估值超过 220 亿美元,出租率 96%,拥有 3 500 名员工(如图 12-1)。2016 年收入超过 24.2 亿美元,净利润 42.9 亿美元,较 2015 年增长了约 400%,这主要是由于 2016 年处置房产所得约 40 亿美元,EQR 公司股票投资回报 5 年复合增长率 8.4%,10 年复合增长率 10.7%,超越标准普尔 500 的平均 7.1% 的数值(如图 12-2)。

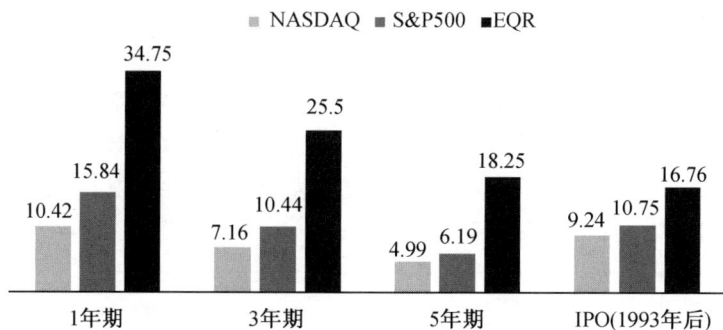

图 12-1　EQR 公司常年持续跑赢市场的回报(单位:%)

资料来源:EQR 公司年报,链家研究院。

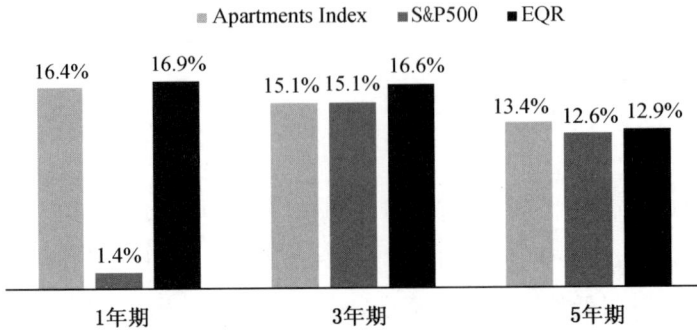

图 12-2 EQR 的股票回报与市场指数比较（2015 年）

资料来源：EQR 公司年报，链家研究院。

EQR 拥有的公寓资产具备高品质，分布地理位置佳的特点。经过多年的战略转移，公司多户型的产品开发覆盖全美核心区域，截至 2014 年，EQR 拥有或者投资的物业分布在 12 个州，超过 10 万套公寓单元。公司重点关注能够带来长期回报的投资市场，这些市场所覆盖的客户人群能够保证公司具有长久的盈利性。

公寓类 REITs 在所有 REITs 中大约占比 12％ 的市值。公寓类 REITs 行业中，EQR 市值一直处于行业领先地位，从 2006 年的近 150 亿美元到 2015 年的近 220 亿美元，始终处于领先地位，竞争对手第二名 AVB 发展速度紧随其后（如图 12-3）。行业第三名至今刚达到 EQR 10 年前的市值水平，其余竞争对手市值小而且集中于百亿美元以下。

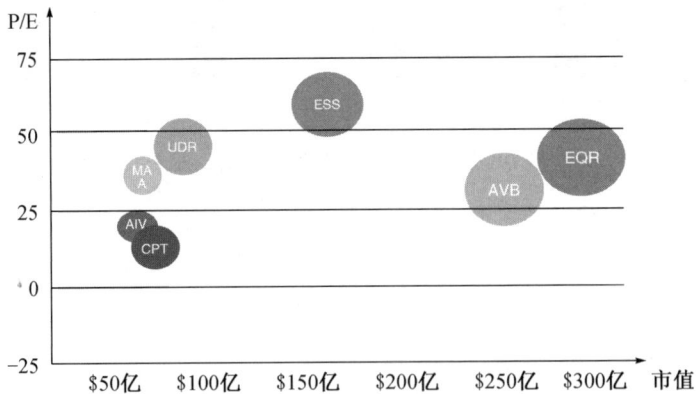

图 12-3 美国公寓 REITs 行业企业市值排名

资料来源：链家研究院。

在房屋持有的数量上，EQR 在 REITs 领域持有最多，目前拥有 109 225 套公寓，MAA（Mid-America Apartment Communities Inc）拥有 82 316 套公寓，AvalonBay Communities，Inc. 拥有 73 963 套公寓，Camden Property Trust 拥有 58 948 套公寓。

二、公司商业模式及产品介绍

（一）高门槛的市场选择

同其他公寓类 REITs 一样，EQR 通过购买、运营和管理多户住宅物业收取租金。EQR 的平均月租金收入为 2 306 美元/套，远超公寓类 REITs 的平均月度租金收入 680 美元/套。得益于 EQR 选择的高门槛市场的战略转型。公司 1994 年的租金收入为 22 万美元，到 2000 年增长到 195 万美元，6 年复合增长率 143％，10 年复合增长率 127％（如图 12-4）。

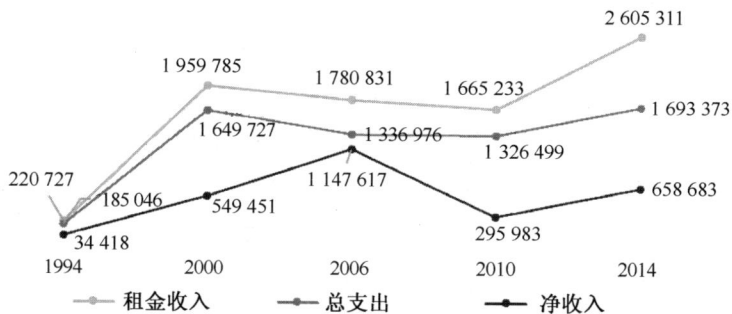

图 12-4　EQR 公司收入、费用与利润发展（单位：美元）

资料来源：EQR 公司年报，链家研究院。

在租金水平保持不变的情况下，通过最大化地扩大规模，将管理成本摊薄能够提升利润（如表 12-1）。

表 12-1 EQR 行业收购进程

时间	收购动作	涉及房间数量	意义
1997 年	6.2 亿美元股票＋3.32 亿美元贷款收购了 Wellsford Residential Property Trust	1.9 万套公寓	开始收购小型竞争对手
1997 年	6.25 亿美元和 4.32 亿美元贷款收购 Evans Withycomb Residential Inc	1.6 万套公寓	扩大南加州公寓市场份额
1998 年	22 亿美元收购 Lincoln Property Co. 和 Merry Land & Investment Co.	3.5 万套公寓，总房间数量达到 13.9 万套	确立当时美国最大的公寓运营商地位
1999 年	7.3 亿美元收购 Lexford Residential Trust	3.6 万套公寓	—

数据来源：链家研究院。

（二）多元化产品

公司的产品主要有以下四类：花园物业（garden）、多层高层公寓（mid/high-rise）、一层独立房（ranch）、军事用房（military house）。公司产品品类齐全，面向多数美国人居住需求。

花园物业是指两层或者三层的建筑。多层高层公寓是指大于三层的建筑，这两种物业类型还会提供娱乐设施，比如会所、游泳池、洗衣机和有线电视，有的会有额外的桑拿、温泉或者运动等设施。一层独立房属于传统型居住房间，仅有一层，属于单一的建筑，不提供娱乐和运动设施，特点是占地面积大，房间结实、造价高。军事用房是军事基地所用房屋。

三、公司发展战略

EQR 公司在制定发展战略时充分考虑全球经济、美国经济、区域经济和地方经济,推至其中的房地产市场,进而确定最佳投资的地理位置和房地产物业类型,然后再寻找适合收购的资产。在发展过程中经历了大规模融资扩张—剥离低收益资产—专注高端核心市场三阶段转变,房源数量也从 2006 年后开始逐渐减少,同时在物业选择上也只做 A 类住宅,其目前投资战略表现为下面三个方面:

(一)市场策略

2007 年,EQR 在核心市场发现机会,更加良好的就业机会使得这些市场能够保持旺盛的居住需求,并愿意为此支付相对高额的租金。于是公司在资产的重新定位上先做了很大的调整,市场的调整从低门槛市场转向高门槛市场。

从 2007 年开始,公司卖掉了超过 16 万间的房间,产生收入 160 亿美元。收购超过 6 万间房间,花费 190 亿美元,以及建造 57 亿美元的新项目。

公司之后还将继续处理非核心市场资产,进一步扩大核心市场份额(如表 12-2)。

表 12-2　EQR 扩张历程

时间	收购内容	意义
2005	8.16 亿美元收购 3 座高层公寓塔楼	扩大核心市场份额(纽约曼哈顿)
2007	17 亿美元收购 36 处公寓物业	扩大核心市场份额
2007	19 亿美元卖掉 73 处公寓物业	退出非核心市场
2008	2 300 万美元卖掉 Canyon Crest 公寓物业	退出非核心市场
2010	4.7 亿美元并购 3 座高层公寓塔楼	扩大核心市场份额(纽约曼哈顿)
2010	1.67 亿美元收购奢侈公寓物业公司 425Mass	扩大核心市场份额(华盛顿)

续表

时间	收购内容	意 义
2010	95 亿美元联合 AvalonBay Communities 收购高端公寓物业公司 Archstone Enterprise LP,EQR 公司占 60% 的股权	扩大核心市场份额
2013	卖掉 15 亿美元资产给 Real Estate Principal Investment Area of Goldman, Sachs & Co. and Greystar Real Estate Partners LLC	退出非核心市场
2014	1.43 亿美元收购一处公寓	扩大核心市场份额(洛杉矶)

资料来源:链家研究院整理。

(二)产品策略

公司在产品种类方面逐步聚焦于高层公寓产品,产品数量整体表现为:花园物业逐渐减少,从 2000 年的超过 18 万套到 2014 年的仅 5.7 万套;多层高层公寓产品数量增加;军事用房数量占比小,保持稳定;一层独立房于 2007 年之后全部卖出(如图 12-5)。

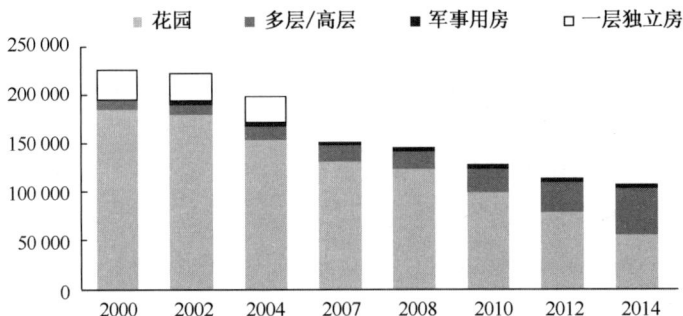

图 12-5　EQR 产品发展变化(单位:套)

资料来源:EQR 公司年报,链家研究院。

(三)地理策略

由于美国土地的需求和政府的条例限制,难以建造新的公寓,所以新供给受限制。而经济增长形势好,带来高就业率和家庭组成率,从而创造出高需求。因此公司在地理位置选择上的策略为选择房价收入比高的地区,公寓布局主要在西海岸和东海岸的核心城市区域,比如西海岸的旧金山、洛杉矶和西雅图,东海岸的纽约、波士顿、华盛顿等城市。其中旧金山的房价收入比已经达到约 11 倍,洛杉矶 8 倍,纽约 7 倍,美国平均水平约 4 倍(如图 12-6)。

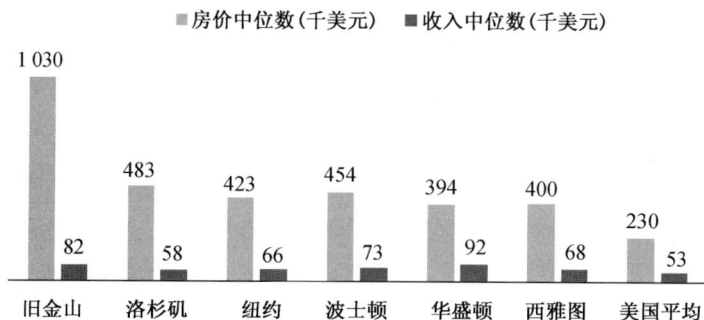

■房价中位数(千美元)　■收入中位数(千美元)

图 12-6　美国房价和收入中位数对比(2015)

资料来源:U.S. Census Bureau,链家研究院。

第十三章

注重自建开发的 AVB

导读

• AVB 是一家历史超过 20 年的美国公寓类房地产投资信托公司,多年来市值紧随 EQR 之后,位列行业第二。

• AVB 的房屋由多种类型组成:花园、多层公寓、高层公寓、联排别墅等。公司根据客户的需求的变化,通过资源投放在开发、改造、收购和卖出资产来调整自己的组合,能够更适应客户的需求,这样的策略使得公司能够在各阶段保持价值的最大化。

• AVB 从市场的选择到后期的开发、收购及管理运营环节精心布局,形成从市场选择到后期运营处置环节成熟的产业链。AVB 选择目标客户时更偏向于空巢或无孩夫妇,瞄准这一群体,推出高端租住公寓服务。AVB 在地理位置选择上,将公寓组合主要分布在经济发达的城市与环中心城市的交通线区域。

一、AVB 介绍

AVB 是一家历史超过 20 年的美国公寓类房地产投资信托公司（REITs），由 1993 年上市的 Avalon Properties 和 1994 年上市的 Bay Communities 于 1994 年共同组成。公司进行公寓物业的开发、购买和管理。截至 2015 年，公司直接或者间接拥有 259 个公寓社区，掌管公寓超过 7 万套，总收入达到 18 亿美元，运营利润 12 亿美元，净利润 700 万美元，市值达到 250 亿美元（如图 13-1）。多年来市值紧随 EQR 之后，位列行业第二。2007 年，AVB 成为第 12 家加入标准普尔 500 的 REITs。

■ EQR　■ AVB　■ ESS　□ UDR

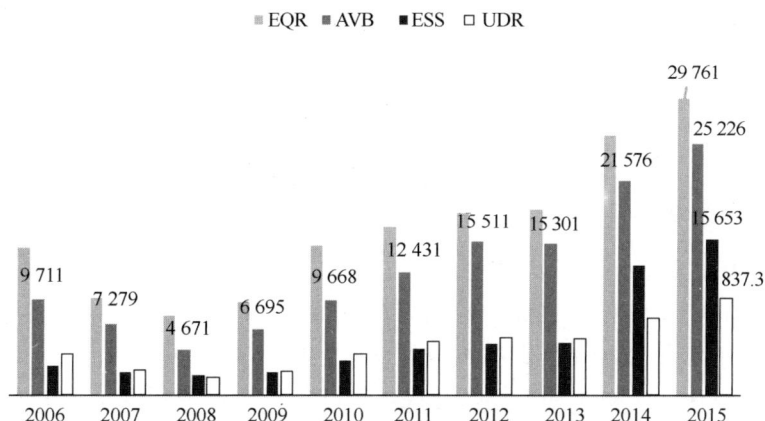

图 13-1　公司市值对比（单位：百万美元）

资料来源：各公司年报，链家研究院。

二、公司商业模式

(一)公司商业模式

1.价值创造链:从开发到处置

公司从市场的选择到后期的开发、收购及管理运营环节精心布局,形成从市场选择到后期运营处置环节成熟的产业链(如图 13-2)。

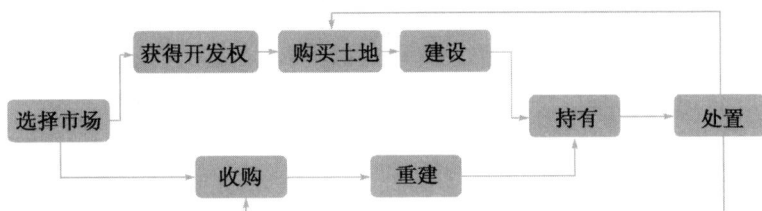

图 13-2 价值创造链,从开发到处置

资料来源:链家研究院。

AVB 选择土地开发的重点在于能够兼顾成本和开发的低风险。首先选择核心城市作为目标市场,然后和目标物业业主进行谈判,签署长期的合同能够使公司在公寓和土地的获取上更具有竞争力。

2.持有——物业管理战略与成本控制使得运营费用低于租金增长

公司寻找增加运营收入的途径包括创新、开发出多样化的服务种类、关注租户的满意度、配置租约、平衡高入住率和增长的租金价格的关系、员工收入管理、最大化租金价格等。从 2001 年开始,AVB 的每套房租金收入在波动中稳定上升,从 2001 年的 14 016 美元增至 2015 年的 24 424 美元,复合增长率为 4%。

AVB 一开始定位高端,每套公寓运营费用上升。公司通过使用采购订单控制,从预先批准的供应商处购买产品和服务,将一些服务外包给第三方供应商等方法有效控制租金成本。运营费用从 2001 年的 3 582 美元增加到 2015 年的 5 937 美元,复合增长率为 3%。

最终的运营能力用产生的 FFO(营运现金流)进行衡量,可以看到

AVB 的运营能力在不断上升,每套公寓产生的 FFO 能力增强,从 7 000
美元上升到超过 1.4 万美元(如图 13-3)。

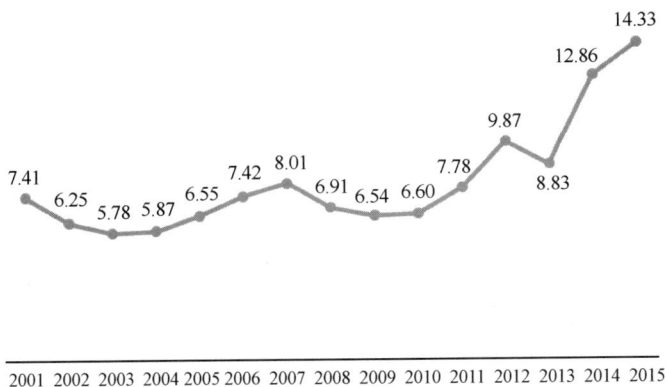

图 13-3　每套公寓产生的 FFO(单位:千美元)

资料来源:链家研究院。

3.灵活的处置策略

公司出售不符合长远计划的物业,当市场情况良好的时候,在销售顺
序上重新部署。例如 2004 年卖掉 2 500 万美元资产,2002—2004 年卖掉
7 100 万美元资产,收回 2 350 万美元收益,收益率 5.8%(如图 13-4)。

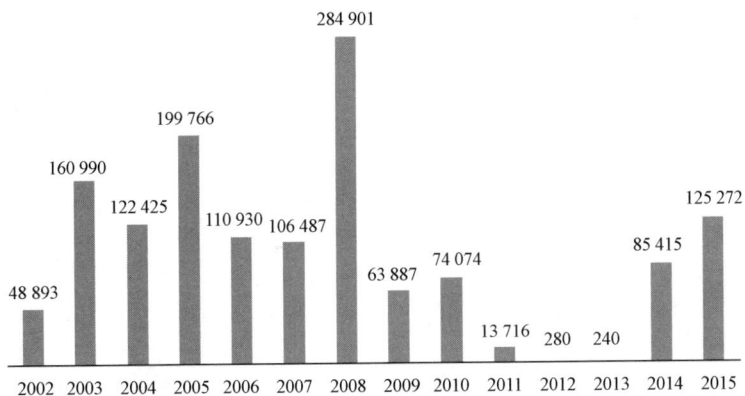

图 13-4　房地产出售收益(单位:千美元)

资料来源:公司年报,链家研究院整理。

(二)公司产品

AVB 的房屋类型由多种组成:花园、多层公寓、高层公寓、联排别墅。

公司根据客户的需求的变化,通过资源投放在开发、改造、收购上和卖出资产来调整自己的组合,这样的策略使得公司能够在各阶段保持价值的最大化。

花园物业包括:全套厨房、步入式衣柜、壁炉、现代化设施等。社区设施包括:游泳池、健身中心、网球场和前厅。

2004 年,花园类房屋占比 51％,多层占比 27％,高层占比 16％,联排占比 6％。郊区占比 78％,城市占比 22％。到 2015 年花园类房屋仍然为主力,占比 56％,多层占比 35％,高层占比 8％,联排占比 1％。

三、公司发展战略

(一)目标市场战略

AVB 选择目标人群特征——空巢或无孩夫妇。从美国人口趋势来看,家庭组成人数越来越少,人数少对房屋居住的空间要求变低,品质变高,尤其是"婴儿潮"一代的子女成人并移居其他城市后形成的"空巢老人"群体,更倾向于享受高品质的公寓租住(如图 13-5)。于是 AVB 瞄准这一群体,推出高端租住公寓服务。

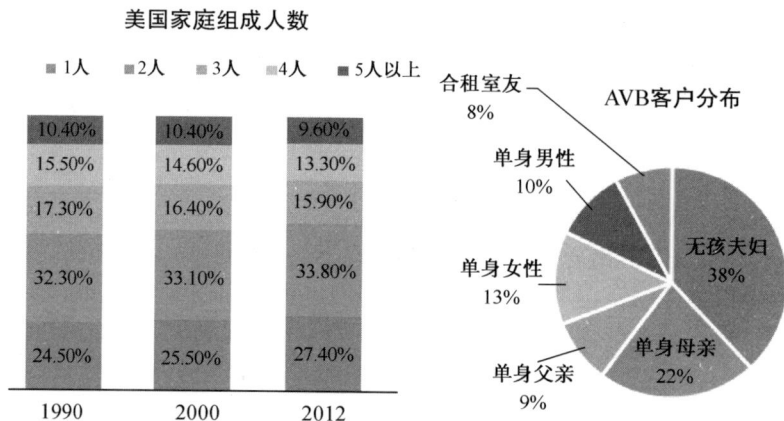

图 13-5　美国家庭组成人数和 AVB 客户分布

资料来源:公司年报,链家研究院整理。

(二)地理投资战略

AVB通过研究美国主要大城市区域的人口特征发现：其家庭收入7.5万美元以上的比例高于全国平均水平至少 6％,20～34 岁人群比例略高于全国,房价中位数/家庭收入中位数的比例,高于全国平均水平3.2％。

AVB针对上述特征,将公寓组合主要分布在经济发达的城市与环中心城市的交通线区域(如图 13-6)。

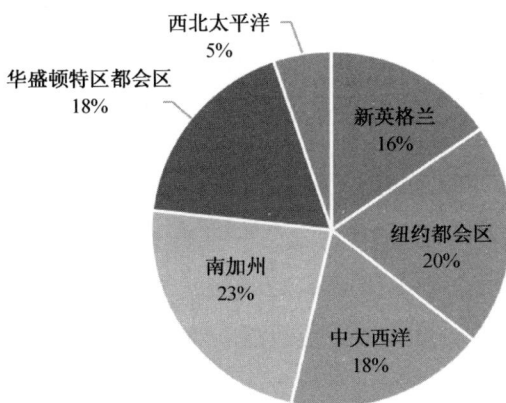

图 13-6 AVB 的社区地理分布

资料来源：公司年报,链家研究院整理。

(三)品牌战略:三个子品牌对应细分市场

AVB 主要有三类子品牌,为不同年龄和不同收入水平的租户提供满足其需求的产品。Avalon 是主打品牌,主要提供高端公寓的租住和娱乐服务;AVB 的目标客户群体是希望能住在交通和购物方便的市区的年轻人,一般来说房间偏向小型、现代化的设计;Eaves by Avalon 的目标租户是希望能够在郊区寻求高性价比公寓的人群。

(四)收购战略——讲规模经济又不完全讲"规模"

在 REITs 领域,一直以来,为了实现规模经济下的费用摊薄,公司一般都通过并购的方式来扩大规模。对于 AVB 来讲,规模经济重要,然而规模经济的"规模"也并非一味扩大。AVB 通过系统优化现金流来开发和收购社区公寓,在收购的公寓上通过运营、重新定位、重新装修,同时借助金融工具实现资产的增值。

(五)资本战略

1.DOWN REITs 结构保证灵活性

与最大公寓运营商 EQR 的伞型 REITs 不同,AVB 的结构是 DOWN REITs。在这种结构下,REITs 持有和经营原有的大部分房地产物业,而成立的经营性合伙企业持有和管理后获得的房地产。在 DOWN REITs 结构中,REITs 可以成为多个 DOWN REITs 合伙企业的普通合伙人,即可以同时实现设立多个经营性合伙企业(如表 13-1、图 13-7)。

表 13-1 UP REITs 及 DOWN REITs 比较

比较	UP REITs	DOWN REITs
业主回报	持有 REITs 者拥有固定回报	第一优先回报等同于前业主
合伙企业数量	拥有一个合伙企业	拥有多个合伙企业
多样化	多样化的资产	单独资产
交换单位比例	交换单位基于一比一的比例	交换单位比例可以谈判

资料来源:链家研究院整理。

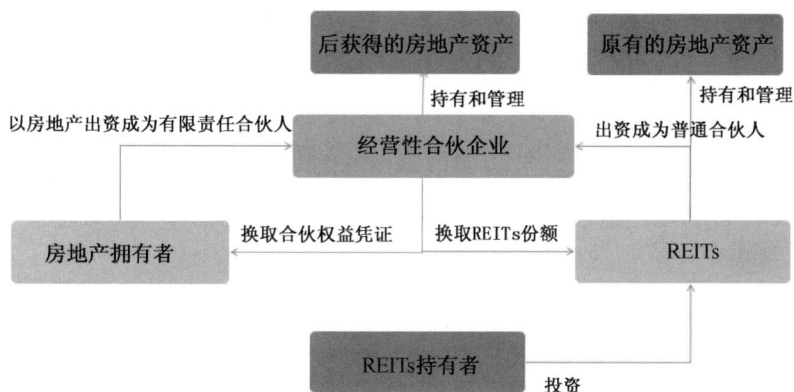

图 13-7　DOWN REITs 的运营模式

资料来源：链家研究院整理。

2.资本来源：发展私募股权基金作为收购资本来源

AVB 通过先后成立两只私募股权基金，为投资提供了股权资本，持续地保持股价上升的同时保护投资者的利益。

3.领先的分红比例留住投资者

在 1994 年成立后，AVB 的分红起初低于行业平均水平，而 2002 年之后便领先于行业平均水平。2001—2015 年，分红复合增长率 5%，高分红比例赢得了投资者的信心（如图 13-8）。

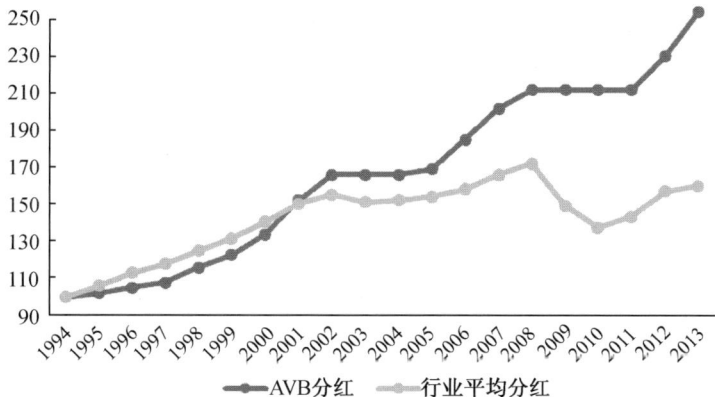

图 13-8　AVB 和行业平均的分红（单位：百万美元）

资料来源：公司年报，链家研究院整理。

第十四章

布局次核心城市的 MAA

导读

• MAA 通过稳健经营发展壮大，目前已经成为全美市场份额第二大的公寓 REITs。公司注重于美国东南部和西南部公寓社区的并购、建造、开发与运作。

• MAA 注重租户的续租率和扩张后的营运成本压力，一直在执行公寓升级的战略，这其中包括出售旧的公寓、对现有公寓再装修、多元化定价等措施。公司始终认为在公寓市场，公司规模大能利用规模效应去创造机会，而规模小能保证灵活性，有足够的转型潜力。

• MAA 以工作需求增速作为选城策略，尤其是在福布斯 500 强企业所在地进行公寓布局，以未来长远发展为目标，选择保持其市场的大跨度、公寓组合多样性的特点。多样化的策略使其能更好地应对宏观经济带来的房地产市场波动。

一、MAA 简介

美国第二大公寓企业 Mid-America Apartment（MAA）成立于 1977 年，于 1994 年上市。公司起初只有 333 套公寓，后联合 19 家公寓社区，组成 MAA 公寓 REITs。在 2013 年 6 月，MAA 通过一次全股票交易以大约 21.5 亿美元的价格收购 Colonial Properties Trust（CLP），合并后公司的市值达 51 亿美元左右。截至 2014 年 12 月 31 日，公司于全美 14 个州中拥有并经营 268 处公寓社区，约有 82 316 户公寓，成为全美第二大公寓 REITs（如图 14-1）。公司注重于美国东南部和西南部的公寓社区的并购、建造、开发与运作。

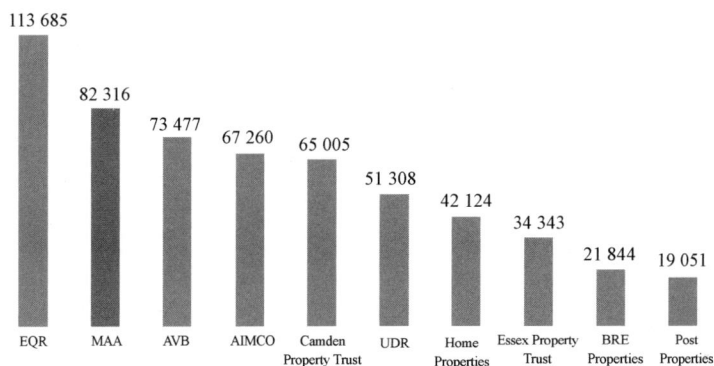

图 14-1 MAA 市场份额（单位：套）

资料来源：公司年报，链家研究院。

二、公司商业模式

MAA 注重租户的续租率和扩张后的营运成本压力，在公司上市初期，通过卖出老旧物业，来保持物业较新的年限（平均 11.1 年）。早期的稳健经营，使得 MAA 在 1998—2001 年期间保证了其租户的忠诚度。MAA

始终认为在公寓市场,公司规模大能利用规模效应去创造机会,而规模小能保证灵活性,有足够的转型潜力,因而在 1999—2012 年,公司只增长了15 000 套房源(如图 14-2)。

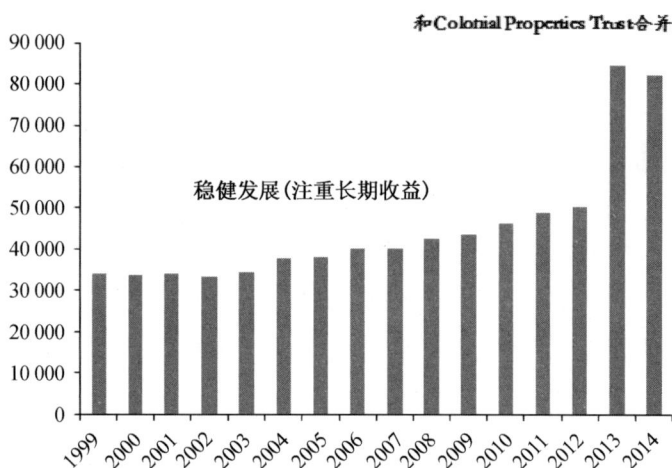

图 14-2　MAA 16 年公寓数量变化(单位:套)

资料来源:链家研究院整理。

同时 MAA 一直在执行公寓升级的战略,这其中包括出售旧的公寓,购入新的公寓的措施。自 2010 年到 2015 年第一季度,MAA 出售了11 462 套旧房子(平均年限 26 年),逐步支出共计 18 亿美元购买或者开发新的公寓(如图 14-3)。

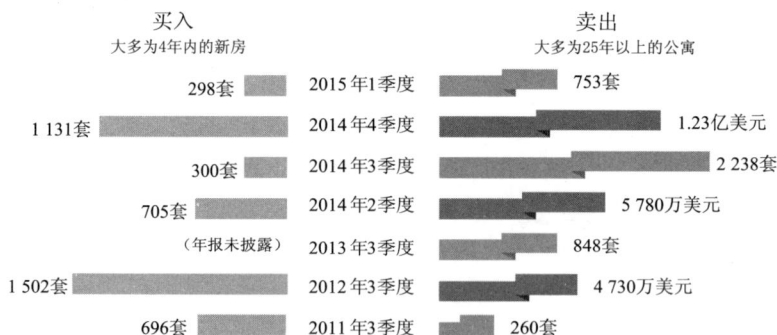

图 14-3　MAA 近几年公寓数量变化

资料来源:公司年报,链家研究院。

MAA 也非常注重再装修,累计投入 6 600 万美元。从 2009 年开始,MAA 已经升级改造了 9 090 套公寓,通过再装修计划,提升了 MAA 公寓组合的客单价,让其在自己的精耕区域更具竞争力(如图 14-4)。

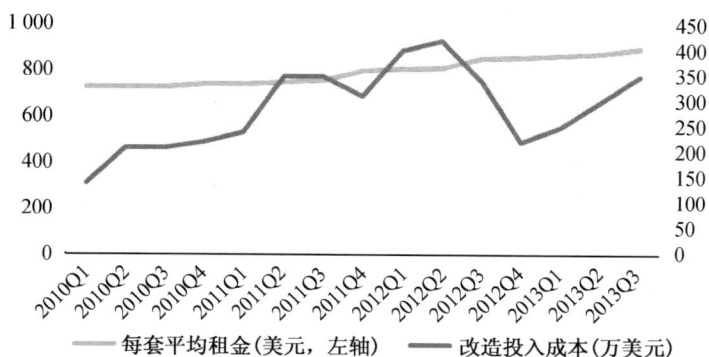

图 14-4 MAA 再装修与客单价

资料来源:公司年报,链家研究院。

近年的年报统计显示,从 2014 年第一季度到 2015 年第一季度,每季度再装修 1 000 间以上,装修后的公寓平均出租率比未装修的公寓高约10%,同时其每季度再装修投入也有上涨趋势(如图 14-5)。

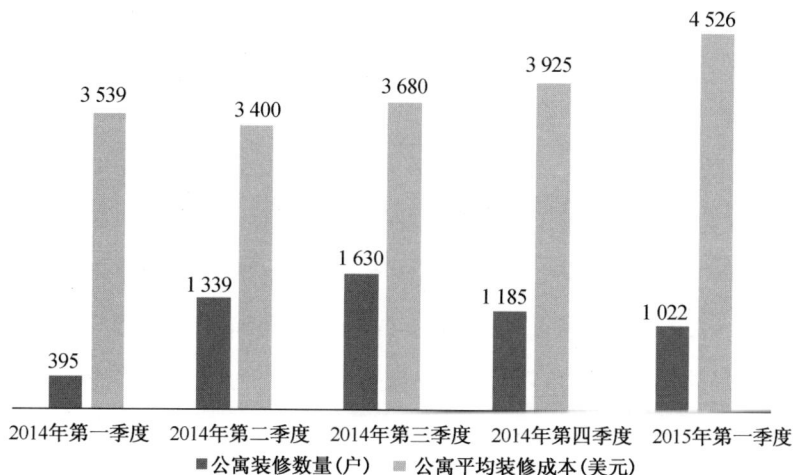

图 14-5 MAA 再装修情况

资料来源:公司年报,链家研究院。

259

公司在产品上采取多元化的定价策略,其定价跨度从 566 美元到 2 218 美元,覆盖不同人群,可以有效降低风险。公司通过对现有公寓的再装修与升级保持内生动力。

三、公司发展战略

(一)稳健经营、深耕潜力地区

在 20 多年的发展中,MAA 没有大规模融资并购,而是通过稳健经营,深耕高就业增速地区(如得州),以未来长远发展为目标,选择保持其市场的大跨度,公寓组合多样性的特点。多样化的策略使其更好地应对宏观经济带来的房地产市场波动。

公司采取稳健的收房、处置和升级改造策略。早期的十几年发展历程中,公司只收取了 15 000 套房源;同时每年不断处置老旧物业,以保持较好的物业年限;从 2005 年开始,每年大量投入资本进行再装修改造,提升了公寓的竞争力、客单价。

以工作需求增速作为选城策略。公司时刻监控目标城市的产业格局,产业格局决定人口流动,人口流动决定了出租率,出租率影响投资收益。公司认为出租需求和工作需求紧密相关,而核心城市的工作需求已经被 EQR、AVB 等公寓公司锁定,MAA 公司则瞄准了以达拉斯为代表的美国新兴的发展型城市,虽然这些城市的客单价比核心城市低,但靠着公司出色的运营能力,以及较快上涨的工作需求,MAA 在 20 年的发展中相比同类公司依然有着较好的收益。

MAA 在得州地区精耕,同时在福布斯 500 强企业所在地进行公寓布局,没有选择进军 EQR 和 AVB 所在的纽约和洛杉矶(如图 14-6)。

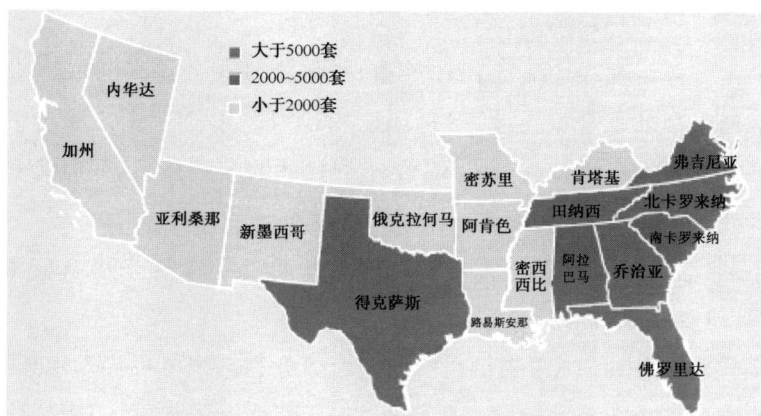

图 14-6　MAA 公寓组合范围

资料来源：公司年报，链家研究院。

以福布斯 500 强企业所在地为例，共有 162 家企业坐落在 MAA 布局的 14 个州，为其租赁需求注入驱动力（如图 14-7）。

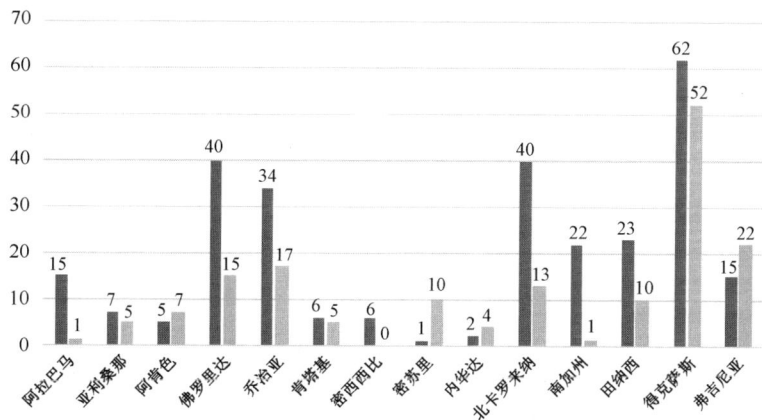

图 14-7　福布斯 500 强企业所在地和 MAA 公寓布局

资料来源：公司年报，链家研究院。

（二）注重内在竞争力

公司内在竞争力的提升主要体现在人才培养、系统优化和多样化服务。

公寓行业目前人才流失比较严重,市场上缺乏物业管理、公寓管理、金融资产管理的复合型人才,管理团队建设对公寓企业未来稳健发展至关重要。公司十分重视高管人才,设计了合理的薪酬体系,同时为租客提供多样化服务,增加多元收入。

不断优化技术运营平台。从 2000 年开始,MAA 逐步更新公寓管理系统、计费收入系统和社交平台。

多样化服务。MAA 提供付费的搬家服务和有线电视接入优惠折扣。

我国公寓企业目前除租金收入外,在公寓这个强线下入口,还应开发多样化的服务和变现模式。

第十五章

全国化布局的大东建托

导读

　　• 大东建托是日本最大的租赁住宅资产管理公司,于1974年创建于名古屋市。在两项住宅租赁的核心业务上,大东建托都连续多年名副其实的是行业第一,它的成长和发展具有代表性。

　　• 大东建托始终以轻资产的模式扩张,将重点放在前端的销售、市场分析。在市场选择上,虽然首都圈的租赁住宅建设体量最大,但日本其他地方的租赁住宅建设与管理需求的市场也具有很大规模,大东建托选择在全国范围内开展业务,并尽量均衡各个地区业务占比。

　　• 大东建托以创新业务模式更好地服务业主。在金融方面,经营房租保险的大东共济会是大东建托的创新。在具体经营上,大东建托注重与业主的沟通,信息透明度高,致力于建立长期的合作关系,还设立了促进房东间信息交流的俱乐部"大东房东会"。

一、优秀市场表现引领市场

大东建托是日本最大的租赁住宅资产管理公司,于 1974 年创建于名古屋市。在两项住宅租赁的核心业务上,大东建托连续多年名副其实的是行业第一,它的成长和发展具有代表性。

大东建托以优秀的市场表现回报股东,目前市值约 12 380 亿日元(合 760 亿元人民币),股价从上市以来增长了约 10 倍(如图 15-1)。

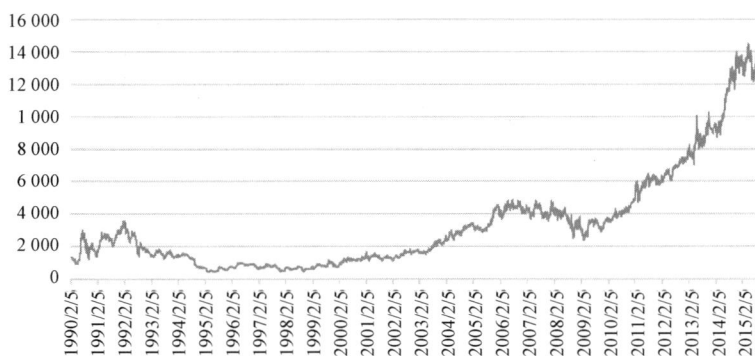

图 15-1　大东建托上市以来股价表现(单位:日元)

资料来源:Bloomberg,链家研究院。

大东建托 2015 年销售收入 14 116 亿日元(合 867 亿元人民币),净利润 673 亿日元(合 41 亿元人民币)(如图 15-2)。大东建托将近一半收入为建筑业务,其不仅为公司贡献了大部分利润,而且与公司资产管理业务有很高的协同性。建筑商提供一站式长期托管业务促成更多的建筑订单,进而促进了公司向下游发展的动力。

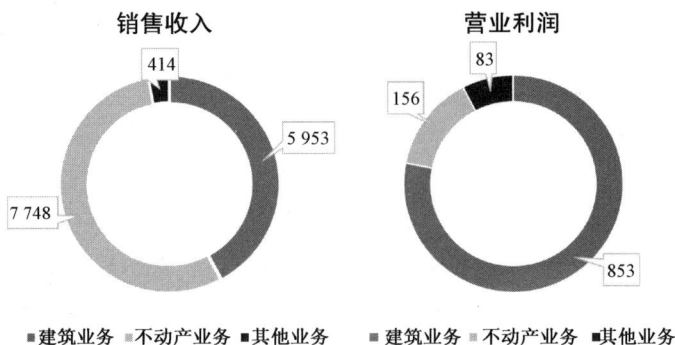

销售收入   营业利润

图15-2　大东建托销售收入与营业利润构成(单位:亿日元)

资料来源:公司年报,链家研究院。

　　大东建托目前有22家围绕租赁住宅管理和中介开展业务的子公司,主要分为:资产管理公司(大东物业管理)、租赁中介(Housecom)、不动产信息提供(房产垂直网站 eheya.net、房产杂志出版社 Juicy)、房产担保业务(担保公司 Houselive)、金融服务(大东未来信托、保险公司 Houseguard和火灾再保险公司)、其他(诸如煤气公司、幼儿园、老人院等)。其中租赁中介公司 Housecom 单独在日本 JASDAQ 上市。

二、轻资产模式向全国布局

　　大东建托始终以轻资产的模式扩张,主要体现在:①大东建托所有的建筑施工全部外包,自身将重点放在前端的销售、市场分析;②业主付费,在实行资产管理的托管制度之前,大东建托仅负责轻资产的管理部分,实行托管之后大东建托另外承担了中途维修费用,尽管成本有所增加,但仍然属于轻资产模式。

　　虽然首都圈的租赁住宅建设体量最大,但日本其他地方的租赁住宅建设与管理需求也确实存在,大东建托基于此判断,认为不论是首都圈还是其他地方都有其相应不同的租赁住宅建设与管理需求,因此选择继续在全国范围内开展业务,并尽量均衡各个地区业务占比(作为对比,管理

规模第二大的 Leopalace21 管理的住宅主要集中在三大都市圈）（如图 15-3、图 15-4）

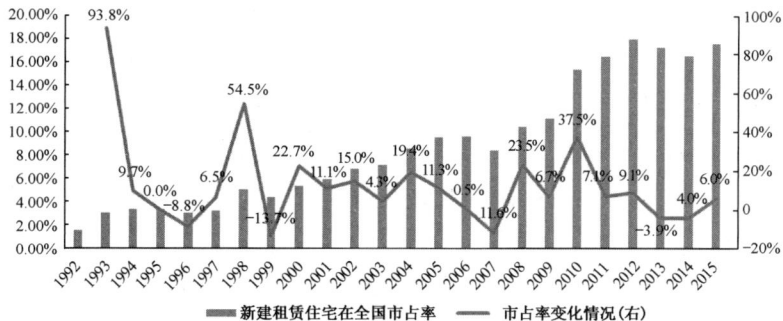

图 15-3　大东建托新建租赁住宅市占率变化情况

资料来源：公司决算资料、链家研究院整理。

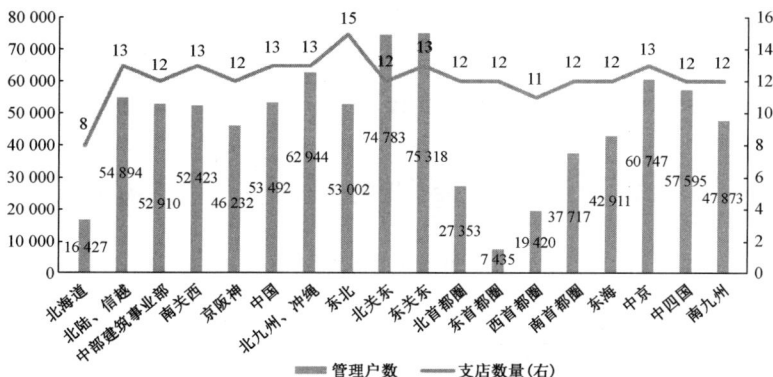

图 15-4　2014 年大东建托全日本事业布局情况

资料来源：大东建托 2014 年统合报告书、链家研究院整理。

三、创新模式更好服务业主

经营房租保险的大东共济会是大东建托的创新。创始人多田胜美发现很多租赁房屋的业主因为盖房时大量贷款，希望有连贯稳定的房租收入，于是 1980 年创设了"大东互助会"，入会的业主与大东建托签订资产管理合同,由大东建托进行物业管理,并且付出房租租金 4% 的会费就可以在房屋空置的时候也能够收到 90% 的房租,这作为一种变相的保险制度得到当时保险业的认可(如图 15-3)。

2006 年,日本修改了《保险业法》,使得大东互助会的房租保险面临被取缔的危机,迫使大东建托用资产管理的托管形式替代了原先的互助保险(如图 15-4)。

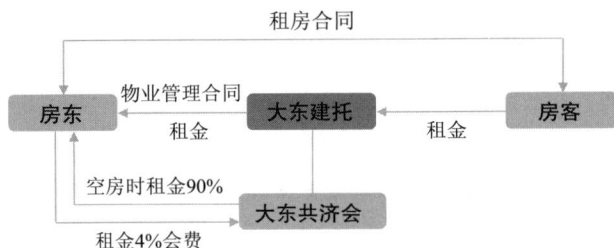

图 15-3　2006 年以前的物业管理＋大东共济会模式

资料来源:链家研究院

图 15-4　2008 年以后的托管模式

资料来源:链家研究院

尽管两种模式都意在为房东提供空房房租保障,但是实际的法律关系发生了变化,在新模式下大东建托额外承担了房屋退租清扫、维修整理的费用。经过两年缓冲期,大东共济会会员基本完成了向托管房屋业主的转变。同时大东建托大力推广从土地建设开始的"建造＋托管运营"全套解决方案的业务模式托管制,为土地主量身定制租赁住宅的建设方案,并与业主签订长达 35 年的托管合同(如图 15-5)。

尽管大东建托从创业之初就是从为土地业主和房屋业主服务的角度出发,它相信只有掌握大量的业主,建立长期的信任和委托管理关系才是生存之道。但是最近 10 年,大东建托面对的市场环境和监管环境都发生了巨大的变化,在转租模式下必须同时服务好房东和租客才能立足。

```
                                                          90.2
                                                 84.3  ●
                                        78.5  ●
                               73.3  ●
                      68.4  ●
             63.8  ●
          ●
```

| 2010 | 2011 | 2012 | 2013 | 2014 | 2015 |

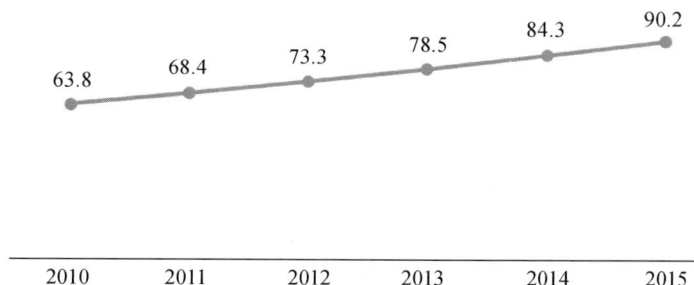

图 15-5　大东建托托管户数增长（单位：万户）

资料来源：链家研究院。

租赁住宅资产管理行业是连接业主与租客的桥梁，只有满足双方需求才能立足于市场，大东建托的主要经验有以下几点：

1.坚持以服务业主为出发点

大东建托最主要的利润来源为建筑业务，满足土地业主的需求是其立足的根本。大东建托建筑业务毛利率与净利率远高于托管业务，但是由建筑商提供的一站式长期托管业务，促成了更多的建筑订单，住宅建筑与租赁住宅资产管理业务有很高的协同性，因此建筑商有充足的向下游拓展的动力。原因有以下几点：

（1）日本租赁住宅投资属性强，作为产业链最上游的建筑商更容易提供一站式的资产管理服务。日本住宅专用性强，集合住宅的大厦和公寓一旦建成很难从出租完全转为自住。因此，建设集合住宅的投资属性比较明显，业主在规划土地的使用价值时必然要考虑未来的收益水平，而建筑商能够以自身的专业和信息优势帮助业主做出运营规划。

（2）一般的土地所有人往往缺乏房地产领域的专业知识，大东建托提供的包括前期融资、手续办理、交付运营等一站式服务大大减少了业主的工作量。

在具体经营上，大东建托注重与业主的沟通，信息透明度高，致力于建立长期的合作关系。大东建托设立的"大东房东会"是一个促进房东间信息交流的俱乐部，定期向缺乏投资经验的房东提供关于税收、遗产继承、融资方面的讲座，也免费提供关于资产利用、理财规划等的投资咨询。

与大东建托签订房屋建造合同的房东可以在网站上随时查看自己房子的在建照片和工期进度,查阅房租收入报告、建筑物定期报告书。与中国住宅托管中介信息不对称的情况相反,业主可以随时看到自己房子的租客签约情况,入住率及房租等信息都向房东公开,大东建托与业主建立了长期的信任关系。

2.重视租客,入住率高

尽管日本的房屋闲置率年年攀升,广义的闲置率已达到18%,但是大东建托的房屋入住率一直控制在96%以上,比起资产管理行业的第二Leopalace21高出了8个百分点。

大东建托的高入住率归因为几个方面:第一,房屋较新,第二,注重租客的租住体验。具体措施有:建立"24小时Live-up Support"服务中心,随时解决租住中遇到的问题;向入居者赠送国内外20万个店铺或景点的打折券;与全国3 700多家店铺建立合作关系,在网站上提供租住地附近诸如自行车维修点、咖啡店等生活信息;另外,大东建托也是唯一一家入住时费用、每月租金可以用信用卡支付的管理机构。

第十六章

注重企业与单身客户的 Leopalace21

导读

• Leopalace21 是日本租赁住宅管理户数位列第二的资产管理公司。公司从成立以来一直耕耘在小户型住宅房产领域，随着经济大环境的变迁，Leopalace21 在产业价值链的位置多次移动，目前以租赁住宅资产管理业务和建筑服务业务为双核心。

• Leopalace21 的房屋主要分布在人口密集的三大都市圈内，公司的产品运营具有关注单身群体、注重公司客户、提供全流程服务与短租业务等特点。

一、资产管理与建筑服务组成双核心

Leopalace21 是日本租赁住宅管理户数位列第二的资产管理公司。公司从 1974 年成立以来一直耕耘在小户型住宅房产领域,随着经济大环境的变迁,Leopalace21 在产业价值链的位置多次移动,主营业务从房地产开发一度转变为与大东建托类似的建筑服务商和租赁住宅运营商,而目前主要营业收入则为资产管理业务。2014 年管理户数达到约 55 万户,市占率为 4.72%。

Leopalace21 同样以租赁住宅资产管理业务和建筑服务业务为双核心,租赁住宅资产管理业务与建筑服务业务的销售收入占比超过 94%,其中租赁住宅资产管理业务达到 80%(如图 16-1)。

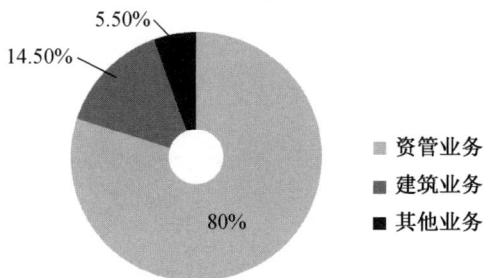

图 16-1　各项业务销售收入占比

资料来源:公司年报,链家研究院。

尽管 Leopalace21 的主营业务为租赁住宅资产管理和建筑服务,其他业务的营收比例不足 6%,但它在新领域的探索也值得借鉴。公司依托 Leopalace 品牌进行延伸,形成了主要包括养老设施、太阳能发电等新领域五类业务的集团公司,还积极进军海外市场(如图 16-2)。

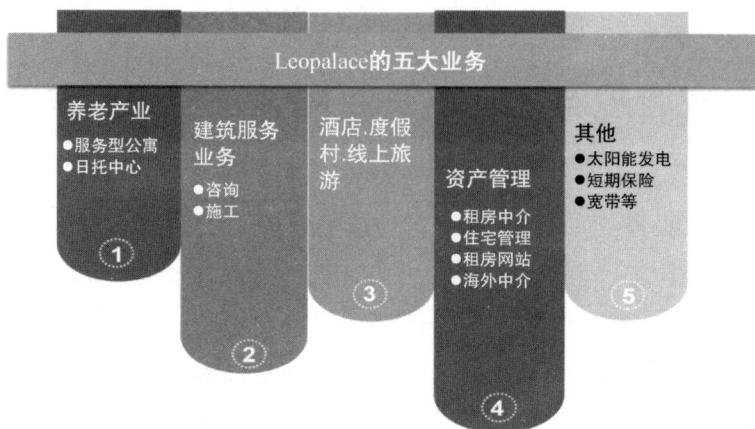

图 16-2　Leopalace21 的五大业务
资料来源：链家研究院。

二、精细化管理细分市场

Leopalace21 的房屋主要分布在人口密集的三大都市圈内，公司运营具有以下特点（如图 16-3）：

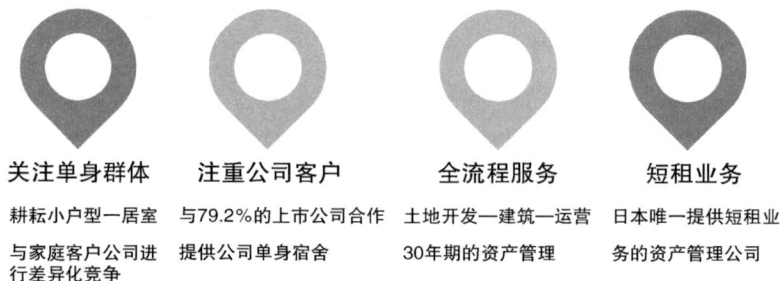

关注单身群体	注重公司客户	全流程服务	短租业务
耕耘小户型一居室	与79.2%的上市公司合作	土地开发—建筑—运营	日本唯一提供短租业
与家庭客户公司进	提供公司单身宿舍	30年期的资产管理	务的资产管理公司
行差异化竞争			

图 16-3　Leopalace21 业务特点
资料来源：链家研究院。

1.面向单身群体

公司从 1974 年成立以来一直耕耘小户型、一居室，在单身租赁住宅领域积累了丰富的经验，与以家庭为主要客户群体的公司形成了差异化竞争（如图 16-4）。

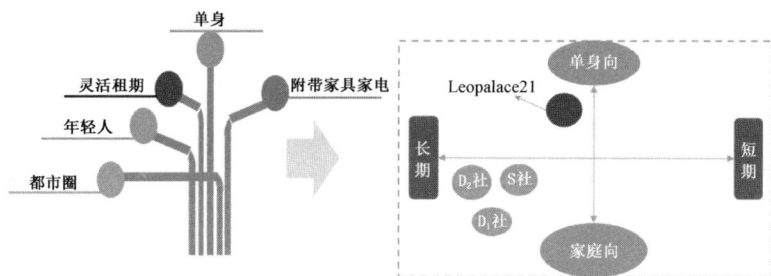

图 16-4 Leopalace21 市场定位

资料来源：链家研究院整理。

面向单身的产品特性带来两方面的优势：一是受租赁市场萎缩趋势影响较小。二是提升 Leopalace21 的利润率。

2.注重公司客户

Leopalace21 针对公司客户专门成立了区分客户行业的营业部，有针对性地对特定行业客户进行服务，解决了企业分支机构分别找房子成本高的问题。目前日本已有 79.2% 的上市公司与 Leopalace21 签订合同，为公司员工提供单身宿舍。

3.全流程服务

Leopalace21 对业主的服务贯穿从建筑到持续运营的整个周期，运营模式为租赁住宅建设及其后长达 30 年的资产管理（如图 16-5）。房屋运营期间发生的所有费用都被提前成本化，呈现给土地业主的仅是一项建筑费用总支出和每月租金收入，大大减少了业主付出的精力和时间。

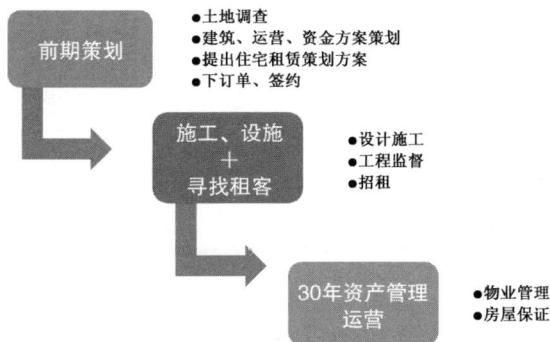

图 15-5 Leopalace21"建筑＋30 年资产管理"方案基本流程

资料来源：链家研究院。

4.提供短租

Leopalace21的租住合同相比其他品牌更加丰富,租房合同期限、客户对象、房间配置都更加灵活,满足长期租房、短期租房、出差等多种情景的需要。

相对于其他公司,Leopalace21是唯一一家提供短期住宿的资产管理公司。

第十七章

穿越牛熊周期的三井

导读

• 三井不动产集团是日本规模最大的房产开发商,营收规模超过万亿日元,市值超过千亿元人民币。在日本数次房地产大周期中,三井通过不断调整自身商业模式、不断自我革新,始终保持在行业前列。这对于正处于转型中的中国开发商如何在存量时代探索出创新的发展路径,具有极大的借鉴意义。

• 三井的业务横向覆盖了办公、商业、住宅、物流、酒店和房地产金融等多种形态,纵向涉及开发、交易、持有、运营等多个环节,形成了以"开发十持有十管理"为主的商业模式。

• 三井集团的战略规划,将业务高度集中于东京,写字楼、商业地产与住宅主要分布在首都圈内;以社区为整体进行开发,通过对社区初期建设和长期维护,创造机能丰富并相互渗透的高价值街区。

三井不动产集团是日本规模最大的房产开发商,营收规模超过万亿日元,市值超过千亿元人民币。在日本四次房地产大周期中,三井通过不断调整自身商业模式、不断自我革新,始终保持在行业前列。截至目前,三井的业务横向覆盖了办公、商业、住宅、物流、酒店和房地产金融等多种形态,纵向涉及开发、交易、持有、运营等多个环节,形成了以"开发+持有+管理"为主的商业模式,将为我国房企的业务转型提供良好的借鉴。

一、成长历程:在变革的机遇中成长

三井品牌可以追溯到 1670 年成立的高档和服店。1914 年,三井不动产部门成立;1949 年,三井不动产从财阀中分离,成立独立的三井不动产公司;1949 年,三井不动产公司上市。在超过一个世纪的成长过程中,三井不动产始终紧扣日本国情的发展变化,实现了多次业务转型。

(一)20 世纪 50 年代至 60 年代前期

战后日本百废待兴,1950 年后进入经济复苏期,基础设施薄弱,政府资金匮乏,积极引入民间资本参与公共部门的建设。三井不动产从财团独立后,起初以建筑工程起家,承接了大量政府项目,著名的项目包括东京周边千叶县的填海造田工程。在开发领域,三井不动产首先进入的是东京的写字楼市场,开发了当时日本最早的超高型写字楼"霞之关"并一直持有至今。1961 年,三井不动产进入住宅开发领域。在 1965 年之前,三井不动产已经初步奠定了综合型房地产商的基础(如图 17-1)。

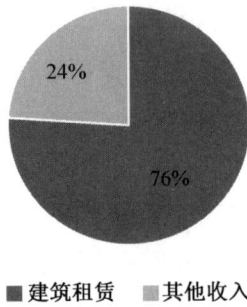

图 17-1　1955 年三井不动产营业收入构成

资料来源:公司年报,链家研究院整理。

(二)20 世纪 60 年代后期至 80 年代前期

1965—1975 年是日本经济快速成长、城镇化加速的阶段,人口向大城市的集中带来了大量住宅和写字楼的需求(如图 17-2)。在此期间,三井不动产通过对核心物业的大规模改造和开发,营业收入增长了 98 倍。1969 年,三井不动产成立了独立的住宅销售公司,并确立了住宅方面"新房开发、建筑服务与存量流通"三大支柱,分别设立了三井 Residential(开发)、三井 Rehouse(存量流通)和三井 Home(建筑服务)子公司,住宅成为除写字楼租赁外的第二大营收来源。

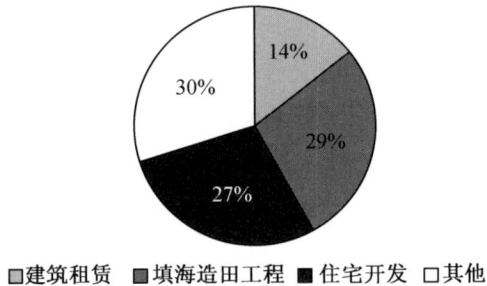

图 17-2　1973 年三井不动产销售收入

资料来源:公司年报,链家研究院整理。

(三)20世纪80年代

石油危机后,日本经济逐渐进入换挡期,与此同时经济结构也开始发生重大变化,即从第二产业向第三产业过渡,城市商业与服务业兴起。房地产行业迎来了首次调整,不能快速适应新环境的房地产企业被淘汰,同时新型房地产企业快速崛起,其中包括租赁管理的巨头大东建托与Leopalace21。

三井不动产迅速找到了这一阶段的风口:商业地产和存量物业升级更新。著名的购物中心品牌LaLaport开始营业,提供符合现代城市需求的综合休闲和购物场所。在这一轮周期中,三井保持了稳定增速,并确立了多元发展的战略,开始进入酒店行业和海外市场。三井不动产1989年销售收入如图17-3所示。

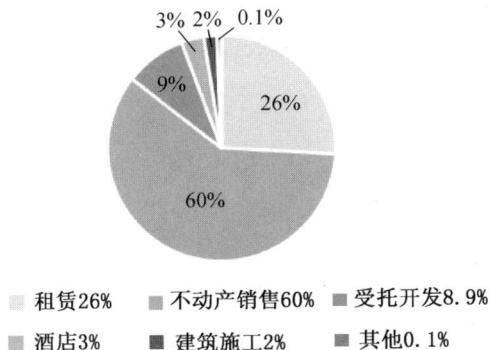

3% 2% 0.1%
9%
26%
60%

租赁26% ■不动产销售60% ■受托开发8.9%
■酒店3% ■建筑施工2% ■其他0.1%

图17-3 三井不动产1989年销售收入

资料来源:公司年报,链家研究院整理。

(四)20世纪90年代

1990年的房地产泡沫给房地产行业带来了最严重的一次冲击,大量业务单一、缺乏长期规划的开发商被洗牌出局;同时,大量不良债权的出现,推动了房地产证券化和J-REIT市场的启动。

三井不动产在泡沫期间依靠长期贯彻执行的多元化经营分散了风险,尽管难以避免受到重创,但尚未撼动经营根基。从某种程度上,三井、三菱等大型综合不动产企业甚至成为房地产泡沫的受益者,在 1997 年 J-REIT推向市场后,它们快速调整了商业模式,迅速搭建了"金融＋地产"的新模式,通过将开发物业置入 REITs,实现了资金的快速回笼,形成了真正意义的房地产生态圈。三井不动产 1994 年销售收入如图 17-4 所示和三井不动产 1999 年销售收入如图 17-5 所示。

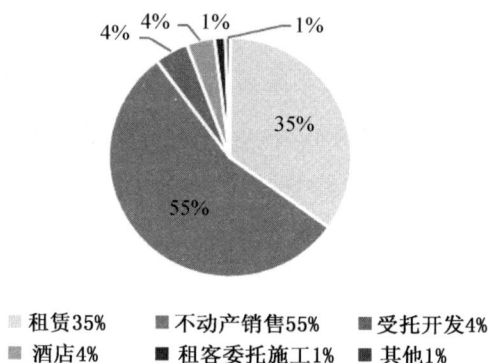

图 17-4　三井不动产 1994 年销售收入

资料来源:公司年报,链家研究院整理。

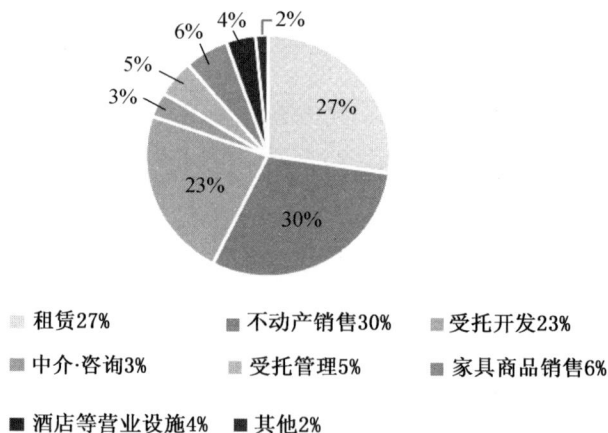

图 17-5　三井不动产 1999 年销售收入

资料来源:公司年报,链家研究院整理。

(五)2000—2010 年

日本陷入长期通缩,经济发展陷入僵局,并在 2008 年遭受了全球金融危机的打击,房地产行业迎来新一轮优胜劣汰的高潮。资产缩水使得开发企业更加重视非资产业务。在这一阶段,三井不动产的定义更加接近于管理公司,物业管理(PM)与资产管理(AM)的收入占比不断扩大。

(六)2010 年至今

这一阶段,日本社会最突出的特征是老龄化和少子化趋势更加明显。三井不动产 2011 年公布了"Innovation 2017"集团经营计划,认为国内房地产市场规模的增长越来越困难,因此:一是需要提升经营效率,二是需要在集团内部形成更强的业务协同,提升客户复用的价值,三是需要更多以客户视角进行业务安排;全球市场中,需求的国界正在逐渐消失,三井不动产应当进行全球的资源配置和需求响应。目前,海外营收约占集团营收的 11%。

三井不动产的成长历程总结如表 17-1 所示。

表 17-1　三井不动产的成长历程

	驱动因素	战略方向	典型项目及事件
1950—1960 年代	经济高速成长期,基础设施薄弱	奠定综合型开发商的基础,开始进入住宅开发市场	日本最早的超高层写字楼"霞之关"(1968 年)、千叶县填海工程
1970 年代	人口快速城镇化	包括新房开发、建筑服务与存量流通三个方向在内的住宅业务快速发展	设立三井 Residential(开发)、三井 Rehouse(存量流通)和三井 Home(建筑服务)子公司

续表

	驱动因素	战略方向	典型项目及事件
1980 年代	经济增长点从工业向服务业转移,经济增长放缓	大力发展城市商业,对存量物业进行更新,实现多元化发展	正式进入酒店行业、海外市场;购物中心 LaLaport 开始营业
1990—2000 年	资产泡沫破灭,资产证券化和 J-REIT市场启动	成长战略重构,构建金融与房地产高度融合的新模型	设立多个 REITs;Outlet Park 开始营业
2000—2010 年	长期通缩	推进城市更新;推进商业地产、酒店类地产提升经营效率;推进非资产类业务	东京 Mid-town 都市再开发(2007 年);写字楼日本桥三井 Tower 竣工
2010 年至今	进入老龄社会	推出中长期经营战略 "Innovation 2017";增加物流设施等资产品类;加大海外业务投入;城市更新业务加速	日本桥室町东地区开发物流设施,三井不动产 Logistics Park 八湘开业;建设柏之叶智慧城市

资料来源:链家研究院整理。

二、商业模式:全产业链布局

三井不动产集团共有 200 多家子公司和 1.7 万名员工,主营业务横向围绕办公、商业、住宅、物流、酒店和房地产金融等,纵向覆盖开发、交易、持有、运营等多个环节。正是得益于全产业链的布局,才使得三井仅着重发展了东京一个城市,市值却高达 1 600 亿元人民币。

(一)大生态圈:开发＋持有＋管理

从宏观来看,三井不动产的商业模式形成了"开发＋持有＋管理"的大生态圈(如图 17-6)。三井的物业开发建成后,将一部分以商业和写字楼为主的物业销售给三井不动产的关联 REITs,然后 REITs 再将购买的物业委托给三井不动产的管理部门去运营。除此之外,三井还会将一部分物业转为自身长期持有,获取稳定的租金收入。

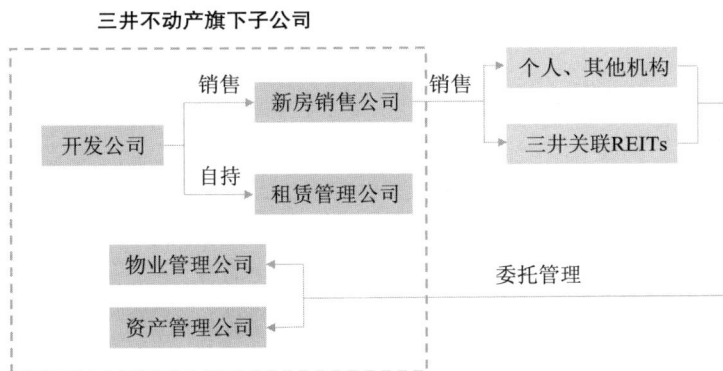

图 17-6　三井不动产"开发＋持有＋管理"的商业模式

资料来源:链家研究院整理。

1. 开发:扩张的原动力

与美国开发市场逐渐萎缩不同,日本的新房开发比例仍然很高,城市开发与再开发的价值仍然存在。三井不动产的开发业务涵盖写字楼、商业、住宅、物流等多个领域,是企业资产持续扩张的重要来源。

与并购物业来扩张企业规模相比,自主开发能够使得三井相关的 REITs 管理公司获取稳定增长的资产管理篮子。例如,三井不动产是日本最大的办公楼 REITs"日本写字楼基金投资法人"的创始机构,同时也是其最主要的物业供给方和物业管理服务方。

与关联 REITs 合作的方式也保证了三井不动产具有稳定的购买客户。在写字楼市场之外,三井不动产在商业、住宅与物流领域都成立了类似的 REITs,并且规模在各自领域均位列前茅。这些 REITs 和基金成为三井不动产开发物业的最大买方,也是三井不动产物业管理最大的客户。

同时,开发物业销售给以相关联 REITs 为代表的机构,获取的利润率远远大于销售给个人。2015 年,三井不动产 2015 年开发业务营收3 916

亿日元,其中对机构的销售收入 963 亿日元,占比 25％;而利润额占比达到 46.25％,接近一半。这主要是由于对机构销售的利润率为 21.4％,远高于个人的 8.1％(如图 17-7)。

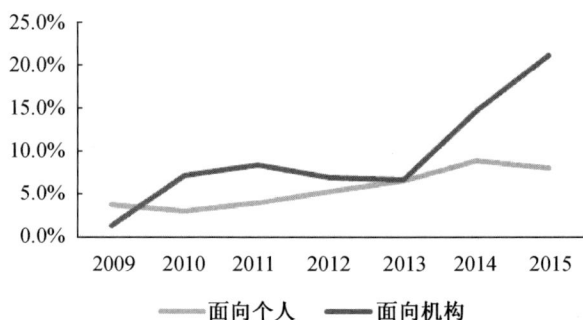

图 17-7　三井不动产开发业务营业利润率

资料来源:公司年报,链家研究院整理。

2. 持有:稳定的资产积累

持有物业获得租金收入是三井不动产的核心业务,也是从公司成立之初就不断增持和迭代持有的管理组合。排除已从集团中剥离出去的相关 REITs 旗下资产,在三井不动产租赁的 133 栋写字楼中,自身持有的物业面积占比 58％;78 处商业物业中,自身持有的物业面积占比 74％。写字楼与商业的持有面积分别为 162 万平方米和 150 万平方米(如图 17-8、图 17-9)。

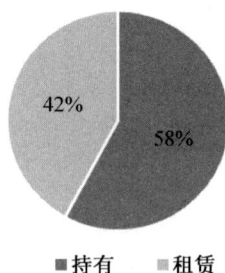

图 17-8　三井不动产运营的写字楼持有租赁比例

资料来源:公司年报,链家研究院整理。

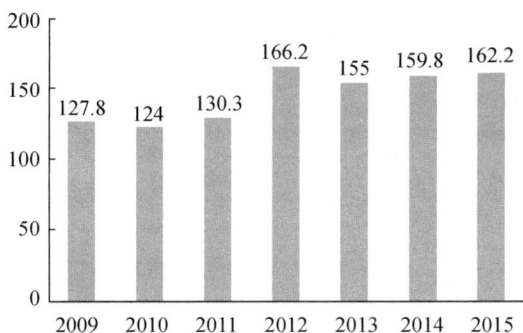

图 17-9 三井不动产持有的写字楼面积(单位:万平方米)

资料来源:公司年报,链家研究院整理。

3.管理:存量资产的价值创造

在"开发＋持有＋管理"的大生态圈,管理是真正创造存量资产价值和流通价值的途径。与开发、持有相对应,三井不动产的管理覆盖写字楼、商业、住宅和停车场,管理内容包含 AM(资产管理)和物业管理(PM)。

以写字楼市场为例,在整个 REITs 的运营流程中,资产组合的建立依托于三井不动产,外部运营管理依托于 NBF 管理公司(三井不动产子公司),一出一进完全由三井不动产控制,而利润又几乎全部分配给 REITs 投资人。与美国 REITs 内部运营管理模式不同,REITs 基金公司本身所扮演的角色极弱,几乎仅仅作为上市法人主体承担了核算和利润分配功能,真正的运营价值体现于外部管理公司(如图 17-10)。

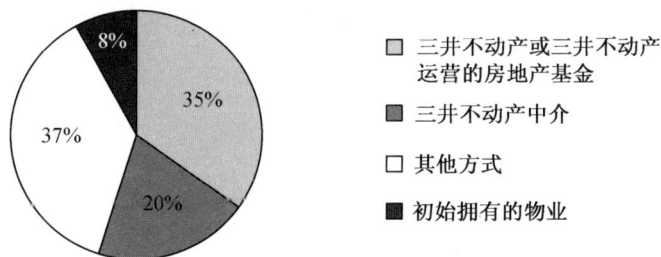

图 17-10 NBF 累计物业的获取方式(2015 年)

资料来源:公司年报,链家研究院整理。

NBF 写字楼基金管理和 NBF 写字楼管理分别是为 NBF REITs 专门设立的资产管理（AM）和物业管理（PM）公司，大股东为三井不动产（如图17-11）。

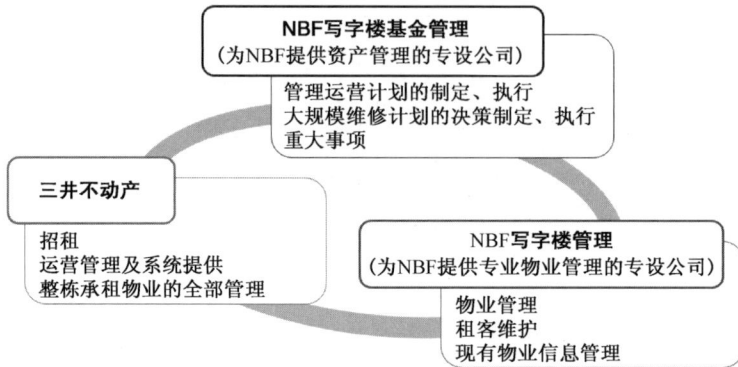

图 17-11　三井不动产的物业管理业务

资料来源：链家研究院整理。

(二)小生态圈:住宅领域布局

从微观来看，三井不动产在每个部门都建立了小生态圈。以住宅市场为例，三井不动产几乎覆盖了包含新房和二手房在内的所有领域，包括开发、建筑、物业管理、家政、租赁和二手房中介等（如图 17-12）。在已步入买方市场的日本房地产市场中，三井不动产不断强调三井品牌整体的入口作用，加强了客源的复用价值，保持了稳定的利润水平。

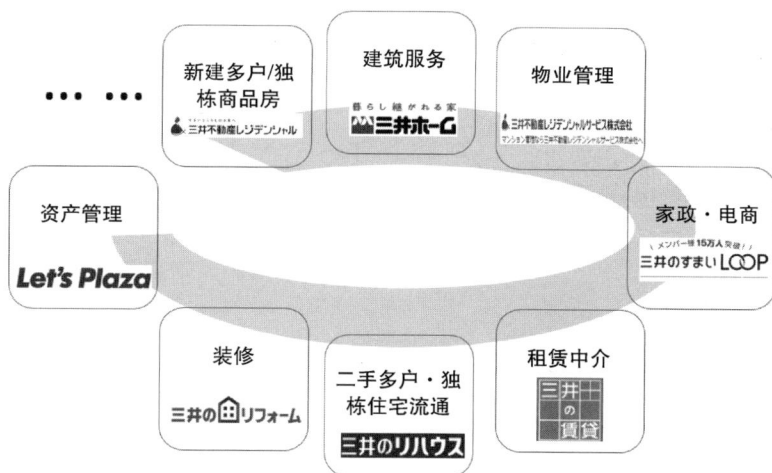

图 17-12　三井不动产在住宅市场的布局

资料来源：链家研究院整理。

1. 三井居住 Mall

三井居住 Mall 是一个从客户视角提供全方位房产咨询的统一入口，为客户提供了包括新房、建筑服务、二手房买卖、装修、资产管理在内的多元化选择和一站式服务。

具体来说，三井居住 Mall 包含线上咨询和线下体验店两种模式。线下体验店在东京有 3 家门店，类似于房产服务大卖场。三井 Home（建筑服务）、三井 Rehouse（买卖・租赁中介）、三井 Residential（新房开发）、三井 Reform（装修）同时在三井居住 Mall 中驻场销售，客户可根据需要挑选适合的产品（如图 17-13）。

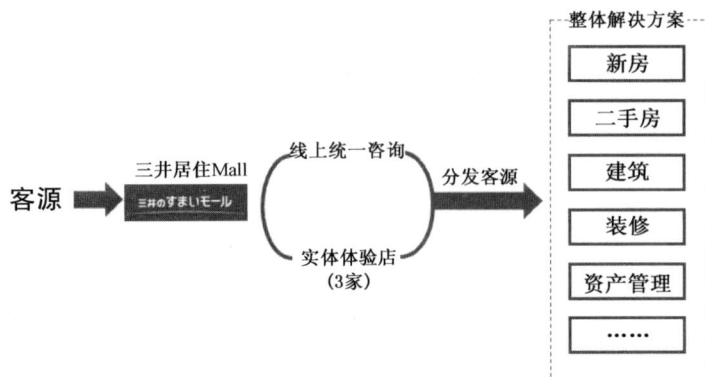

图 17-13　三井居住 Mall 运营模式

资料来源：链家研究院整理。

2.三井 LOOP

与三井居住 Mall 横向的导流不同，三井居住 LOOP 是以会员形式为客户提供纵向的居家服务，并可以持续推荐三井的其他服务。三井 LOOP 会员除可享受特定的服务折扣外，还可以获得三井集团旅行、酒店、餐厅、购买家具家电等多种折扣和礼品卡。此外三井 LOOP 与信用卡、票务等其他机构进行合作，向会员提供打折券、积分卡等。

三井 LOOP 迄今已服务了 40 万户家庭，会员人数已突破 15 万人，推广渠道主要是三井旗下的物业公司（如图 17-14）。

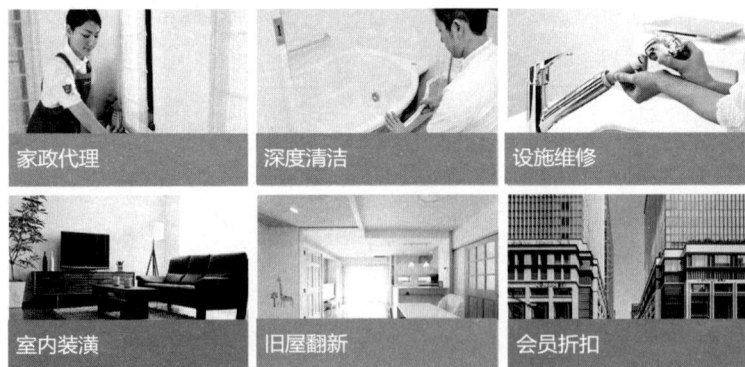

图 17-14　三井 LOOP 主要服务类型

资料来源：链家研究院整理。

3. 三井 MOC

三井 MOC(Mitsui Open Communication)是三井不动产为加强与客户间的联系、提供更贴近用户的居住产品而进行的一系列客户调研活动，并根据调研结果向市场进行反馈。

MOC 从 1996 年起就开始实施，主要由三井不动产 Residential(新房部门)主导，面向客户家庭、非客户家庭、专家等用户进行特定主题的调研。MOC 几乎每年都向市场发布原创商品或改进方案(如表 17-2)。

表 17-2　MOC 近年来提出的改进方案

解决方案名称	主要内容
MOC Kitchen	根据对家庭主妇的调研，调整了厨房内吊柜高度、收纳柜安排、调理台大小等
MOC Color Taste 2012	给出了更优化的整体色彩布局方案
MOC Powder Room 2012	根据对女性客户的调研，对洗漱化妆区的收纳、镜面、水龙头等进行了重新布局
MOC Bath Room	对浴室从空间感、节水、使用便利性、清洁便利性等方面重新布局
MOC Grip Wall System	对房间内的壁柜从增强防滑、防损伤、使用更加便利等方面提出解决方案
MOC Color Taste 2013	给出了新的整体色彩布局方案
MOC mi ma mo	根据对家中有老年人的客户调研，提供了针对老年人安全独居生活的智能家居解决方案

资料来源：链家研究院整理。

三、主营业务

目前，三井不动产共有 200 多家子公司、1.7 万名员工，总资产规模为 5.37 万亿日元。2015 年，三井不动产的销售收入为 15 679 亿日元，营业利润为 1 177 亿元，均呈现出逐年递增的趋势(如图 17-15)。

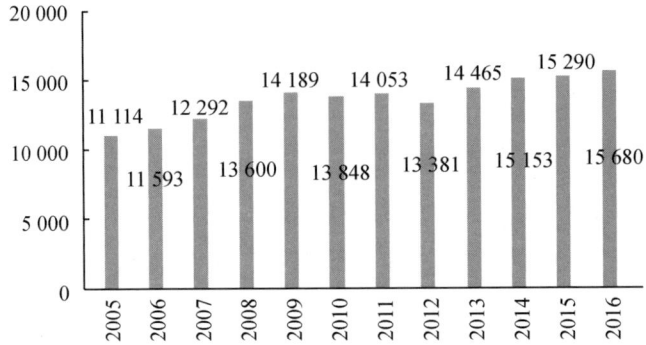

图 17-15　三井不动产销售收入（单位：亿日元）

资料来源：链家研究院整理。

　　集团有租赁、开发、管理、建筑服务（三井 Home）、其他（包括酒店经营、家具销售等）共五大业务。近 5 年来，五大业务的收入结构维持稳定，租赁业务收入占比达到 1/3，其次为房屋开发和房屋管理。利润结构上，管理业务和开发业务的利润占比有所扩大（如图 17-16、图 17-17、图 17-18）。

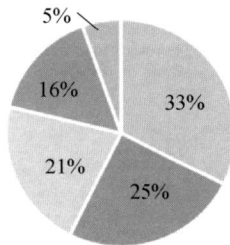

■ 租赁33%　■ 开发25%　□ 管理21%　■ 建筑服务16%　■ 其他5%

图 17-16　三井不动产 2015 年销售收入结构

资料来源：链家研究院整理。

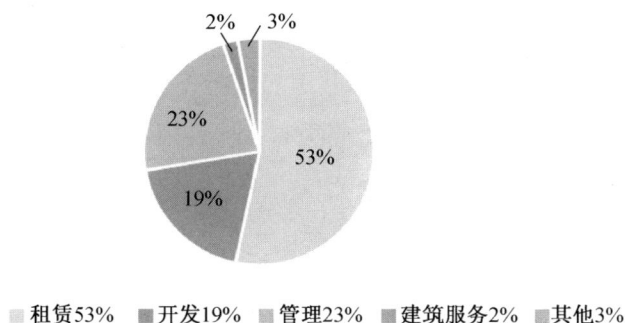

图 17-17 三井不动产 2015 年利润结构

资料来源：链家研究院整理。

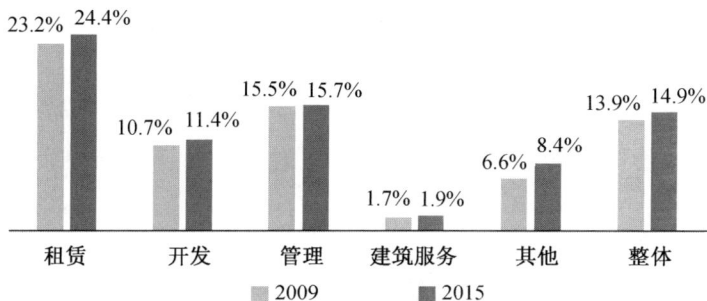

图 17-18 三井不动产 2015 年各业务利润率

资料来源：链家研究院整理。

(一)租赁业务

三井不动产的租赁项目部分由三井不动产自持,部分来自 REITs 或其他持有人的托管。租赁业务占据了三井不动产一半的营业利润,同时也是集团内毛利率最高的业务。

租赁业务包括写字楼租赁、商业设施租赁、住宅租赁和物流设施租赁等,其中写字楼租赁和商业设施租赁占据主导地位,收入合计占比超过90％(如图 17-19)。

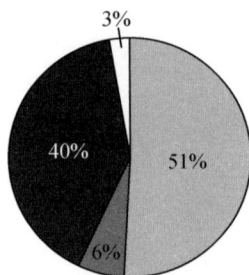

图 17-19　三井不动产 2015 年租赁业务收入构成

资料来源：链家研究院整理。

1. 写字楼租赁

三井不动产共有 133 栋租赁或自有的写字楼，面积约 274 万平方米，其中 92％集中于首都圈。由于位于核心区域位置，而且物业品质较高，三井不动产的租赁物业具有租金水平高、空置率低和合同期限较长的特征（如图 17-20）。

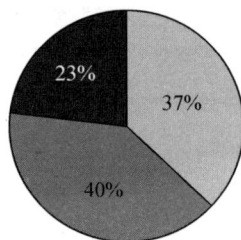

□ 2年以下　■ 2~5年　■ 5年以上

图 17-20　三井不动产写字楼合同期限分布

资料来源：公司年报，链家研究院整理

2. 商业设施租赁

三井不动产旗下可供租赁的商业设施面积有 173 万平方米，共计 78 栋，其中 70％集中于首都圈。核心区域位置为三井带来了更高的租金收益：首都圈商业地产的平均日租金接近 300 日元，而地方日租金仅为 230 日元。

三井不动产的商业地产品牌主要有 LaLaport、Outlet 等。根据物业品牌不同,三井不动产在固定租金外,会向承租方收取不同比例的营业抽成。在商业地产租赁总收入中,有 80% 来自租金,20% 来自品牌营业抽成(如图 17-21、图 17-22)。

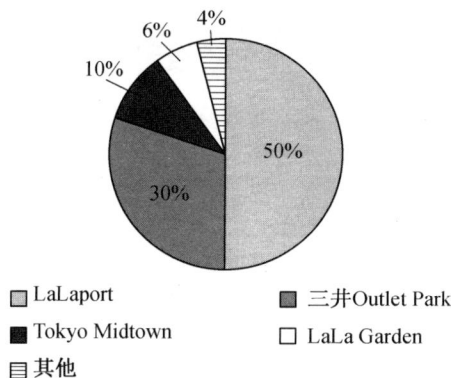

图 17-21　三井不动产商业地产各品牌销售收入占比

资料来源:公司年报,链家研究院整理。

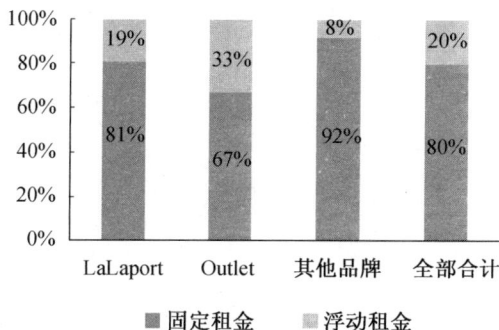

图 17-22　三井不动产商业地产不同品牌收入构成

资料来源:公司年报,链家研究院整理。

在三井经营的商业地产品牌中,LaLaport 最负盛名。以"美式"(占地面积大,低楼层建筑)购物中心的建筑群为特色,通常包含外部景观、庭院在内的建筑群,有时还设置了内部街道,营造出社区的氛围。此外,关注设施细节,特别是对带小孩的女性消费者的关注也成为 LaLaport 的一大特色(如图 17-23)。

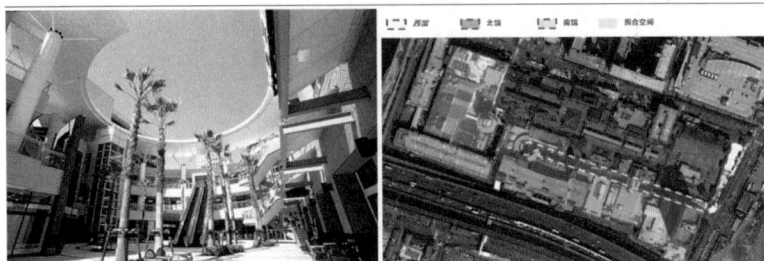

图 17-23 LaLaport 某项目的环境及布局

资料来源:链家研究院整理。

3. 物流设施租赁

物流设施是三井不动产近年的利润新增长点。目前三井租赁中的物流设施 10 处,正在开发建设中的设施 12 处,总面积 200 万平方米。从 2012 年 4 月起,三井不动产累计在物流设施上的投资规模已超 3 000 亿日元。三井的物流设施同样集中于首都圈附近,通常选址在靠近主要公路的地带,不仅有仓库,通常还配建了餐厅、绿地、托儿所等必备生活设施,为在物流设施工作的人员提供通勤巴士服务等(如图 17-24)。

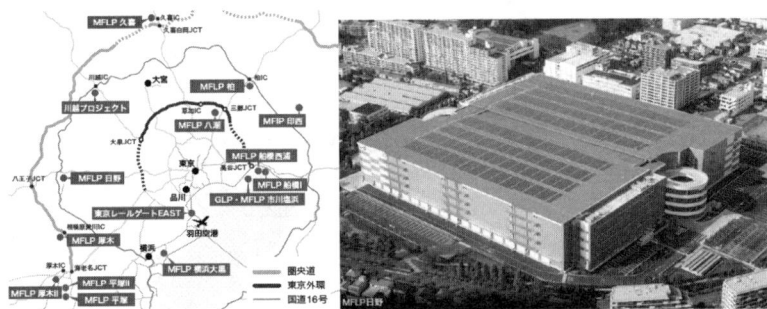

图 17-24 三井不动产旗下物流设施外观及区域分布

资料来源:链家研究院整理。

(二)开发业务

三井不动产的开发业务包括住宅、商办、设施、写字楼等。其中,位于东京及其附近郊县的多户住宅开发是开发业务的核心,销售收入占比超过一半(如图 17-25)。

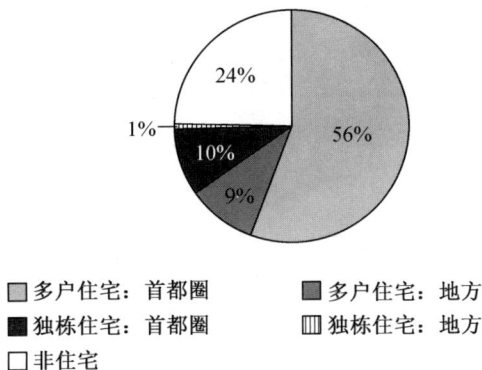

图 17-25　三井不动产开发业务销售收入构成

资料来源:公司年报,链家研究院整理。

1. 多户住宅开发是核心

近 10 年来,三井不动产开发销售的多户住宅新房稳定在 3 000 套以上。2015 年,三井不动产在首都圈的多户住宅销售量为 3 385 套,占全首都圈的 7%,仅次于市占率 8%的住友(如图 17-26、图 17-27)。

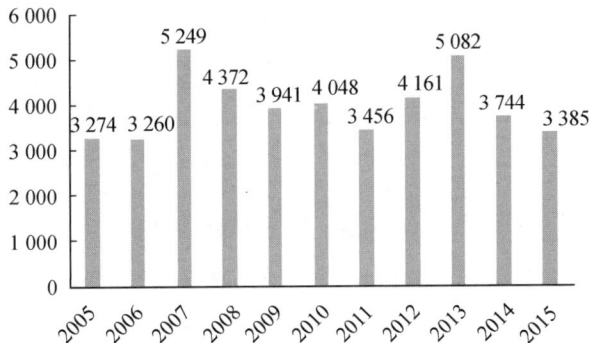

图 17-26　三井首都圈多户住宅销售套数(单位:套)

资料来源:公司年报,链家研究院整理。

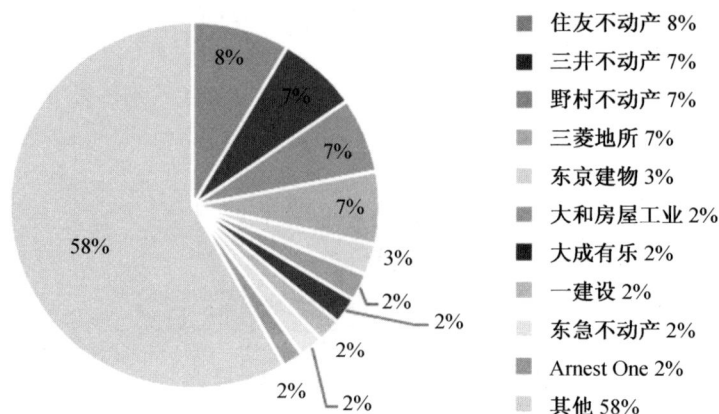

图 17-27　首都圈多户住宅销售数量构成

资料来源：链家研究院整理。

三井开发的住宅单价也远高于平均水平。2015 年三井旗下的首都圈多户住宅均价为 6 433 万日元，高出首都圈平均价格 24％（如图 17-28）。

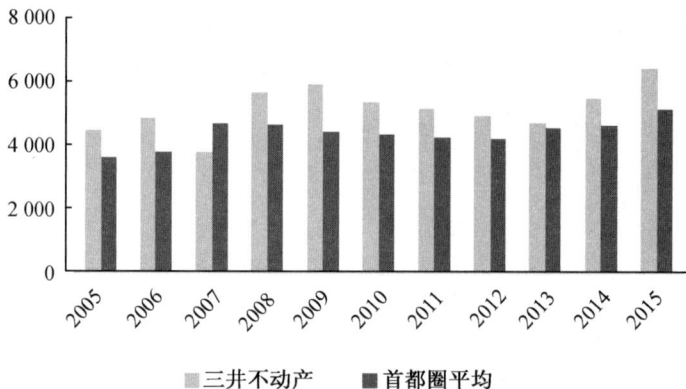

图 17-28　首都圈多户住宅套均单价（单位：万日元）

资料来源：公司年报，链家研究院整理。

三井不动产拥有 6 个系列的多户住宅产品。根据区位、品质、面积等方面来划分，三井的住宅产品可以分为三类：高密度、大规模，品质中档的社区；中小规模但品质高端的社区；建筑风格独特的超高级住宅。其中，大规模的中档社区和中小规模的高端社区是主导业务，销售收入合计占比达到 90％（如图 17-29）。

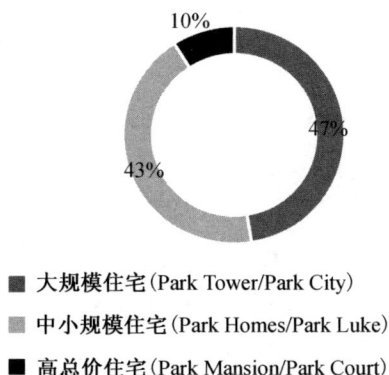

图 17-29　三井不动产不同类型多户住宅销售收入占比

资料来源：公司年报，链家研究院整理。

2.库存去化能力增强

在住宅开发数量较稳定的情况下，三井的住宅库存自 2009 年以后持续下降，从 400 套以上降至 100 套以内。这显示出三井不动产的去化能力增强（如图 17-30）。

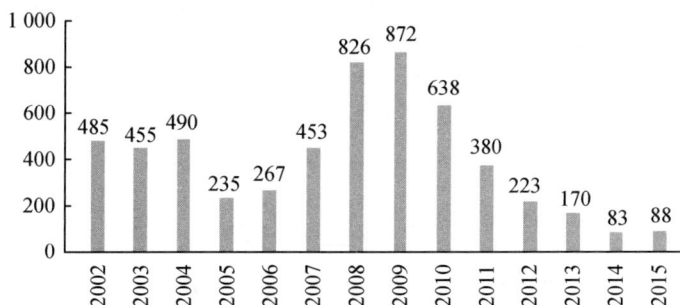

图 17-30　三井不动产公寓期末库存数量（单位：套）

资料来源：公司年报，链家研究院整理。

（三）管理业务

三井不动产的管理业务分为物业管理（PM）和中介及资产管理（AM）两个部分：PM 包括租赁住宅物业管理、写字楼和商业设施物业管理、车位管理等等，AM 包括二手房中介、租赁中介、新房销售、不动产基金、咨询等(如图 17-31)。

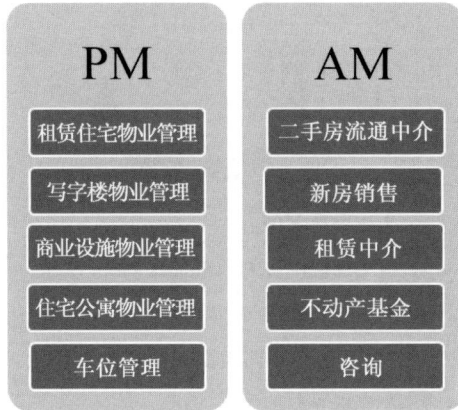

图 17-31 三井不动产 PM 及 AM 业务内容

资料来源:链家研究院整理。

2015 年,PM 和 AM 两部分业务的营收总计 3 178 亿日元,营业利润率 15.5%。其中,PM 业务规模较大,收入占比 74%;但由于 AM 业务的利润率快速上升,超过 PM 业务的 2 倍不止,目前两项业务的营业利润大致相当(如图 17-32、图 17-33、图 17-34)。

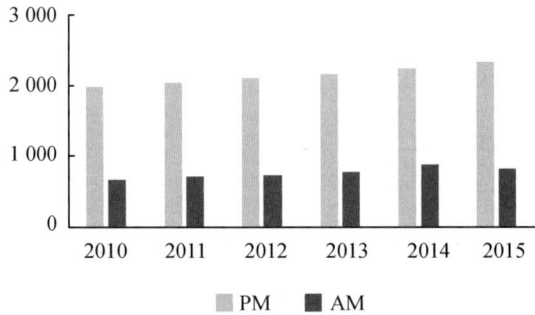

图 17-32 三井不动产管理业务营业收入构成(单位:亿日元)

资料来源:公司年报,链家研究院整理。

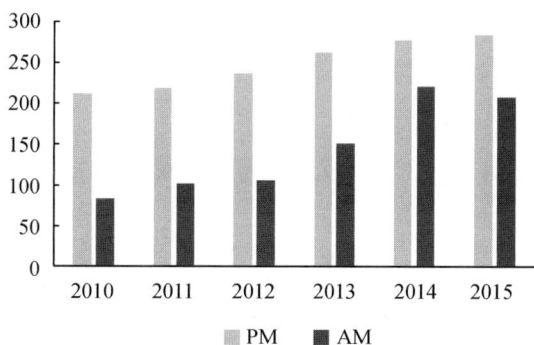

图 17-33　三井不动产管理业务营业利润构成（单位：亿日元）

资料来源：公司年报，链家研究院整理。

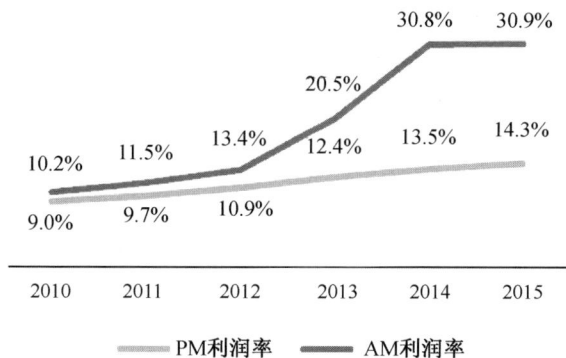

图 17-34　三井不动产管理业务利润率

资料来源：公司年报，链家研究院整理。

1.PM 业务

三井不动产旗下的 PM 业务分为住宅物业管理、租赁住宅、写字楼和商业设施物业管理几个模块，分别由数家物业管理子公司运营。

三井不动产管理了超过 19 万套住宅，是日本最大的几家住宅物业管理公司之一。这主要得益于三井不动产开发了大量住宅，而且往往将社区交于旗下子公司管理。与三井 Home 为业主建造集中式租赁住宅后再进行管理的模式不同，PM 业务中的住宅管理主要是对建造用以自住的物业进行管理。以三井 Residential 的子公司三井 Residential Lease 为例，从事租赁高级住宅和公司宿舍的管理业务,目前管理的住宅数量超过 7 万套。

除住宅管理外,停车场的管理也增长迅速。从 2010 年到 2016 年,三井不动产管理的停车场车位数量增长了 38％(如图 17-35)。

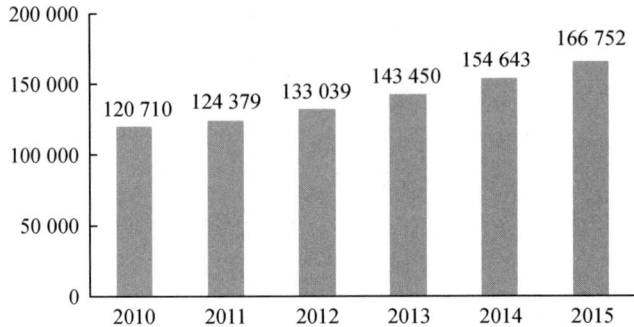

图 17-35　三井不动产管理的停车场车位数量(单位:个)

资料来源:公司年报,链家研究院整理。

2. AM 业务

在三井不动产的管理业务中,从事中介和资产管理的 AM 业务属于高利润率业务,利润率达到 31％,远高于 PM 业务的 14.3％。

从事中介服务的子公司主要为三井 Realty 和三井 Residential,前者主要从事二手房中介业务,后者主要从事新房销售业务。三井 Realty 的成交量在行业中排名第一,市占率约为 15％(如图 17-36)。

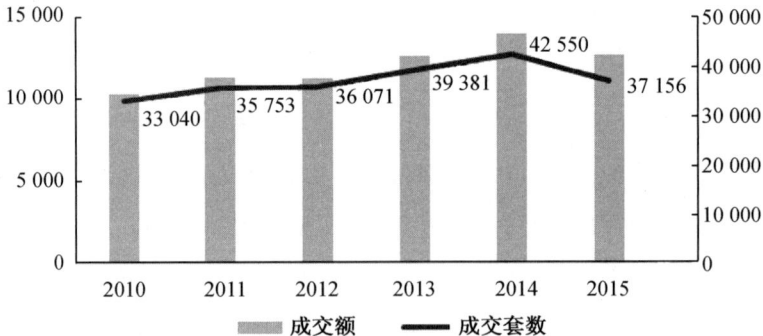

图 17-36　三井 Realty 二手房成交额及成交套数(单位:亿日元,套)

资料来源:公司年报,链家研究院整理。

此外,以新建商品房开发和销售为主的三井 Residential 也有稳定的销售量(如图 17-37)。

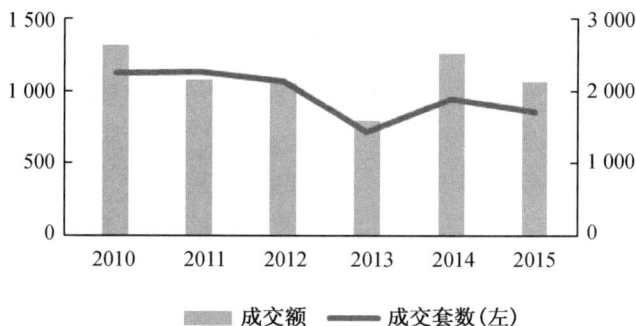

图 17-37 三井 Residential 成交额及成交套数(单位:亿日元,套)

资料来源:链家研究院整理。

除中介业务外,具体的资产管理业务主要是面向投资人提供 J-REITs 和私募房地产基金的投资机会,并提供资产管理业务。从事该业务的子公司包括三井写字楼基金管理、三井不动产 Accommodation 基金管理等。其中,三井不动产投资顾问株式会社受托管理规模接近 1.3 万亿日元(如图 17-38)。

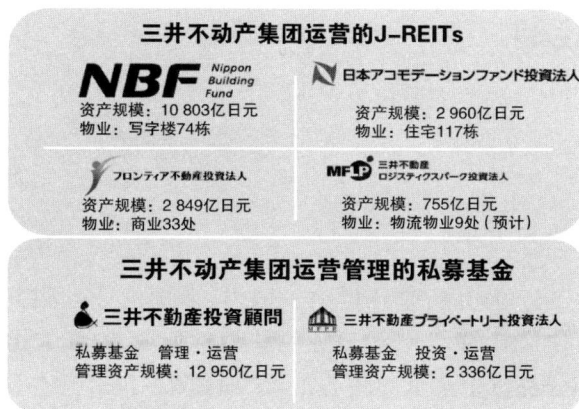

图 17-38 三井不动产旗下基金

资料来源:链家研究院整理。

(四)建筑服务(三井 Home)

三井不动产的建筑服务营收为 2 474 亿日元,在集团中占比 16%;但这部分业务利润率极低,营业利润仅有 47 亿日元。三井 Home 的建筑服务主要围绕住宅、设施的工程,目前面向新房的建筑收入占比最高。三井 Home 未来的战略重点将围绕住宅再装修领域展开。装修领域在日本的市场前景广阔,与三井不动产商业模式类似的住友不动产在装修领域的营收已经高达 1 200 亿日元(如图 17-39)。

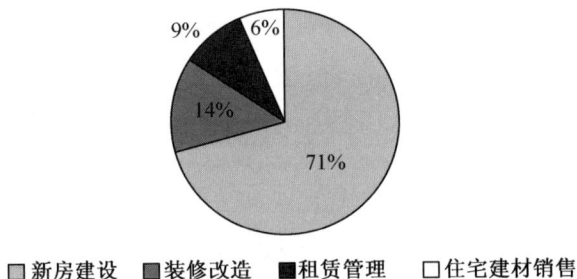

图 17-39　三井不动产建筑业务营业收入构成

资料来源:公司年报,链家研究院整理。

四、经营战略

(一)业务集中于东京

三井不动产近 90% 的业务集中于国内,而国内业务则高度集中于东京。以收入占比最高的写字楼、商业物业租赁业务为例:三井不动产持有的写字楼大部分都位于东京的核心地段(如图 17-40),持有量占到东京都心 5 区写字楼面积的 5%;持有的商业地产中,有 70% 位于首都圈内。在住宅开发中,三井在首都圈的住宅销售收入在总销售收入中占比达到 66%。

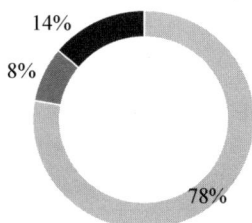

图 17-40　三井不动产 2015 年不同区域写字楼租金收入占比

资料来源：公司年报，链家研究院整理。

三井不动产选择在经济最发达的首都圈深耕，主要原因是不仅可以享受首都快速发展的经济和人口增长红利，还能在业务协同的基础上实现规模化效应。但与此同时，企业在全产业链的深度布局和业务间的协同能力就显得至关重要。

首先，首都具有经济和人口优势。东京保持了持续 50 年的人口净流入，人口总数为 3 500 万，是世界第一大都市圈。作为全国的经济中心，东京的房地产市场同样发展迅速。以写字楼租赁市场为例，东京 23 区集中了日本六大城市 2/3 的写字楼，且高度集中于城市中心的 5 区。首都圈写字楼的租金高昂，平均每平方米日租金达到 300 日元，是地方的 2 倍；空置率也稳定在低水平，2009 年，地方写字楼的空置率高出首都圈 90%。而三井不动产持有了东京都心 5 区占比 5% 的写字楼，可以保证持续、高水平的租金收入（如图 17-41、图 17-42）。

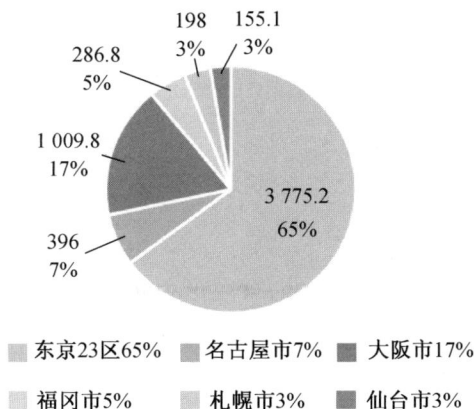

图 17-41　日本写字楼地区分布

资料来源：链家研究院整理。

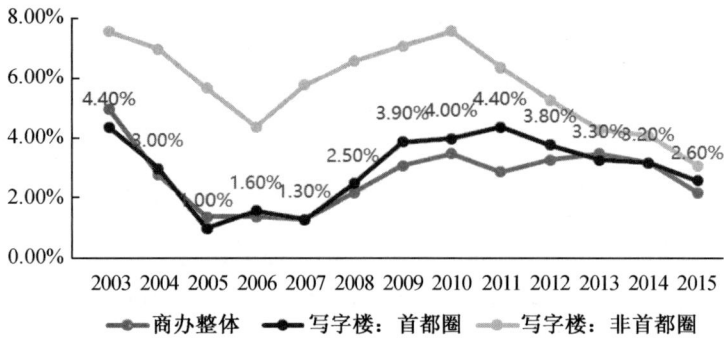

图 17-42　日本首都圈及地方写字楼空置率

资料来源:链家研究院整理。

　　其次,在同一地区产业链中的深耕可以带来协同效应。在住宅市场中,三井不动产利用横向入口三井居住 Mall、纵向会员入口三井 LOOP 等方式,将多种业务联系起来,增加客户入口、创造客户新的需求。此外,协同效应也体现在日本物业管理市场中,企业对于集团开发业务的依赖性较大。在日本的住宅物业管理中,行业竞争度相对集中,十大的物业公司市占率超过 45%(如表 17-3)。主要原因就在于住宅物业开发的区域位置集中,而开发商往往选择旗下子公司来管理物业。三井不动产旗下的物业服务子公司也因此持续位于行业前列。

表 17-3　日本十大物业管理公司

序号	物业管理公司	管理社区数(个)	管理住宅套数(套)	类　　型
1	大京 Astage	7 567	426 482	开发商旗下
2	日本 Housing	7 881	425 026	独立型
3	东急 Community	4 964	324 421	开发商旗下
4	三菱地所藤和 Community	3 906	297 657	建筑服务商旗下
5	长谷工 Community	2 207	260 572	开发商(UR)旗下
6	大和 Life Next	3 731	249 018	开发商旗下
7	三井不动产住宅 Service	2 258	197 308	开发商旗下

续表

序号	物业管理公司	管理社区数（个）	管理住宅套数（套）	类　　型
8	合人计画研究所	3 583	188 400	开发商旗下
9	住友不动产建物 Service	2 253	179 640	独立型
10	日本综合住生活	754	158 676	开发商旗下

资料来源：链家研究院整理。

（二）以社区为整体进行开发

在物业开发时，三井往往尽量考虑整个街道、社区甚至城市的规划和设计，从而提出了"多机能、多彩的内容融合""社区创造""长期优化"的理念，通过对社区初期建设和长期维护，创造机能丰富并相互渗透的高价值街区。

例如，柏叶智慧城市是三井不动产开发的典型项目，也是世界智慧城市建设的优秀案例。柏叶市距离东京核心区 30 公里，超过 20% 的人口每天在东京市区通勤，是东京周边典型的卫星城市和人口疏散区。在对柏叶的城市更新中，"环境共生都市""新产业创造都市""健康长寿都市"是其目标，整个城区的设计建造参与方众多，包括政府、研究机构、企业，如东京大学、千叶大学、柏市政府、城市民间组织等，共同对城市进行再生设计，并最终由三井不动产联合日建设计、日立等多家民营企业具体实施。

整个城市经过硬件与软件的改造，设计了 BEMS（Building Energy Management System，建筑能源管理系统）和 HEMS（Home Energy Management System，家庭能源管理系统），以期能够做到能源系统的整体监控和调配。

第十八章

按需定制的房屋管理软件 RealPage

导读

• RealPage 是一家领先的物业管理软件解决方案和软件增值服务供应商。公司服务的客户超过万家，涵盖了国家多户住宅协会中以管理数量大小评定的全美前十大物业托管公司，覆盖房屋数量超过千万套。

• RealPage 的产品服务主要有四大模块，分别为物业管理、租赁和市场营销、居民服务、资产优化。公司的核心竞争力在于：深入了解行业，让物业管理软件更加贴近客户所需；全面综合的基于数据存储的软件集成平台，平台价值随客户流量增加而不断增加；开放的云计算构架，为公司带来更多的客户。

一、公司简介

RealPage 是房屋租赁市场中一家领先的按需物业管理软件解决方案和软件增值服务供应商,成立于 1998 年。公司的物业管理软件可以帮助多户、商业、独栋和度假租赁住房,以及其他类型地产的所有者和托管公司进行营销、定价、租客审查、出租、记账、购买和其他与财产有关的活动。

公司市值将近 20 亿美元,2015 年的营业收入为 4.69 亿美元,按需定制的软件的销售收入占公司收入总额的 96.3%,服务的客户达到 11 900 位,涵盖了国家多户住宅协会中以管理数量大小评定的全美前十大物业托管公司。管理着超过 1 060 万套的多户、单户或在建租赁单元。

二、商业模式

公司主要通过直接销售由公司自己研发的或者委托第三方研发的物业管理解决方案和软件增值服务作为收入主要来源。公司拥有开放的物业管理软件集成平台,通过该平台,物业管理解决方案的购买者对自己的日常事务和物业进行及时管理和跟踪。由于平台具有开放性,使用第三方物业管理软件的物业所有者和管理者也可以通过该平台获取软件增值服务(见图 18-1)。

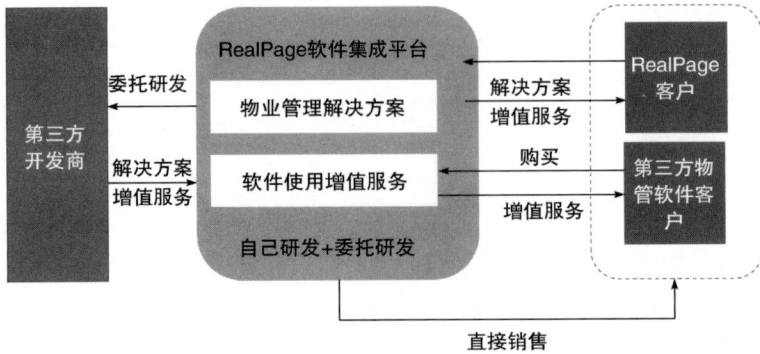

图 18-1　RealPage 公司商业模式

资料来源：链家研究院整理。

(一)产品服务

公司的产品服务主要有四大模块，分别为物业管理、租赁和市场营销、居民服务、资产优化，此外公司还提供咨询和服务项目。前四大模块具体又包括：销售、市场营销、资产优化、风险规避、计费、公用事业管理和支出等功能。客户通过使用该软件，能简单快捷地对资产管理各个阶段进行全面的掌控(如图 18-2)。

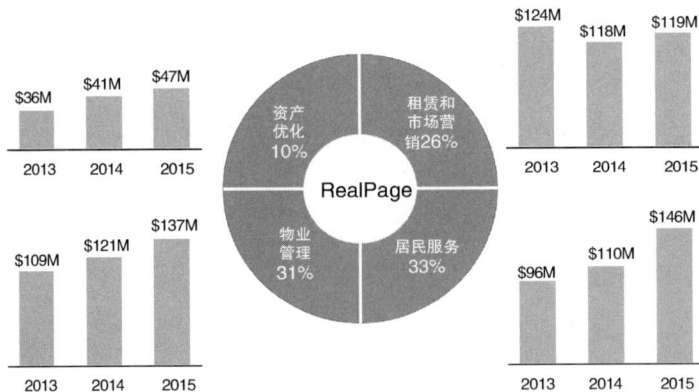

图 18-2　RealPage 主要产品及近 3 年收入情况

资料来源：链家研究院整理。

1.物业管理

公司的物业管理系统通常被称为 ERP 系统。通过该系统,客户可以管理和查询核心物业流程,包括租赁、会计、预算、采购、设备管理、文件管理和咨询服务,以及申请人、承租人的财产信息和在其他系统的实时访问记录。物业管理系统大部分接口都通过 RealPage Exchange 平台的总账会计系统,这也为客户使用第三方会计应用进入系统提供了方便。物业管理系统类别包括五个主要的部分:OneSite(一站式服务)、Propertyware、Kigo、支出管理系统和 RealPage 云(如图 18-3)。

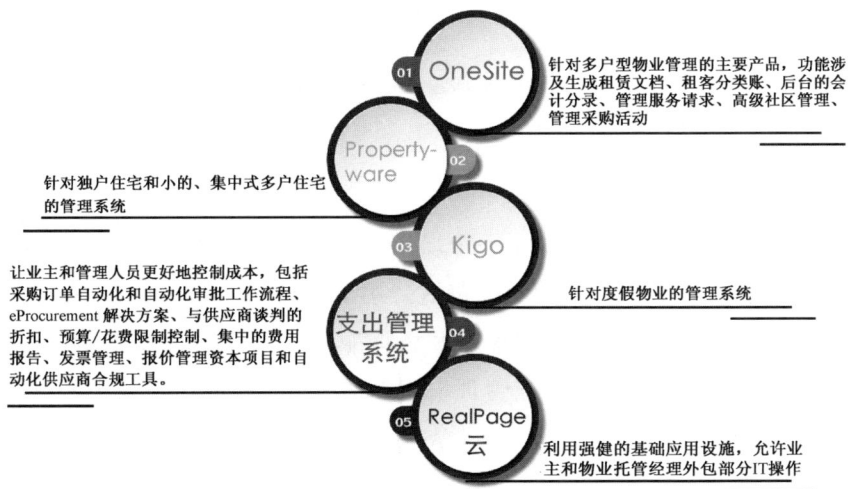

图 18-3 物业管理系统的五个部分

资料来源:链家研究院整理。

2.租赁和市场营销

租赁和营销解决方案,旨在优化营销费用和租赁的过程。这些解决方案处理的核心是租赁和营销流程,包括网站宣传,自动化的在线公寓租赁流程和申请人筛选。租赁和营销解决方案类别中包括七个主要的解决方案:在线租赁、联系中心、LeaseStar 平台、LeaseStar 营销管理、MyNewPlace、高级营销管理和承租人筛选(如图 18-4)。

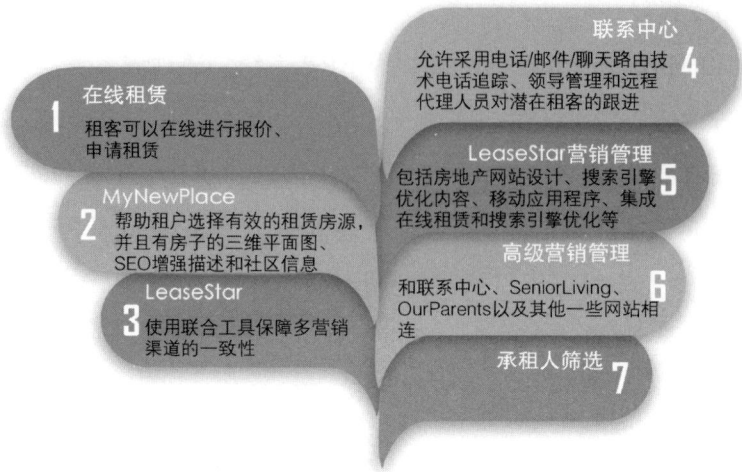

图 18-4　租赁和市场营销系统的七个解决方案

资料来源：链家研究院整理。

3.居民服务

居民服务解决方案提供了一个以优化当前租房者生活服务为目的的管理平台。这些解决方案的功能包括公用事业计费、承租人支付处理、服务请求和租赁续费、承租人的保险和咨询服务。因而居民服务解决方案类别主要包括六个：公共设施管理、支付、居民门户网站、联系中心维护、Indatus 和租客保险（如图 18-5）。

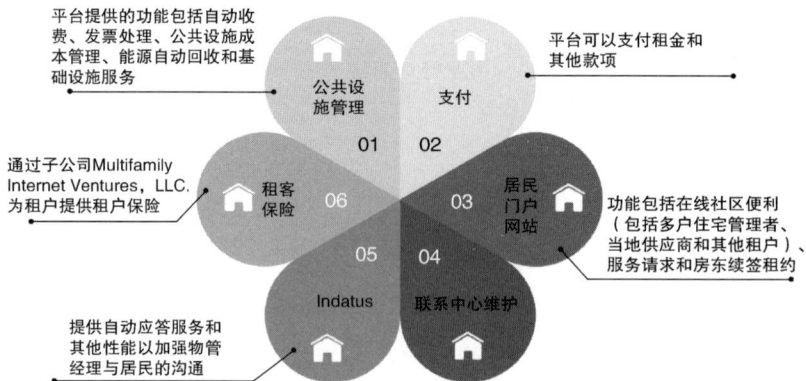

图 18-5　居民服务系统的六个解决方案

资料来源：链家研究院整理。

4.资产优化

资产优化解决方案,旨在优化财务和运营业绩。这些解决方案包括实时收益管理、收入增长预测、关键变量的敏感性预测和经营指标的标杆。资产优化解决方案类别包括两个主要的解决方案:收益管理和商业智能。

收益管理:YieldStar 是公司的收益管理平台。该平台通过使用模型去计算数据库中的每个租赁单元的最优租金、管理咨询服务费用。

商业智能:该平台让物业业主和托管经理的表现超越同行。商业智能包括便于使用的自定义内部报告,整合业务范围内的金融和市场数据,同时还包括一个大型的数据库,为收入和关键操作指标进行预测。

除了以上服务内容外公司还提供咨询服务,帮助客户更好地利用公司的平台。我们的咨询和服务项目包括项目和应用管理程序、业务流程评估、业务模型开发和数据转换。公司的咨询团队和客户密切合作,以帮助客户平稳地进行过渡。

(二)销售模式

公司通过直接销售的办法销售房屋租赁的软件和服务。截至 2015年 12 月 31 日,公司雇用了大约 440 名销售代表。公司对于一个潜在客户的典型的销售周期,开始于网络营销,如电子邮件、电话销售、展会和其他渠道。接着会对潜在客户需求进行评估、销售演示和产品展示。公司的销售周期会因为客户的不同而大大不同,通常对于大客户来说为 3~6 个月,对于小客户来说有 6 个星期。

对于度假物业的管理软件,公司通过组建销售小组的模式来提高销售能力获取收入。每一个销售小组由三个角色组成:核心领导者(lead generators)、任务执行者(appointment setters)和账户管理者(account executives)。该种模式相较于传统的销售代表模式的不同在于:传统的销售代表模式需要销售代表对于销售的各种技能都精通,而销售小组的模式将传统的销售技能进行了分割,更易形成销售漏斗。

公司的市场营销活动包括但不限于：

- 对于客户和潜在客户的现场销售活动。
- 参与赞助用户会议、展会和商业活动。
- 客户计划，包括客户用户会议和在线客户社区。
- 在线营销活动，包括网络广告、搜索引擎优化、电子邮件、网络活动；免费产品试验和演示、网络广播、案例研究和社交媒体的使用，包括博客、Facebook、LinkedIn 和 Twitter。
- 公共关系。
- 通过官方网站为潜在客户提供产品和公司的信息，以及潜在的学习机会。

(三)盈利模式

公司绝大部分的收入来源于直接销售按需求定制的软件解决方案的许可费、注册费、一些专业服务收入；还有一部分收入来源于公司先前销售的软件解决方案的更新维护收入，该部分销售收入来自老客户。公司对于软件的定价主要取决于客户需要通过公司的软件管理的单元数量。比较特别的是基于保险的解决方案。公司产品的定价是在综合考虑了保费收入、代理佣金、发生损失的概率、保险人的费用和利润留存比例后的一个佣金率。公司的销售收入全部来自美国国内。

三、基本财务状况

(一)收入

公司的收入一直处于稳定增长的状态，近 5 年年均复合增长率约

11％。公司 2015 年的收入为 4.69 亿美元，相较 2014 年的 4.05 亿美元有所增加。公司收入的增加主要来自公司按需定制软件销售数量的增长。2015 年公司按需定制软件的销售收入占了公司收入总额的 96.3％（见图 18-6）。

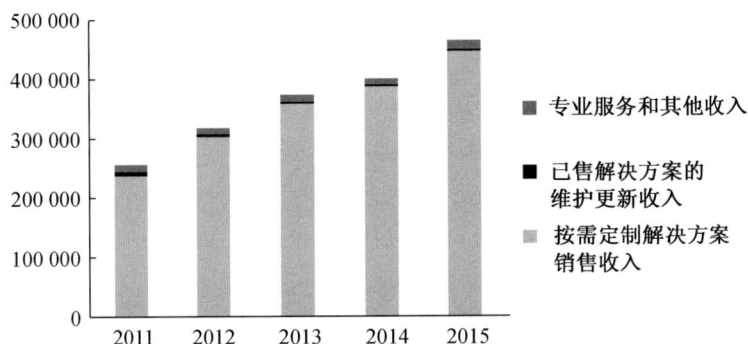

图 18-6　RealPage 公司收入结构图（单位：千美元）

资料来源：链家研究院整理。

（二）成本

公司的营业成本主要包括与公司运营相关的人事成本、支持服务成本、培训和实施服务成本、与公司的数据中心运营有关的费用，以及支付给第三方服务提供商的费用。其中人事成本包括工资、奖金、股票薪酬和员工福利。营业成本还包括设备成本分配、间接成本和折旧，以及与战略相关的获得性技术的摊销、开发成本的资本化和摊销。近 5 年公司成本的复合增长率为 16.41％，高于收入的复合增长率（如图 18-7）。

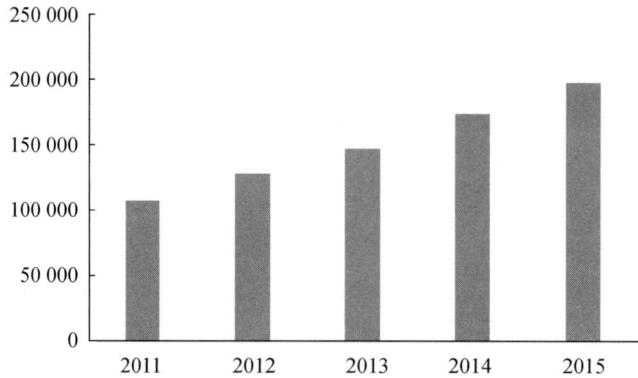

图 18-7 公司的营业成本(单位:千美元)

资料来源:链家研究院整理。

(三)利润率

RealPage 公司的收入扣除成本后毛利率水平为 $50\%\sim60\%$,由于运营费用的不断增加,尽管公司收入在不断增加,但是 2014 年、2015 年依然净利润为负。2014 年、2015 年公司的净利率分别为 -2.54% 和 -1.97%(如图 18-8)。

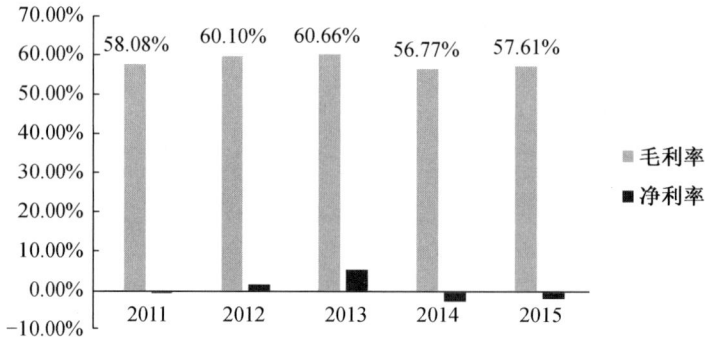

图 18-8 公司的毛利率和净利率

资料来源:链家研究院整理。

四、核心竞争力

公司主要的收入来源是物业管理软件解决方案的销售,公司的核心竞争力主要源于其核心产品——物业管理解决方案。公司解决方案的竞争优势如下:

(一)深入了解行业,让物业管理软件更加贴近客户所需

公司致力于房屋租赁服务行业 18 年,高级管理团队拥有丰富的房屋租赁行业经验。公司基于对房屋租赁市场深刻的了解来设计解决方案,洞悉行业趋势,帮助客户简化持有和管理物业的挑战。

(二)全面综合的基于数据存储的软件集成平台,平台价值随客户流量增加而不断增加

公司的软件解决方案的传送是通过软件集成平台,平台可以通过网络提供对公共存储库的单点访问。平台的参与方包括物业所有者、物业托管经理、租客和服务提供商,这些人汇集在一起形成一个租赁生态。公共平台可以把物业前景、租客信息和财产数据存储在公共存储库中,然后通过数据的在线传输和离线传输把数据传输给平台的参与方。公司按需定制的解决方案和软件使用增值服务中涵盖了销售和营销、资产优化、风险缓解、公用事业管理、报告、支付处理、文档管理、培训和集体管理等功能。这些功能能够适应客户对于各种物业不同租赁周期阶段的管理需求。随着公司生态系统中成员的增加,公司数据库中存储的数据量及其价值也在不断增加。

(三)开放的云计算构架,为公司带来更多的客户

公司的云计算构架解决方案不仅可以对接使用公司所开发的管理软件的客户,还可以对接使用第三方开发商提供的物业管理应用程序的消费者。在开放的云架构体系中的物业托管生态圈的参与者,接入 RealPage 公司的软件集成平台后,可以选择继续使用原来的第三方开发商开发的物业管理程序,也可以选择逐步更换成 RealPage 公司的管理软件。通过吸引平台客流量的方法,公司获得了目标市场更高的渗透率。

五、未来的发展战略

尽管近年来房屋租赁行业使用物业管理软件的公司数量逐渐增多,但是还都仅停留在使用的初级阶段。此外,在现存的客户中物业管理软件的渗透率还比较低。未来,公司将加大力度进一步拓展客户。

(一)通过并购来为客户提供更多的解决方案

目前,很多客户依靠 RealPage 公司的物业管理软件来管理日常事务和跟踪管理的资产,还有一些第三方软件用户依靠 RealPage 的软件增值服务来弥补现有软件或者解决方案的不足。随着经济的发展,物业管理公司和客户管理的规模日益增大、财产结构的复杂性日益增加,对于物业管理软件也提出了新的要求,比如国际业务客户对于本地化解决方案的需求。自 2002 年以来,公司已经完成了 32 项收购,未来,公司将继续通过自主研发和并购的方式开发和收购互补企业、技术和产品的方式来满足不同类型的客户不断变化的需求。

(二)通过不断地引进新的软件增值服务和第三方解决方案来为客户提供更多的服务

目前 RealPage 公司的软件集成云架构平台中既允许使用 RealPage 公司管理软件的物管公司或者物业所有者接入,也允许使用第三方管理软件的物管公司和物业所有者接入,购买里面的软件增值服务。未来,公司将进一步开放云架构平台,允许第三方软件供应商将第三方软件的增值服务放到云架构平台中出售,以此来为客户提供更广泛的产品,满足更多客户的需求,通过这种交叉销售的方式来拓展客户,提高公司软件的渗透率。

政 策 篇

第十九章

发展我国住房租赁市场的政策建议

导读

    • 租赁立法是规范租赁市场发展的重中之重,没有完善的租赁立法,就没有稳定的租赁关系和规范的租赁流程,住房租赁市场就难以有效解决新市民居住需求。

    • 从国际经验来看,租赁立法主要围绕租金管制及承租人权利的保护两方面内容。租金管制对租金设定及涨幅进行了限制,因而其效果一直比较具有争议。对承租人权利的保护则从设定房屋居住标准、明确承租人维修责任及稳定租期等方面入手。

    • 美国为代表的高度市场化租赁市场,通过健全的法律体制及税收鼓励政策稳定和规范市场发展;德日为代表的政府高度参与的市场,严格法律体系及高度的租金管制使得德国长期租赁成为居住的常态;适度管制的英国放弃租金管制,以担保租赁和短期租赁的方式稳定租赁市场的发展。

    • 推动我国住房租赁市场的发展,需加快租赁立法,健全租赁相关的法律法规,推动租赁备案的落实,保护承租人权益,稳定租赁关系,促进租赁市场有序发展。同时辅以税收、财政、金融等政策,鼓励私人房源出租增加房源供给,提高租户的消费能力。此外,明确租赁运营行业地位,培育专业化租赁机构提高租赁品质及规范租赁流程。

住宅租赁制度的完善以构建完善的住宅租赁立法为基础。通过住宅租赁立法,业主责任得以明确,承租人权益得以保护,租赁流程得以规范。

一、各国主要租赁立法及政策

在发达租赁市场,如美国、英国、德国、日本,大多以租金管制和承租人权益保护明确出租人、承租人的义务与权利。租金管制对出租人要求租金涨幅、租金上限及参考的公平租金,承租人权益保护明确了出租人对房屋居住标准及维修的责任、终止租约或驱逐租客的条件、终止租约的缓冲期、房屋出售不破租赁及其他保护条例。同时,对于租金管制和租户权益保护带来的不利因素,这些国家对业主普遍采取租金收入扣除折旧与维修成本的税收优惠政策。

(一)法制健全的美国

美国租赁市场上的出租房源一般由私人提供,政府参与很少。政府主要通过税收抵免计划[①](The Low-Income Housing Tax Credit, LIHTC)和需求端补贴的租房券计划[②](Housing Choice Voucher Program,HCVP)为中低收入群体提供福利性租赁房屋。对于私人租房市场,美国通过法律、税收、监管等几方面进行规范,主要体现在租金控制、税收减免、可居性标准和反歧视居住四个方面的规定。

(1)租金控制:政府对房屋的出租价格设定一个天花板,市场房源在天花板以下决定租金价格。主要目的是防止某区域内由于租金过高导致人才的流失和弱势群体流离失所而引发社会问题。

---

①　LIHTC旨在为提供租赁房屋给中低收入群体租住的开发商提供税收抵免补贴。

②　HCVP计划旨在从需求端补贴低收入群体,让他们自由参与租赁市场,自主选择租赁房屋,租赁券可直接抵扣租金。

（2）税收减免：《美国国内税法》中规定房子业主的租金收入是可以免税的，相反，股票投资的股息收入需要按年计算所得税。

（3）可居性标准：首先出租人要为承租人提供适宜居住的房屋，其次当承租人不能按时交纳租金时，出租人不得采取断水、断电等措施驱逐承租人。

（4）反歧视居住：1968 年的《联邦公平住房法案》和 1988 年的《联邦公平住宅法案》修订案禁止以下标准的歧视：种族或肤色、宗教、国籍、家庭地位或年龄，包括拥有 18 岁以下儿童的家庭和孕妇、残障或性歧视。

(二)市场干预度高的德国

德国的住房租赁政策以充足的房源供给、细致的租客权益保障及严格的租金管制著称。

首先，保证充足的房源供给。（1）德国的住房合作社①每年新建的房屋数量占了德国全年新建房屋数量的 1/3，这些房屋全部是用来出租的。（2）德国政府对投资商和开发商建造用于租赁的住房给予更多的免税和税收优惠政策，同时在租赁房屋存续期，缩短房屋折旧期，给租赁住宅的投资者和购买者更多的税收优惠。（4）各级政府都以提供价格合理的建设用地作为安居工程的基本出发点。

其次，细致的租客权益保障。（1）德国政府对于租赁住宅的房屋面积、房型设计和建筑质量等方面有严格的要求，以保证租赁房屋能够满足人们对于居住品质的需求。（2）在租赁期间，承租人的权益受到合同保护，出租人非经正当事由不得随意毁约，驱逐承租人；因为正当事由终止租赁关系的，出租人需要提前通知承租人，承租人可以向相关机关提出异议，异议被支持，承租人获得继续居住权利，且承租人的居住权可以被继承。（3）对租赁期间发生的中介费、修缮费有明确的负担比例归属业主，同时水电、煤气费有标准的计算方法。（4）只要合法纳税，租客和业主享

---

① 住房合作社是民主管理的非营利性建房团体。

受同样的社会福利。

最后,严格的租金控制。德国的租赁法律对于租金的控制主要集中在金额的控制和提高程序的控制上。在租期内,《租金水平法》除规定 3 年内租金涨幅不得超过 15% 以外,还要求出租人每次提高租金需要书面告知承租人,并且需要承租人同意。承租人不同意的需要提出异议,相关机关会要求出租人提供合理的证据证明此租金水平的合理性。对于新订立的合同,租金水平不得高于周围平均水平的 120%。

(三)以德国为鉴的日本

日本关于住宅租赁市场的立法参考了德国的立法思路和立法技巧,因而日本政府对租赁市场的干预程度堪比德国,高于美国。最常见的是对于租金的控制,日本房东和租客签约时对租金水平没有干预,但和德国一样,房东涨房租需要向法院提交申请并说明理由,法院会根据房东与租客需求进行判断,一般业主很难申请成功。同样,对于"定期租赁",在未到期前房东在无"正当事由"时不得单方面解约。法院在判别解约是否成立时需要将业主和租客对于房屋的需求作为判断依据。以此来保护租户的使用权。和德国一样,日本的房屋居住权可以由共同居住人继承。同时,日本的法律对于出租过程中房东与租客的权利义务有详细且清楚的界定,这也是日本的房屋托管行业盛行的原因之一——房东一般无能力了解自己的权利和义务,为了避免未尽义务可能承受的惩罚,而将房屋托管。

(四)适度管制的英国

英国目前实行较为适度的租赁政策,在租金管制和租客权益保障上均采取中性的政策。在 20 世纪 90 年代以前英国一直奉行"自有住房"的政策,努力提高国内房屋自有率,租赁市场长期被挤压。直到 1988 年,英国政府才意识到房屋自有无法解决全部居民的居住问题,无论是住房体系的完善还是宏观经济都需要租赁市场的发展,而 1915 年以来实行的租金管制挫伤了房东的积极性,导致了私人市场出租房源的大量流失。1988 年,英国政府废除了租金管制,开始推行两种管制程度较低的租赁模式——担保租赁和短期租赁。不同于租金管制时期政府制定的"公平租金",担保租赁和短期租赁中业主和租客在初始签约和增加房租的时候可以自由商议租金,政府只是对租金上涨的频次进行限制,同时当双方因租金上涨幅度存在异议时予以仲裁。在租客权益保障方面,担保租赁方式下和管制解除前对于租客的保护力度相差不大,即保证租客的绝对续租权利,房东要收回房子需要走法律途径。而短期租赁的条件下,只要到期前提前通知就可以无条件解约,若房东和租客还想继续维持租赁关系则直接转到担保租赁。表 19-1 为不同国家或地区租赁立法及相关内容。

表 19-1　不同国家或地区租赁立法及相关内容

国家或地区	法律	适用范围	租金管制	承租人权益保护
美国	《租赁住宅法》《统一住宅租赁关系法》	私人住宅出租	根据各州不同规定,规定了不同的年租金涨幅,一般依据消费价格指数	(1)业主具有保持房屋适宜居住性责任,如建筑物结构、水、电、燃气、沐浴等满足适住性要求; (2)明确业主检查房屋安全和维修的责任,禁止业主转嫁维修义务; (3)租户享有默示的续租选择权,业主终止租赁合约需提出正当理由; (4)租约到期或逾期不交租金的租户,业主只能诉诸法律程序进行驱逐,不能自行驱逐

续表

国家或地区	法律	适用范围	租金管制	承租人权益保护
英国	《住宅法》《出租人和承租人法》《租金法》《租赁保有改革法》《财产法》	租金管制适用于1989年1月15日之前签订且年租金低于2.5万英镑的私人住宅(称之为受保护租赁),租户权益保护还适用于1989年1月15日签订的私人住宅(称之为受保护短期租赁)	(1)参考当地租务局制定的公平租金价格;(2)一般租赁涨幅低于5%	(1)受保护租赁拥有无限期的租住权保障,租户的配偶享受继承权;(2)受保护租赁下,业主终止租约条件仅为租户违反租约条款、业主收回自住、租户欠交租金、租户未经允许分租及租客滋扰;(3)受短期保护租赁前6个月为保护期;(4)受短期保护租赁保护期终止的因素仅为业主收回自住、重建、抵押权人收回、租户违反合约、业主提供替代居住场所以及租期短于12个月等情况;(5)保护期结束后,终止租约的缓冲期为2个月,业主需说明充分的理由;(6)租户拥有优先购买权及续租权;(7)业主对房屋居住性(建筑物结构、水电燃气的提供、通风、采光等)及维修负有责任
法国	《民法典》	所有租赁住宅	(1)一般情况下,租金可自由协定;(2)房屋供不应求地区,由租金观察员提供租金中位数,业主租金水平不得超过租金中位数的120%;(3)年租金涨幅按法国统计局编制的建筑成本价格指数进行调整	(1)租期在合约中清楚标明,个人业主时,租期最短为3年,机构业主时,租期最短为6年;(2)业主终止租约的缓冲期为6个月,租户终止租约的缓冲期为3个月;(3)业主终止租约的条件为业主收回自住、业主出售房屋或租户违反租赁合约

续表

国家或地区	法律	适用范围	租金管制	承租人权益保护
德国	《德国民法典》为核心的法律体系	所有私人出租房屋	(1)租金价格需参考市政府编制的租金指数或至少三个在同区类似房屋租金; (2)每三年租金涨幅不超过20%,部分州不得超过15%; (3)若业主租金价格高于本地市场价格150%,判定为租金高利贷,需承担刑事责任	(1)假定所有租期长于1年的口头租约为永久租约; (2)业主仅在某些情况才能订立有时限的租约; (3)租约终止条件仅为租户严重违反合约义务、收回房屋自住或证明继续租赁蒙受损失; (4)终止租约的缓冲期随租期递增,前5年为3个月,6~8年为6个月,8年以上为9个月
日本	《借地借家法》《建筑物保护法》《民法》	所有租赁房屋	无明确的租金管制条例	限制出租人的解约权,加强承租人的续约权 (1)业主与租户终止合约缓冲期均为6个月,租户有困难时为1个月; (2)业主拒绝租户续租时,需提供正当理由; (3)出租方要求涨租金且承租人拒绝,不能导致合同解约; (4)业主负有建筑修缮义务
中国台湾	"土地法"	所有租赁住宅	规定租金上限,不得超过物业估值的10%	终止租约的条件为业主收回自住或重建、抵押权人收回、租户违反合约、租户欠租4个月、租户未经同意分租或做不法用途、租户破坏物业且不给予赔偿

资料来源:链家研究院整理。

二、中国发展住房租赁的政策建议

我国住房租赁市场仍处于市场自发的早期阶段,特别是以北京为代表的一线城市,如上文所述,依然存在着诸多问题。展望未来,我国租赁市场规模将持续扩张、房价持续高企,租赁需求持续增长,更多人将通过租赁解决住房需求,租赁市场将是住房体系的重要有机构成,构建购租并举的住房制度势在必行。借鉴发达国家房屋租赁立法和制度经验,结合我国国情,我们提出以下建议。

(一)增加房源供给,促进租赁主体多元化,提高房屋租赁品质

1.鼓励私人房源出租,增加市场化房源供给主体

一是对个人出租房屋实行税收减免。加快落实《国务院办公厅关于加快培育和发展住房租赁市场的若干意见》,对个人自有房用于出租的增值税、个人所得税进行减免。在条件允许时,可考虑免征租房个人所得税,提高租赁备案率。二是鼓励个人购买商品房后用于出租。对于购买后的房屋如果出租达到一定年限(如 3 年),进入买卖市场时也可减免部分税费。三是针对国有企业闲置房源,鼓励放松市场化手续及流程,交由市场专业租赁运营机构运营。四是现阶段租金回报率较低,开发商将持有房源用于出租房屋应获得较为宽松的支持政策,如持有住宅物业用于出租的部分,增值税或房产税进行适当的减免。

2.培育专业化租赁机构,提高租住品质,促进市场供应主体多元化

要使租赁真正成为购房之外的有效方式,必然需要提高租赁房屋质量,吸引更广泛人群。从成熟租赁市场来看,租赁市场向高品质提升与机构化发展紧密相关,租赁市场的有序发展依托于资本和专业机构的进入。

因此,培育专业化租赁机构是租赁市场的发展方向,而这又取决于租赁运营的收益率,因此需要降低专业机构的经营成本。一是在前期调整增值税率的基础上,进一步考虑加快固定资产折旧,或适当增加进项税额抵扣项目,如将改造装修成本、融资利息支出准予进项税抵扣,将人工成本支出以适当的方式纳入抵扣范围等。二是要进一步明确"商改租"实施细则,鼓励运营机构将商业地产改造成公寓出租,适当调整相应的水电费、税费。三是在政府的委托和监管下,将有出租意愿的经适房、限价房等交由正规租赁机构代为出租,降低机构拿房成本。

(二)多种方式提高租客消费能力

1.推动租赁补贴政策

一是实行租金抵税政策,降低个人租金支出。缴纳个人所得税时,可将租金从征税税基中扣除后再计税。为防止"阴阳合同"骗取扣税,申报抵税人需首先在房管部门登记备案,租赁双方信息及租金需在网上公示。二是对应届毕业生给予押金补贴。私人租赁市场通常需要"押一付三",这些对于应届大学生来说是一笔不小的开支。政府可以建立毕业大学生租房基金,为大学生提供首笔押金补贴,或为大学生提供类似于"京东白条"的信用支持,帮助大学生解决租房的燃眉之急。三是对于特定人才给予租房补贴。对市政府引进的人才给予一定额度的租房补贴,引导其选择高端的租赁产品。

2.鼓励租期、支付方式的多元化

一是租期的多元化。根据租客多样化的需求签订多种租期的租赁合同,既有标准化1年期合同,也有1~6个月的短期租赁合同。对于业主来说,为了弥补房屋空置损失和获客成本,短租月租金相较长租可以有10%～20%的溢价。

二是支付方式的多元化。除了押一付三、年付、半年付等主流租赁方式外,可以针对短期支付压力较大但信用较好的租客实行押一付一的支付方式。短期内该方式的实施需要租客提供能证明其缴纳租金能力的收入证明;长期来看,当国内的征信系统建立起来后,房东和租赁运营机构只需要调用租客的信用记录即可。

(三)推动租赁金融配套设施建设

一是加快鼓励发展租赁征信,特别是第三方支付机构建立的租赁征信。征信刚刚起步的中国,租赁征信仍是一片空白,而随着互联网行业的发展,线上交易的普及为培育租赁征信提供了土壤,第三方支付公司掌握了大量用户特别是年轻用户的海量支付信息,具备租赁征信的先天优势。租赁征信的发展能对租户及业主信息进行有效筛选,有效规避违约风险带来的损失。二是支持专业化住宅租赁机构发行企业债券、实现租约证券化,逐步进行住宅 REITs 试点,为租赁机构提供更灵活的融资方式,加速机构化趋势,推动租赁市场规范化建设。

(四)落实租赁备案制度,提高房屋出租缴税比例

一是从租房者端入手,如实行租金抵税或租金补贴,提高租客缴税比例,为租赁备案做准备。同时,租房者要办理居住证,需要提供在建委登记备案的租住证明。二是加大备案制度的执法力度,执法检查中发现未登记备案的租房,以非法经营论处。

租赁管理机构应当在收到房屋租赁登记备案申请之日起 15 日内,对符合租赁规定的,予以登记,并发给"房屋租赁证"。未领取"房屋租赁证"的,不得出租房屋。租用房屋从事生产、经营活动的,承租人办理工商营业登记时,须向工商行政管理部门交验"房屋租赁证";租用房屋用于居住的,承租人办理户口登记时,须向公安部门交验"房屋租赁证",作为居住场所的合法凭证。凡未领取"房屋租赁证"的,工商部门不予办理工商登记,公安部门不予办理户口登记。

同时,政府应当提供和优化租赁网签和备案的基础设施,简化备案流程。此外,为了加强租赁市场监管,政府部门应在完善备案制度的基础上尽快建立租赁市场监测统计体系,在加强市场监管、理解市场的基础上,促进住房租赁市场发展。

(五)规范交易流程,保障双方权益

一是加强对虚假房源信息的管控。个人和经纪机构及其从业人员需在网站实名登记后方可上传房源,房地产经纪机构需在房地产相关部门备案,且缴纳一定额度的真房源保证金才能接受房屋出租委托,对于传播虚假房源者给予一定处罚,并从保证金中支取罚金。

二是引导租房者选择正规租赁机构。政府可在主要租住小区重点宣传"二房东"等非正规租赁渠道的危害,对租房者进行警示教育,引导租房者从正规的中介、专业运营机构渠道租房,签订受法律保护的租赁合同,避免产生纠纷和风险。

三是保护租赁双方的合法权益。要建立租房者租约保护机制,出租人应当按照相关法律法规和合同约定履行义务,保证住房和室内设施符合要求。住房租赁合同期限内,出租人无正当理由不得解除合同,不得单方面提高租金,不得随意克扣押金。同时,要建立租房者的行为规范,租房者应当按照合同约定使用住房和室内设施,并按时缴纳租金,禁止租房者私自转租和破坏房屋行为,保障出租人正当权益。

四是建立经纪人信用管理公示。各中介公司建立经纪人信用平台,并与建委的信息库共享。经纪人有违规行为被投诉时将被纳入"黑名单"公示,视情节予以警告处罚。

(六)健全租赁相关法律法规

在法律法规上,加快推动《住宅租赁法》立法。借鉴美国的做法,对住宅租赁予以专门规制,或单独制定《住宅租赁法》,从而提高调整房屋租赁关系的法律效力层次,规范房屋租赁市场行为、稳定租赁关系。在此基础上,借鉴香港的做法,针对业主、租户、代理、物业管理、开发商等各参与主体制定相应的法规条例。比如,针对租赁地产开发商,税收优惠应参照生活服务业标准来征收,资质管理企业应该与一般住宅开发企业有所区别。